THE DEVELOPMENT OF EDUCATION IN ASEAN MEMBER STATES

东盟国家
教育体制及现状

中国—东盟中心 编

教育科学出版社
·北 京·

前　言

　　《世界教育信息》数据库由联合国教科文组织国际教育局编写，于1996年以只读光盘的形式首次出版。自那时以来，我们定期对该数据库进行完善与扩充。截至2007年，已推出六个版本。《世界教育信息》第七版（2010/2011）包含关于世界上160多个国家和地区的教育体系的更新的、系统化的信息。

　　该数据库包含的简介对各个国家和地区的国民教育体系进行了简述，并着重介绍了课程和课程开发过程，而这正是联合国教科文组织国际教育局的主要工作领域。这些简介合在一起，可以被视为世界上有关课程问题的最大信息汇编之一。

　　2011年11月，中国—东盟中心正式成立，其职能之一就是成为东盟成员国和中国教育发展相关信息的中心协调者和有意义交流的渠道。在此框架下，中国—东盟中心决定将《世界教育信息》第七版所包含的东盟十个成员国（文莱、柬埔寨、印度尼西亚、老挝、马来西亚、缅甸、菲律宾、新加坡、泰国、越南）有关内容翻译成中文。

　　我对中国—东盟中心的这一举措深表感谢，用中文出版这些内容必将有助于扩大有关教育体系和课程的信息接触面。我衷心希望中国读者对中国—东盟中心与联合国教科文组织国际教育局的这一共同努力表示欢迎，并乐意在工作中将本出版物作为参考并加以实际应用。

联合国教科文组织国际教育局局长

克莱门蒂娜·阿塞多

《世界教育信息》可以在网上查阅，并且还包含一系列官方的教育信息来源的部分链接。每篇简介的语种依所涉及的国家而定，为英文、法文或西班牙文。通过如下网址，可以下载这些简介的 PDF 版：

http：//www. ibe. unesco. org/en/services/online-materials/world-data-on-education/seventh-edition-2010-11. html

本书包含的十个东盟国家教育体制及现状的中文版还可从中国—东盟中心官方网站下载。

目　录

文莱教育体制及现状

教育的原则与总体目标

文莱教育部（Ministry of Education，MOE）的职责是培育一代在日新月异且充满竞争的未来世界中能够坚持本国的意识形态和目标的公民。教育部的首要目标是让学生成为终身学习者，使他们自信，富有创造性，善于与人交往，并且积极求知。未来这一代年轻公民必须富有活力、知识与技能，以便参与竞争，并成为成功的文莱人和世界公民，为本国的基础设施建设积极做贡献，并在社会经济、技术或其他领域取得成功。（MOE，2008）

文莱新教育体系名为"21 世纪国民教育体系"（Sistem Pendidikan Negara Abad Ke 21）。该体系是在"马来伊斯兰君主制"（Melayu-Islam-Beraja，MIB）哲学背景下制定的，于 2009 年开始实施，其目标是教育学生，使其有能力面对 21 世纪全球化世界中的挑战。新体系的战略之一是使学生具备必要的有用技能与知识，使他们能够在当地及国际舞台上的竞争中取得成功，同时又对国家保持忠诚，做负责任的公民，对未来经济社会进步、对其所在社区乃至整个世界的福祉做出有意义的贡献。

"21 世纪国民教育体系"的目标是提高学生们的成功率，增强其步入职场时的就业竞争力。具体说来，新体系的目标包括：

●满足国家和民众在 21 世纪的发展需要，应对其中的挑战。学生作为未来领导者，必须具备相关知识与技能，以及正确的价值观和态度，以便满足未来社会不断变化的需求。他们还须对各类利益相关者的需求保持敏感。

●实现教育部的愿景，完成其任务，即"提高教育质量，实现国家的发展、和平与繁荣",以及"提供全方位教育,最大限度地发掘每个人的潜能"。

●培养适应 21 世纪的技能,由此使学校和教育机构合理配备必要的设施、教师以及培训人员。

"文莱达鲁萨兰国长期发展规划 2035"(Wawasan 2035)于 2008 年开始实施,其主要目标之一就是让人民接受良好教育,具备娴熟技能并取得成就。要实现这一目标,就要建立一流的教育体系,为每一位公民与居民提供机会,以应对不断变化的经济所带来的挑战,并鼓励终身学习以及在体育和艺术领域取得成就。这就要求有一个教育战略,使年轻人能够在竞争日趋激烈且越来越依赖知识的社会里谋得职业,取得成就。在承认需要变革的同时,文莱将继续坚持其价值观,这些价值观是国家政治稳定、社会和谐繁荣的基础。在这项工作中,文莱应永远以如下价值观为导向,即忠于文莱君主和国家,信仰伊斯兰价值观,秉持容忍、同情与社会和谐的传统。

有关教育的法律和其他基本法规

从传统上讲,文莱的教育不是义务教育,但几乎所有儿童都在 5 岁入学(学前阶段),并在学校学习到 14—15 岁(中等教育低年级阶段)。学校教育对本国所有公民免费,非公民(常住居民和外来劳动者)则可以申请将其子女送到公办学校接受免费教育,但多数居民和外来劳动者都倾向于将子女送到私立学校或国外学习。

1976 年版《文莱考试委员会教育法案》规定,建立文莱考试委员会,负责实施考试。

文莱此前的教育法案只包含对境内私立学校的约束性条文。法案规定,每所私立学校均须登记备案。因此,该法案可以被称作《非公办学校教育法案》。

2003 年 12 月制定的《教育法令》,对所有学校和教育机构的登记与管理做出了规定。《教育法令》规定,建立国家教育委员会,规定所有学校和教育机构的授课语言应为马来语，并且所有学校都应采用教育部制定的全国课程与教学大纲（第 20 节）。

《2006 年儿童保育中心法令》为全国所有儿童保育中心的儿童都能享受优质保育服务提供了保证。

《2007 年义务教育法令》保证所有儿童接受至少九年的正式教育。其目标是保证 6—15 岁的儿童接受教育，无论是在公办学校还是在私立学校。《2007 年义务教育法令》规定，建立义务教育委员会。其中第 2 节规定，义务教育阶段的儿童为 6 岁以上、15 岁以下，并且符合接受初等和初级中等教育条件的儿童。满足下列条件的义务教育阶段的儿童，应到公办学校正式就读：（1）2002 年 1 月 1 日及以后出生；（2）文莱达鲁萨兰国公民；（3）在文莱达鲁萨兰国居住（第 3 节）。

教育系统的行政与管理

教育部负责整个教育系统。教育系统组织结构的顶层为教育部部长，由副部长协助。正、副部长一起负责所有重大政策问题的决策。课程与教学大纲由国家制定，全国的利益相关者参与制定。学校评估由各学校自行组织，全国性考试由考试委员会组织。

根据 2008 年的组织结构，教育部设有两位常任秘书，一位负责核心教育部门（由教育总干事协助），另一位负责高等教育部门（由一名副常任秘书协助）。高等教育部门下设国家教育委员会秘书处、国家认证委员会秘书处以及职业技术教育委员会秘书处。其下属各司包括：规划、开发与研究司，规划管理与物业管理司，技术教育司，此外还有高等教育司与奖学金司的领导。高等教育司下设东南亚地区职业与技术教育培训中心（SEAMEO-VOCTECH）。该中心是由东南亚教育部长组织（SEAMEO）于 1990 年建立的。东南亚教育部长组织是一个以宪章为指导的国际组织，其宗旨是推动东南亚地区的教育、科技与文化合作。

技术教育司下设继续教育处，负责协调提供成人教育（包括学术讲座、技能课、进修课程）；该处还负责协助各类社区项目。该处共有 41 个学习中

心，除位于继续教育大楼内的之外，其他中心主要设在指定的小学和中学。（MOE-DTE，2008）

另外一位副常任秘书负责团体服务部门，包括：信息通信技术司、人力资源开发司、管理与服务司。此外，该部门还设有三个处（国际事务处、法律事务处、公共关系处）。

核心教育部门下设五个司、特殊教育处和私立机构处。上述五个司包括：学校司、学校督导司、课程建设司、考试司和联课教育司。此外，核心教育部门还下设科学技术与环境伙伴中心。（MOE，2008）

课程建设司的建立是从 1978 年 3 月课程建设中心的成立开始的。当时，课程建设中心由规划、研究与指导组的领导管理。最初，课程工作的重点是四门主要科目，即马来语、英语、科学与数学。1981 年，课程建设中心更名为课程与教科书处，由规划与开发司管理。课程与教科书处的职能在 1981 年得到扩大，新增了七项内容，即教科书、教育资源、地理、历史、艺术与工艺、家政以及学前教育。1984 年年初，又增加了公民教育/道德教育、体育及音乐。至此，由课程与教科书处管理的内容共有 14 项。自 1984 年 8 月起，课程与教科书处的领导被提升为助理干事（课程），同时，课程与教科书处也更名为课程建设司，其管理职能也从规划与开发司独立出来。

课程建设司的职责是根据教育部的教育政策制定课程纲要。具体地说，课程建设司的职能是：根据国家的教育政策，研究、规划和制定学校课程纲要；编写并出版课程资料，如教学大纲、教师指南、教科书、练习册和教学辅助材料（纸质版或电子版）；在课堂上试行并评估各种计划和课程材料；评估并改进课程纲要与其他材料，以确定其适用性，并检查所编写材料的质量；引导教师使用课程纲要和材料；宣传课程建设中的新实践与创新；审查、评估并推荐供学校使用的基本教科书、辅助读物、参考书及其他教学与学习材料；扩大供学校和教育部使用的教育纲要和文件的覆盖面；规划并筹备实施电子学习与终身学习。

2003 年 12 月颁布的《教育法令》第 115 节规定，教育部学校督导员的职责如下：（1）与教育部部长任命的官员合作，负责确保教育机构制定并保持适当的教学标准；（2）视察教育机构，或让教育机构接受督导员的视察，督导频率以督导员认为合适的标准为准；（3）承担与视察教育机构有关的其他职能，这类督导由法律规定或由教育部指示。

教育部的组织结构还包括国家教育委员会、国家认证委员会以及职业技术教育委员会。国家教育委员会主席由教育部部长担任，该委员会举办高层论坛，讨论政策与规划问题等关系到教育系统的各个层面的问题。

国家认证委员会主席由教育部部长担任，该委员会是唯一一家负责评审和评定政府承认的资质的全国性机构。职业技术教育委员会主席由教育部副部长担任，该委员会负责审批各类项目，建立绩效标准，并颁发职业技术教育与培训系统的证书。该委员会与公有和私有部门都保持着密切联系与联络，这些部门的工作和项目可能与职业技术教育与培训需求有关。文莱考试委员会负责考试的规范与管理。

宗教事务部管辖的宗教学校与教育部管辖的学校已于2002年实现了全面归并管理。这种归并是在苏丹对教育统一的号召下，在"同一个屋檐"的概念下开展的。在成立于1999年的教育委员会的指导下，归并工作分阶段进行。最初，宗教事务部伊斯兰研究司下属的三个处，即督导处、考试处与课程处分别交由教育部现有的学校督导司、考试司和课程建设司管理，于2000年3月生效。随后其他部门也陆续移交。2002年1月，伊斯兰研究司及其管辖的所有宗教学校均交由教育部管理，标志着归并的完全实现。教育部不断努力建立一个统一的教育系统，为此，教育部开始进行课程整合，方式是将三种宗教课程的内容整合为统一教育系统中称为"伊斯兰教育"的一种课程内容。上述三种宗教课程是：宗教学校课程、小学和中学课程中教授的一门宗教课、在若干学校中作为实验项目讲授的古兰经和伊斯兰宗教知识。

教育系统的结构与组织

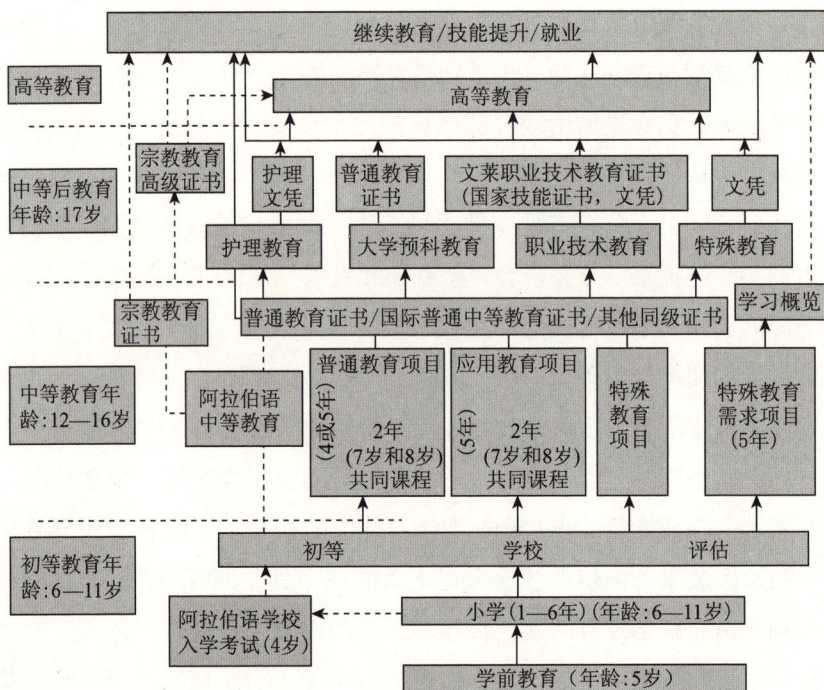

图 1-1 文莱"21 世纪国民教育体系"的结构

来源：MOE，2008。

学前教育

儿童 5 岁入学，并在学前阶段学习一年。但在非公办学校中，儿童可以在 3 岁进入学前班，学习三年，然后接受初等教育。

初等教育

初等教育学制为六年。初等教育分为低年级（一到三年级或第 1—3 年）和高年级（四到六年级）两个阶段。六年级或第 6 年结束时，学生们参加初等学校评估考试。

中等教育

在实行"21世纪国民教育体系"前的体系中，中等教育分为两个阶段：低年级阶段（持续三年，一到三年级）和高年级阶段（四到五年级）。低年级阶段一级面向有学术兴趣的学生，二级面向能力稍差的学生。高年级阶段分为两条路径，为期两年或三年：初中毕业后，通过初级中等教育评估考试（Penilaian Menengah Bawah，PMB）且成绩为"O"（Ordinary，较好）的学生可升入为期两年的高年级阶段项目，期满时参加文莱—剑桥普通教育证书O级水平考试；通过初级中等教育评估考试且成绩为"N"（Normal，普通）的学生参加一个为期两年的常规课程，并且从1997年开始，也设立了文莱—剑桥普通教育证书N级水平考试。只有获得足够学分的学生才能进入普通教育证书O级水平项目学习。通过初级中等教育评估考试的学生，不论成绩是N级水平还是O级水平，都可以进入技术或工程学院接受职业教育，这类学院提供工艺或技术学习项目（学制为两年半）。取得足够且相关的O级水平考试成绩的学生可以进入中等后阶段学习。在该阶段，多数学生参加一种为期两年的课程，相当于大学预科课程，期满时参加普通教育证书A级水平（Advanced，高级）考试。修完A级水平课程并取得足够且相关成绩的学生将有资格进入文莱达鲁萨兰大学或其他高等院校（学院、研究所）学习，或者拿到奖学金去国外深造。

在新的"21世纪国民教育体系"中，学生将在一个为期四年（面向能力特别高的学生）或五年的项目中学习，然后参加文莱—剑桥普通教育证书O级水平考试。所有学生在七、八年级或第7、第8年都要参加共同的学习项目；第8年之后，他们将分成普通教育项目（第9、第10年或第9—11年）、应用教育项目（第9—11年）或者特殊教育项目（第9—11年）。中等教育低年级阶段末的初级中等教育评估考试已于2010年取消，代之以学生进步评估（第7、第8年连续举行），该评估由校内评估和第8年期末的学生进步考试组成。学生进步评估用来将学生分到普通、应用或特殊教育项目。根据其成绩和具体要求，学生可在四年制和五年制项目之间调转。职业技术教育方面，学生们可以取得的证书、文凭、学位或参加的项目有：（1）国家技能证书（相当于国家文凭），这是一个为期三年的项目，包括六个月的实习，该证书将取代 2012 年以前通行的国家职业证书、国家行业三级证书和国家行业二级证书，其最低入学条件是完成第 10 或第 11 年的学业；（2）文凭（相当于高级国家文凭），这是一个为期三年的项目，包括六个月的实习，该文凭将取代 2012 年以前通行的国家预科文凭、国家文凭和高级国家文凭，其最低入学条件是取得五种文莱—剑桥普通教育证书 O 级水平证书或一种文莱—剑桥普通教育证书 A 级水平证书或同等资格或获得国家技能证书，并且通过能力测试和面试；（3）学位，这是一个为期四年的"三明治"项目，包括一年的实习，最低入学条件是取得两种文莱—剑桥普通教育证书或相关科目的同等资格或通过文凭项目考核，并且通过能力测试和面试。这种三个层次的资格体系于 2012 年 1 月开始实施，面向的对象是已完成中等教育第 10 或第 11 年学业的学生。

高等教育

在高等教育阶段，技术与专业学院和学校提供各种项目，经过两年半的全日制学习，可取得文凭。文莱达鲁萨兰大学设有以下院系：艺术与社会科学系，商学、经济学与政策研究系，自然科学系，苏丹哈桑纳尔·博尔基亚教育学院，文莱研究学院，医学院。第一学位项目的入学条件是：取得文莱—剑桥普通教育证书 A 级证书或同等资格，且参加资格考试的次数不超过三次。医学院的第一学位项目入学条件例外，其条件是取得资格的考试次数不超过两次。卫生学（护理、产科学）的文凭项目学制一般为三年。学士学位项目学制通常为四年（八个学期，或 124 个学分）。取得学士学位后再学习一年或两年，可取得硕士学位；教育学项目的研究生证书需学习一年到一年半。博士学位项目的学制为三到七年不等。

一年中的上课天数为 200—210 天不等。一个学年通常分为四个学期。2011 年校历中有 200 个上课日（包括考试期），分为四个学期。在大学，一个学年分为两个学期（8—12 月、1—5 月），每个学期 18 周。

教育过程

2005 年，国家教育体系评估委员会成立，其职责是评估与改进教育体系。该委员会建议对教育体系进行改进和微调，使其与"教育部教育战略规划 2007—2011 年"相一致。为了将这一新发展与现行体系区分开来，新教育体系被命名为"21 世纪国民教育体系"。

"21 世纪国民教育体系"于 2009 年开始试行，于 2012 年全面实施，它涵盖学校系统的各个层面。"21 世纪国民教育体系"的范围考虑到素质教育的关键方面，这种素质教育旨在为国家建设和人力资本开发服务。"21 世纪国民教育体系"范围的目标是，通过提供平衡的、相关的、差别化的课程，实现素质教育，这种课程是参照具有国际标准的可信的质量保证与评估体系制定的。"21 世纪国民教育体系"的结构的重要目的之一是使教育体系适应学生，而非相反，这就使能力特别高的学生有机会在较短时期内（四年）完成中等教育。

"21 世纪国民教育体系"的课程目标的前提是学习者处于所有教与学活动的中心。该课程模式旨在提供个体全面发展的机会、提升个体实力与能力的机会以及一种非常平衡的教育，这种教育能使学生广泛吸收各个领域的知识与学习经验。"21 世纪国民教育体系"的课程为在适应发展的背景下，由学前阶段向初等和中等阶段学校教育平稳过渡铺平了道路，保证了过渡过程中课程的连续性。

"21 世纪国民教育体系"的课程涵盖面广，设置平衡且恰当，提供了差别化学习体验。它考虑到每个个体的强项与能力，同时做了规定，保证了发展和连续性。它的设计理念是快速应对社会经济中的变化，引导学生终身学习。基于对学生个体需求的理解，"21 世纪国民教育体系"的课程将学习者置于教与学过程的中心。进步更快的个体将获得最佳机会，加速自身发展；需要学习支持的个体，也将受到特别指导。

"21 世纪国民教育体系"的课程框架对课程设计进行了综述。该框架的制定遵循教育部的目标和任务，即学习是一个连续不断的过程，学校教育的基本目的是培养全面发展的学生，促进学校改进工作，培养终身学习技能，让学生学到有利于就业的技能。这种差别化课程包括八个关键学习领域。这些关键学习领域为知识的积累、技能的培养与价值的形成提供了平台与广阔的知识领域。这些学习领域是：语言、数学、自然科学、人文与社会科学、艺术与文化、技术、伊斯兰宗教知识与马来伊斯兰君主政治、卫生与体育。此外，该课程框架还考虑将信息通信技术与创业精神纳入课程、联课和社区服务项目。

所有这些关键学习领域旨在将学生培养成智力、精神、情感和体格平衡发展的人。这些关键学习领域的构成考虑了文莱的文化、社会经济和技术需求。学习科目均源自这些学习领域，分为三个层次（学前、初等和中等）。根据这些关键学习领域，课程可被组织成若干单位：科目、模块和贯穿各学习领域的项目工作。

课程作为一种完整的有规划的学习经验，以一系列共同价值观和目的为基础。所有学生都需要适当的知识和认识，都需要获得基本技能与价值观，从而在不断变化的世界与时代中立身，并取得成功。知识与认识涵盖以内容为基础的科目和学科，以确保学生在不同研究领域的内容方面都打下坚实基础。基本技能是面向 21 世纪的技能，当这些技能与相关知识及正确的态度与价值观结合在一起时，将为终身学习并在不断进步且充满挑战的世界中具备就业能力奠定基础。基本技能包括：沟通（由四种能力组成，即听、说、读、写），数学能力，信息通信技术，思考与解决问题的技能，自我管理与竞争技能，学习与工作技能，社交、身体与审美技能。该课程框架还包含马来伊斯兰君主政治哲学和伦理观，这有助于学生形成对自身、学校、环境、国家的自豪感。为确保学生全面发展，下列价值观在全部学习领域都将有所体现：自信与自尊，同情与感恩，自立与独立，宽容与相互尊重，关爱、关注与敏感，正直，爱国，孝道，竞争力，奉献。（MOE，2008）

学习结果详细说明学习者在学习活动之后，将知道什么或能做什么。学习活动关注的是学生们的行为，这些行为在学习过程中将得到改变。学习结果也是科目内容、课堂教学和效果评估的指挥棒，具体确定什么应该学、什么还没学或什么应重新学。学习结果明确告诉学习者要达到什么样的目标。

可以观察学生们的进步，也可以衡量学生们对必备的基本技能、知识和认识，以及正确的态度和价值观的习得。每堂课都有具体目标。这些目标与学习结果紧密相连。学习科目的内容有助于达到这些目标，一旦目标得以明确，科目的内容也就确定下来。为达到目标，学习活动将更加关注技能的培养。

"21世纪国民教育体系"的课程已经确定了课程组织方法，该方法被认为适合初等和中等阶段的学校教育。在初等教育阶段，课程将根据主题和话题，将不同学科领域的知识结合起来，这些主题和话题是根据人们的认识、经验和周围环境划分的。学生们将体验不同学习领域之间的联系，在理解的基础上学习，并认识到知识不是孤立存在的，而是相互联系的。在中等教育阶段，学校课程将更加注重专业化。在这两个阶段，教学和学习过程都将以学生为中心，学生们以个体和小组的形式积极参与学习。教师的职能由事实与信息的传授者转变为学习的促进者。

"21世纪国民教育体系"的课程承认不同学生之间学习能力与学习方式的差异，鼓励学校创造有效学习环境。每个学习领域的差别化大纲将考虑学生的能力，进而将学习内容划分为：核心内容（必须掌握）、中间内容（应该掌握）、拓展内容（可以掌握）。鼓励教师充分利用信息通信技术，运用多种座位安排、具体材料、图解与图表、剪报以及其他教育教学资源，使课堂更加有趣。实践活动可以包括做教育类游戏、角色扮演、制作和使用模型、做实验，以阐释概念。鼓励开展小组讨论，以促使学生积极参与和互动。

学校须每年对所有学生进行一次"水平测试"，在第3—6年，测试尤其注重阅读/语言能力与数学能力。建议学校为学生提供便利，使其方便地利用高质量阅读材料，这些材料包括辅导和家庭识字项目。应当采用"趣味—玩耍—进步"的学习方式。应通过个别辅导和阅读矫正，进行早期干预。还应注重课程管理，比如建立学习角和学习园地、让家长参与组织活动。在中等教育阶段，重点是提升与强化学生在初等教育阶段学校教育中学到的技能。课程将更加以学科为基础，将包含基本的与工作相关的职业教育前课程以及价值观与态度的培养等。

校内评估将在新课程中发挥不可或缺的作用。不管是形成性评估还是总结性评估，学校和教师都应对学生的学习结果不断开展高质量的评估。这种评估的目的是诊断和干预，是优秀教学实践的固有内容。通过评估获得的信息可用作安排教学顺序、确定后续课时中学习单元的广度和深度的依据。这样便可发现学生们遇到的学习困难或早期学习阶段可能存在的误解，以便及时有效地采取补救措施。有特殊需求的学生，将根据其特殊需求的性质，要求对课程做出一些调整和变更。

学前教育

幼儿干预关注幼儿在健康、社会能力与发展方面的成长及其早教。文莱政府和地方政府有责任确保5岁以下的儿童参加发展项目，以帮助他们在上述关键领域实现最佳潜力增长。先天就有特殊需求的儿童可享受幼儿干预服务。幼儿干预的内容包括教育、健康服务、治疗、纳入幼儿服务方面的支持、正式和非正式家庭支持，以及提供信息与帮扶以帮助儿童做好接受学校教育的准备。4—5岁的儿童可进入私立学校，3岁以下的儿童则由福利、青年与体育部社区发展司负责。

幼儿干预服务在多种环境中提供，包括家庭、幼儿干预中心、学前班、日托中心和医院。儿童发展中心（为有特殊需求或有健康风险的儿童开办）于1999年开始运营，并以教育部的名义，提供如下方面的服务：临床心理学、语言障碍矫正，以及对患有听觉障碍的人的治疗。该中心还开展一种早期发展项目，以满足有特殊需求和身患多重残疾的儿童的需求。该项目的对象是5岁以下的儿童，旨在促进儿童发展，使他们能够进入主流教育机构学习。如有必要，他们将接受检查、诊断和治疗。（MOE，2008）

在学前教育阶段，重点关注的是关键能力，例如社会性—情感发展、个性发展、接受初等教育所需的入校准备技能。

儿童的建议入学年龄是5岁。随着学前教育学制进一步延长至三年，私立学前班的入学年龄甚至可以提早至3岁。1979年，学前教育成为初等学校体系的一部分。自那时起，多数5岁儿童先进入学前班学习一年，然后再升入一年级。

学前阶段的教学与学习过程中，考虑五个重要方面，以便为儿童提供机会，使其：享受探索周围事物的乐趣，在身体、情感和社会能力上有所成长，在认知和智力上有所提高，开发自身的语言技能，表达他们的创造性想法，享受参与创造活动的乐趣。上课方式是非正式的。每节课时间长短无具体规定，因为教学与孩子们的活动结合在一起，在他们的活动中开展。孩子们的能力不断得到评估，一般而言，孩子们的能力会自然而然地提升到初等教育低年级水平。

文莱教育部数据表明，2008 年，公办学前学校与学前班共有 3810 名在学儿童（其中女生 1848 名），另有 7775 名儿童在私立学前学校或学前班就读（其中女生 3836 名）。公办学前学校共有教师 236 名（其中女教师 222 名），私立学前学校共有教师 445 名（其中女教师 435 名）。约有 1127 名儿童在私立托儿所就读。

初等教育

初等教育分为低年级（一到三年级）和高年级（四到六年级）两个阶段。一年的学前教育被认为是初等教育的一个阶段。在初等教育低年级阶段，授课语言为马来语。初等教育高年级阶段的学生们接受双语教育，伊斯兰宗教知识、艺术与工艺、体育与历史等科目用马来语讲授，而数学与科学等科目用英语讲授。

如上所述，"21 世纪国民教育体系"于 2009 年开始实施，并且于 2012 年全面实施，覆盖学校系统的各个层次。从传统上讲，初等教育的目标是：在读、写、算等基本技能方面为孩子们打下坚实基础，为他们的个人成长与性格发展提供机会。随着学生们接受正式教育的准备日益充分，自三年级起，开始注重 *jawi*① 书写体系的教授。实施"21 世纪国民教育体系"之前的周课程表如表 1 – 1 所示。

---

① 古马来文、阿拉伯化的马来文。

表 1-1 文莱实施 "21 世纪国民教育体系" 之前的初等教育周课程表

单位：课时

科目	各年级周课时数					
	初等教育低年级阶段			初等教育高年级阶段		
	一年级	二年级	三年级	四年级	五年级	六年级
马来语	10	10	10	10	10	10
英语	10	10	10	10	10	10
数学	12	12	12	10	10	10
常识/科学	4	4	4	3	3	3
伊斯兰宗教知识	3	3	3	3	3	3
体育	2	2	2	2	2	2
艺术与工艺	2	2	2	2	2	2
公民教育	2	2	2	2	2	2
历史	—	—	—	2	2	2
地理	—	—	—	2	2	2
周总课时数	45	45	45	46	46	46

来源：MOE，1998。每节课时间为 30 分钟。

"21 世纪国民教育体系" 的课程框架由八个关键学习领域组成，它们是：语言、数学、自然科学、人文与社会科学、艺术与文化、技术、伊斯兰宗教知识与马来伊斯兰君主政治、卫生与体育。此外，该课程框架还考虑将信息通信技术与创业精神纳入课程、联课和社区服务项目。新的 "21 世纪国民教育体系" 的课程已确立了目标，即在适应发展的背景下，保证学生从学前阶段向初等和中等阶段学校教育平稳过渡，并保证两个阶段之间的连续性。

初等教育阶段，在一到三年级或第 1—3 年，注重阅读、写作和算术技能 (3Rs[①])，社会性与情感发展以及个性发展，这将使学习者：

- 掌握读、写和计算的基本技能，培养阅读兴趣，养成阅读习惯；
- 培养社会交往技能与合作态度、与他人之间的相互尊重、推理能力和

---

① 此处 3Rs 指 reading，writing 与 arithmetic，下同。

解决问题的技能；

- 具备利用信息通信技术学习的基本技能；
- 能够解释概念，辨识物体与想法，参与创造性工作。

在四到六年级，将注重阅读、写作和算术技能（3Rs），复杂技能与知识，个性发展，态度和价值观的应用，目的是使学习者能够：

- 掌握基本读写技能，能在较高层次上以口头和书面形式进行有效阅读与沟通；
- 基本理解科学与数学概念；
- 积极参加小组活动，增进情感健康与身体健康；
- 培养基本的学习、推理和解决问题的技能，学会寻找多种学习资源，独立获取知识；
- 养成积极的价值观和态度，学会关爱社会与环境，形成国家认同感；
- 欣赏美与艺术。

若干具有附加值的技能将融入这八个学习领域。作为文莱的核心哲学思想，马来伊斯兰君主政治将融入整个课程，以帮助学生取得如下学习结果：学会认识自我价值，正确对待自己的文莱人身份；展现热爱国家、热爱民族、热爱统治者的情操；坚持和践行伊斯兰价值观；为社区进步做出积极贡献，展现关爱的天性，并成为负责的社会一分子。

培养思考技能是学习的关键。学校课程的一个重要目标是，使学生能够在正式的学校环境里以及在日常生活中培养他们的推理能力和解决问题的能力。思考技能的讲授使学生能够在有意义的情境下训练并形成一系列概念和技能，并能有效地表达他们学到的思想。"数字时代的读写能力"是教学与学习的一种工具。学生们需要掌握一定的科学、技术和文化知识，并充分理解自己以各种方式获取的信息。社会技能项目（一个以社区为基础的倡议）让学生们参加社会福利和社会发展活动，例如环保宣传、困难群体帮扶，以及单位实习。这些活动于课外时间在班级、学校或社区举行，以实现全面教育。初等和中等教育阶段的每名学生都能参加联课活动，如体育与游戏、童子军、俱乐部与社团、艺术与文化小组或团队。

课程根据主题和话题，把不同学科领域的知识结合起来，这些主题和话题是根据人们的认识、经验和周围环境划分的。学生们将体验不同学习领域之间的联系，在理解的基础上学习，并认识到知识不是孤立存在的，而是相互联系的。鼓励教师充分利用信息通信技术，运用多种座位安排、具体材料、图解与图表、剪报以及其他教育教学资源，使课堂更加有趣。实践活动可以包括做教育类游戏、角色扮演、制作和使用模型、做实验，以阐释概念。鼓励开展小组讨论，以促使学生积极参与和互动。教学和学习过程都以学生为中心，学生们以个体和小组的形式积极参与学习。

在初等教育低年级阶段（一到三年级），不同科目领域将结合起来讲授，鼓励教师用各科融会贯通的方式来授课。在这一阶段，学习的目标重在为读写和算术（3Rs）、信息通信技术以及社会和个人技能打好基础。学生升入初等教育高年级阶段（四到六年级）时，将更广泛而深入地学习这些领域的内容。据"21世纪国民教育体系"制定的年课程表如表1-2所示。

表1-2 文莱实施"21世纪国民教育体系"之后的初等教育年课程表

单位：小时

学习领域/科目	各年级年小时数					
	初等教育低年级阶段			初等教育高年级阶段		
	一年级	二年级	三年级	四年级	五年级	六年级
核心科目						
马来语	160	160	160	128	128	128
英语	160	160	160	128	128	128
数学（用英语授课）	128	128	128	128	128	128
科学（用英语授课）	64	64	64	80	80	80
必修科目						
伊斯兰宗教知识	48	48	48	48	48	48
马来伊斯兰君主政治	—	—	—	32	32	32
体育	64	64	64	48	48	48
联课	32	32	32	32	32	32
社会	—	—	—	48	48	48

续表

学习领域/科目	各年级年小时数					
	初等教育低年级阶段			初等教育高年级阶段		
	一年级	二年级	三年级	四年级	五年级	六年级
创造性艺术与技术	64	64	64	48	48	48
年总小时数	720	720	720	720	720	720

来源：文莱教育部，"21 世纪国民教育体系"。"创造性艺术与技术"涵盖两个学习领域，即"艺术与文化"与"技术"。在一到六年级，该科目由三个模块组成：信息通信技术（授课语言为英语）、艺术与设计（授课语言为马来语）、音乐与戏剧（授课语言为马来语/英语）。公民教育、创业精神以及社会将融入适当的主题/话题中。马来伊斯兰君主政治、信息通信技术和思考技能贯穿整个课程。联课活动包括体育与游戏、童子军、俱乐部与社团、艺术与文化小组/团队。

学校须每年对所有学生进行一次"水平测试"，在第3—6年，测试尤其注重阅读/语言能力与数学能力。建议学校为学生提供便利，使其方便地利用高质量阅读材料，这些材料包括辅导和家庭识字项目。应当采用"趣味—玩耍—进步"的学习方式。应通过个别辅导和阅读矫正，进行早期干预。

评估关注学生们如何学习，鼓励学生进行自我评估，以便通过建设性指导促进他们的学习。很重要的一点是，要承认课堂练习的中心地位，在课堂练习中，学习过程和结果都以最适合的方法评估。教育者必须敏感地、建设性地给予反馈和报告，以激励学生学习。学校和教师都应对学生的学习结果不断开展高质量的评估。

校内评估将在新课程中发挥不可或缺的作用。不管是形成性评估还是总结性评估，学校和教师都应对学生的学习结果不断开展高质量的评估。这种评估的目的是诊断和干预，是优秀教学实践的固有内容。通过评估获得的信息可用作安排教学顺序、确定后续课时中学习单元的广度和深度的依据。这样便可发现学生们遇到的学习困难或早期学习阶段可能存在的误解，以便及时有效地采取补救措施。进一步强调以学生为中心的学习以及以活动为根本的教学。有特殊需求的学生，将根据其特殊需求的性质，要求对课程做出一些调整和变更。

在初等教育高年级阶段末，学生参加初等学校评估考试。根据特殊教育小组对一到六年级开展的一项研究，1998 年，共有 1597 名学生不及格并在相应年级留级。这一数字占初等学校学生总数的 5% 左右。

文莱目前的全纳教育愿景主要关注学校体制中有学习困难和特殊教育需求的学生，包括：（1）治疗性教育计划所涵盖的有学习困难的学生（指被确认为需要学习支持才能应对功课的学生，包括不在校但接受学习支持的学生，学习支持是其教育项目的一部分）；（2）个体教育计划所涵盖的急需支持或有高度依赖性的学生〔有智力、感官、生理、情感、行为和其他医学（健康）状况（损伤）的学生，他们需要一种经过调整的个性化教育项目〕。教育部特殊教育小组受命成为解决全纳教育需求、实施全纳教育的核心机构。它通过密切的合作伙伴关系来提供支持。特殊教育小组的服务人员以及卫生部专家积极为在校学生提供支持，例如召开机构间学生进步会议，出席该会议的有来自教育部特殊教育处、儿童发展中心、卫生部、社区发展司以及文化、青年与体育部的代表。

有特殊需求的学生在国民教育体系中的参与率大约占在校学生总数的 4%。这一数字并不包括有其他学习需求的学生，他们可能在学校接受学习支持。

2005—2008 年，男孩和女孩的初等教育净入学率均超过 96%，并且一年级学生成功升到五年级的比例大约为 99%。几乎所有学生都完成了初等教育。(Government of Brunei, 2010)

文莱教育部数据表明，2008 年，全国共有公办初等学校 120 所，共招收学生 27713 名（其中女生 13103 名）；另有 16918 名学生进入私立学校就读（其中女生 8211 名）。公办学校共有教师 2437 名（其中女教师 1737 名），私立初等学校共有教师 984 名（其中女教师 802 名）。

中等教育

在传统体系中，中等教育分为两个阶段：低年级阶段（一到三年级）和高年级阶段（四到五年级）。低年级阶段结束时，学生们参加初级中等教育评估考试。这项考试的目的是将学生分流到职业学校或学术型院校，该考试也是对学生接受过三年中等教育之后的一个全国性评估，检测他们的成绩。中等教育高年级阶段分成两种学习类型，持续两年或三年。通过初级中等教育评估考试且成绩为"O"（Ordinary，较好）的学生被分到一个为期两年的中等教育高年级阶段项目，期满时参加文莱—剑桥普通教育证书 O 级水平考试。通过初级中等教育评估考试且成绩为"N"（Normal，普通）的学生参加一个为期两年的常规课程，并且从 1997 年开始，期满时参加文莱—剑桥普通教育证书 N 级水平考试。只有获得足够学分的学生才能进入普通教育证书 O 级水平项目学习。取得足够且相关的 O 级水平考试成绩的学生可以进入大学预科阶段学习。在这一阶段，多数学生参加一个为期两年的课程，期满时参加文莱—剑桥普通教育证书 A 级水平（Advanced，高级）考试。修完 A 级水平课程并取得足够且相关成绩的学生将有资格进入文莱达鲁萨兰大学或其他高等院校学习（或者可以拿到奖学金去国外深造）。

　　实施"21 世纪国民教育体系"之前的中等教育低年级和高年级阶段的周课程表如表 1 - 3 和表 1 - 4 所示。

表 1 - 3　文莱实施"21 世纪国民教育体系"之前的中等教育低年级阶段周课程表

单位：课时

科目	各年级周课时数		
	一年级	二年级	三年级
考试科目			
马来语	4	4	4
英语	7	7	7
数学	6	6	6
理科综合	6	6	6
历史	3	3	3
地理	4	4	4
宗教知识	3	3	3
非考试科目			
体育	2	2	2

续表

科目	各年级周课时数		
	一年级	二年级	三年级
马来伊斯兰君主政治	2	2	2
选修科目（选其一）			
商学	—	—	—
木工	—	—	—
家政	—	—	—
艺术	—	—	—
阿拉伯语	3	3	3
食品与营养	—	—	—
金属加工	—	—	—
法语	—	—	—
电脑	—	—	—
农学	—	—	—
周总课时数	40	40	40

来源：MOE，1998。每节课时间为 35 分钟。

表 1 - 4　文莱实施"21 世纪国民教育体系"之前的中等教育高年级阶段周课程表

单位：课时

科目	各年级周课时数	
	四年级	五年级
马来语	4—5	4—5
英语	6—8	6—8
数学	6	6
数学（附加）	4—6	4—6
生物	5—6	5—6
物理	5—6	5—6
化学	5—6	5—6
理科综合	5—7	5—7

续表

科目	各年级周课时数	
	四年级	五年级
双科学（Double Science）	5—7	5—7
人类与社会生物学	5—7	5—7
历史	4—6	4—6
地理	4—6	4—6
会计原理	4—6	4—6
商业	4—5	4—5
经济学	4—6	4—6
马来文学	4—5	4—5
木工	4—6	4—6
家庭管理	4—5	4—5
马来伊斯兰君主政治	2	2
艺术	4—6	4—6
宗教知识	4—5	4—5
英语文学	4—5	4—5
农学	4—5	4—5
电脑	4—5	4—5
几何与机械制图	4—6	4—6
食品与营养	4—6	4—6
周总课时数	40	40

来源：MOE，1998。每节课时间为 35 分钟。

通过初级中等教育评估考试、普通教育证书 N 级水平考试或 O 级水平考试的学生，可在开设工艺和技师项目的职业学校、技术或工程学院学习技术、职业课程（学制为两年半）。

国家行业三级证书课程学习时间为一年半，其中包括一段实习期，国家行业三级证书课程最低入学条件是修完三年级的课程。不过，通过初级中等教育评估考试的申请者会被优先录取。修完国家行业三级证书课程且成绩合格的学生，将被授予国家三级证书。国家行业二级证书课程学习期为一年，最低入学条件是修完相关的国家行业三级证书课程（或同等课程）且成绩合格，并且至少有一年的相关工作经验。修完国家行业二级证书课程且成绩合格的学生，将被授予国家二级证书。工艺类学生的考评根据其学期作业的得分，占总分的70%，剩余30%来自项目。全日制工艺课程学制为两年半（包括六个月的实习）。入学条件是修完三年级的课程或通过初级中等教育评估考试。

技师课程由两个阶段构成：国家文凭预科课程或证书课程、国家文凭课程或证书课程。修满这些课程且成绩合格，学生将被授予由文莱职业技术教育委员会颁发的文凭。为期两年半的技师课程的模式是"三明治"式，学生完成学业将被授予文莱国家文凭。所谓"三明治"式，即该课程由在学院的授课期与在雇主处的岗位受训期交替构成。

在新的"21世纪国民教育体系"中，学生将在一个四年（面向能力特别高的学生）或五年的项目中学习，然后参加文莱—剑桥普通教育证书O级水平考试。所有学生在七、八年级或第7、第8年都要参加一个共同项目；第8年之后，他们将分成普通教育项目（第9、第10年或第9—11年）、应用教育项目（第9—11年）或者特殊教育项目（第9—11年）。中等教育低年级阶段末的初级中等教育评估考试已于2010年取消，代之以学生进步评估（第7、第8年连续举行），该评估由校内评估和第8年期末的学生进步考试组成。学生进步评估用来将学生分到普通或应用项目。根据其成绩和具体要求，允许学生在四年制和五年制项目之间调转。

在七到八年级（共同项目），普通教育，技能的巩固，才能、兴趣、个性、态度及价值观的培养旨在使学习者能够：

- 独立学习；
- 在学习过程中自信地运用信息通信技术；
- 提高推理能力、创造能力、解决问题的能力以及应用知识的能力；
- 掌握马来语和英语；
- 在学术、社会和文化领域全面发展；

- 掌握所有关键学习领域的基本概念；
- 养成热爱文莱达鲁萨兰国的爱国情操，形成对马来伊斯兰君主政治哲学的良好理解；
- 养成健康意识；
- 培养艺术与审美兴趣。

在九到十年级或九到十一年级，技能的巩固，才能、兴趣、个性、态度以及价值观的培养，职业教育前的特殊教育旨在使学习者能够：

- 在为终身学习做准备的过程中，打下坚实的技能基础；
- 在为高等教育做准备的过程中，在科学、数学、语言及其他学习领域打下坚实基础；
- 形成对将要选择的职业和就业市场的认识与预先体验；
- 拥有并享受审美能力。

共同项目（七、八年级）、普通项目（九到十年级或九到十一年级）、应用项目以及特殊应用项目的年课程表如表1-5、表1-6、表1-7和表1-8所示。

表1-5 文莱实施"21世纪国民教育体系"之后的中等教育
七、八年级（共同项目）年课程表

单位：小时

学习领域/科目	各年级年小时数	
	七年级	八年级
核心科目		
马来语	96	96
英语	96	96
数学（授课语言为英语）	96	96
科学（授课语言为英语）	96	96
必修科目		
伊斯兰宗教知识	64	64
马来伊斯兰君主政治	32	32

续表

学习领域/科目	各年级年小时数	
	七年级	八年级
体育	64	64
联课	32	32
社会（授课语言为英语）	48	48
商业与技术	48	48
选修科目		
阿拉伯语、法语、汉语普通话（学生必选其一）	48	48
年总小时数	720	720

来源：文莱教育部，"21世纪国民教育体系"。"商业与技术"涵盖两个学习领域，即"艺术与文化"和"技术"。在七、八年级，该科目由四个模块组成，即科学技术（包括设计与技术、家政、农学，授课语言为英语）、信息技术（授课语言为英语）、商学（授课语言为英语）、音乐与艺术（授课语言为马来语/英语）。创业精神将融入适当的主题/话题中。马来伊斯兰君主政治、信息通信技术和思考技能贯穿整个课程。联课活动包括体育与游戏、童子军、俱乐部与社团、艺术与文化小组/团队。

表1-6 文莱实施"21世纪国民教育体系"之后的中等教育
九、十、十一年级（普通项目）年课程表

单位：小时

学习领域/科目	各年级年小时数		
	九年级	十年级	十一年级
核心科目			
马来语	112	112	112
英语	112	112	112
数学（授课语言为英语）	112	112	112
科学（授课语言为英语）	112	112	112
必修科目			
马来伊斯兰君主政治	32	32	32

续表

学习领域/科目	各年级年小时数		
	九年级	十年级	十一年级
体育	32	32	32
联课	48	48	48
选修科目（至少选两门）			
语言：马来语文学、英语文学、阿拉伯语、法语、汉语普通话 数学（附加） 科学：物理、化学、生物 伊斯兰宗教知识 人文与社会科学：地理、历史、经济学、会计原理 艺术与文化：艺术与工艺、音乐 技术：设计与技术、电脑/信息通信技术、食品与营养	每科每年 80 小时		
年总小时数	720	720	720

来源：文莱教育部，"21 世纪国民教育体系"。在核心科目的"科学"方面，学生必须从所开设的科目中至少选修一门（这些科目包括物理、化学、生物或理科综合）。马来伊斯兰君主政治、信息通信技术和思考技能贯穿整个课程。联课活动包括体育与游戏、童子军、俱乐部与社团、艺术与文化小组/团队。

表 1-7　文莱实施"21 世纪国民教育体系"之后的中等教育

九、十、十一年级（应用项目）年课程表

单位：小时

学习领域/科目	各年级年小时数		
	九年级	十年级	十一年级
核心科目			
马来语	96	96	96
英语（作为第二语言）	96	96	96
数学（授课语言为英语）	96	96	96
理科综合（授课语言为英语）	96	96	96
必修科目			
伊斯兰宗教知识	64	64	64
马来伊斯兰君主政治	32	32	32
体育	32	32	32
联课	48	48	48
选修科目（至少选两门）			
人文与社会科学：地理、旅游、商学、发展研究、商业、会计、食品与营养、企业研究 艺术与文化：艺术与设计、艺术、戏剧、音乐 技术：设计与技术、电脑、信息技术、木工、时装与纺织品、农学 健康与体育：体育	每科每年 80 小时		
年总小时数	720	720	720

来源：文莱教育部，"21 世纪国民教育体系"。马来伊斯兰君主政治、信息通信技术和思考技能贯穿整个课程。联课活动包括体育与游戏、童子军、俱乐部与社团、艺术与文化小组/团队。

表 1 – 8　文莱实施"21 世纪国民教育体系"之后的中等教育

九、十、十一年级（特殊应用项目）年课程表

单位：小时

学习领域/科目	各年级年小时数		
	九年级	十年级	十一年级
核心科目			
马来语	96	96	96
语言与沟通（授课语言为英语）	96	96	96
功能数学（授课语言为英语）	96	96	96
功能科学（授课语言为英语）	96	96	96
必修科目			
伊斯兰宗教知识	64	64	64
马来伊斯兰君主政治	32	32	32
体育	32	32	32
联课	48	48	48
选修科目（三年的课程中必须选修下列课程中的至少六门）			
生产：生产与制作精美家具、标识设计、多媒体制作、食品加工、计算机制图、景观与护理、粮食生产、水产养殖、化妆与设计 服务：家庭电器、公共饮食、化妆与美发、冷柜与空调维修、室内装潢、汽车维修、表演艺术、音乐 商业：基本企业技能、基本簿记、基本文书技能、打字	每年 160 小时		
年总小时数	720	720	720

来源：文莱教育部，"21 世纪国民教育体系"。马来伊斯兰君主政治、信息通信技术和思考技能贯穿整个课程。联课活动包括体育与游戏、童子军、俱乐部与社团、艺术与文化小组/团队。

学生进步评估（Student Progress Assessment，SPA）是一种新的评估方法，该评估取代了初级中等教育评估考试。它代表着一种评估方向的转变，是从总结性评估向以衡量学生进步和成绩为特点的评估体系转变。学生进步评估是四或五年的项目选拔学生的基础，即在学生八年级末参加完学生进步考试之后，决定其继续参加两年或三年的教育项目。学生进步评估的目的还在于帮助学校、学生和家长选择普通教育或应用项目中的科目组合。

新评估方法的主要目标包括：通过有效、可靠和有意义的方式/工具评估学生的进步；评估教育发展的其他方面（技能、知识、态度/价值观）；找出学生在学习过程中的优点和缺点，以便采取适当的干预和补救措施；使学校管理者和教师能够开展适当、准确且有效、可靠的评估；为所有学校，尤其是中央政府主管的八年级或第8年末的学生进步考试设立国家标准，作为它们的基准。

校内评估将贯穿七、八年级。在七年级末，学生参加学校考试。对于学生进步考试（八年级末），中央层面的考试司将负责核心科目（马来语、英语、数学和科学）的命题，并制定指导方针和评分准则，以确保全国标准统一。对于其他科目，考试筹备委员会将负责命题、制定指导方针和评分准则。评分与成绩报告将由相关学校的教师负责。对于核心科目和其他科目，校内评估成绩在学生进步评估总成绩中所占的比重为30%（依将来的发展和进步带来的变化而定），学生进步考试所占的比重为70%。为了获得四年制普通教育项目或理科方向的五年制普通教育项目的入学资格，学生们在学生进步评估相关科目的考试中必须达到所要求的平均分。达不到要求分数的学生，学校将考虑将其分到五年制普通教育项目或应用项目。特殊应用项目的对象是在学生进步评估中成绩较低、更倾向于实用型学习和特定专业学习的学生。

在职业技术教育方面，在新的"21世纪国民教育体系"中，学生可以攻读：（1）国家技能证书（相当于国家文凭），这是一个为期三年的项目，包括六个月的实习，该证书将取代之前通行的国家职业证书、国家行业三级证书和国家行业二级证书，最低入学条件是完成第10或第11年的学业；（2）文凭（相当于高级国家文凭），这是一个为期三年的项目，包括六个月的实习，该文凭将取代之前通行的国家预科文凭、国家文凭和高级国家文凭，其最低入学条件是取得五种文莱—剑桥普通教育证书O级水平证书或一种文莱—剑桥普通教育证书A级水平证书或同等资格或通过国家技能证书，并且通过能力测试和面试；（3）学位，这是一个为期四年的"三明治"项目，包括一年的实习，最低入学条件是取得两种文莱—剑桥普通教育证书或相关科目的同等资格或通过文凭项目考核，并且通过能力测试和面试。这种三个层次的资格体系于2012年1月开始实施，面向的对象是已完成中等教育第10或第11年学业的学生。

文莱教育部数据表明，2008年，全国共有公办中等学校30所，共招收学生36583名（其中女生18079名）；另有5661名学生进入私立学校就读（其中女生2658名）。公办学校共有教师3213名（其中女教师2083名），私立学校共有教师488名（其中女教师279名）。

同年，全国共有公办职业技术学校7所，共招收学生2063名（其中女生778名）；另有425名学生进入私立学校就读（其中女生160名）。公办学校共有教师374名（其中女教师157名），私立学校共有教师44名（其中女教师18名）。

在全国范围内评估学习成果

公共考试是评估的主要手段。学生们参加年中和年底考试，还参加全国性考试。初等教育结束时，学生们参加全国范围的初等学校评估考试。在中等教育阶段，学生进步评估是一种新的评估办法，它将取代初级中等教育评估。学生进步评估用来选拔学生进入四年制或五年制项目，即八年级末学生进步考试之后的两年或三年的学习项目。

中等教育结束时，学生们参加文莱—剑桥普通教育证书O级水平考试。取得足够且相关O级成绩的学生可进入一个两年制的课程学习，期满参加文莱—剑桥普通教育证书A级水平考试。修完A级水平课程且有足够并相关的科目合格成绩的学生将有资格升入大学或其他高等院校学习。

为保证文莱的教育质量和学生成绩至少与国际水平齐平，文莱教育部已与剑桥考试委员会建立联系，以提高中等教育高年级阶段教育和高等教育的质量。

教职人员

初等教育教师须具备普通教育证书 O 级的最低学术资质（其他类型的教师须事先取得 A 级资质），并且要在教育学院参加一个为期三年的培训项目。

中等教育教师须取得一种第一学位。非教育专业的毕业生在其头三年服务期内必须参加为期一年的研究生证书教育项目，然后其教师职位才能得到确认。

苏丹哈桑纳尔·博尔基亚教育学院是文莱达鲁萨兰大学的一个院系。该院的主要目的是培养初等、中等及技术学校师资以及教育管理人员。此外，它还开设与更专业化的教育角色（如指导、咨询、治疗性教学及课程设计）有关的入门级课程。学院教学项目的指导理念是："教师的职业教育是一个持续不断的过程。它始于岗前培训并贯穿教师的整个职业生涯，贯穿他们参加进修和在职课程的全过程。"因此，学院高度重视提升教师资质及提供短期在职课程。（MOE，2008）

此外，校长们要被送往新加坡，参加一个为期一年的项目，期满取得学校管理文凭；督学要被送往英国，参加女王督学（Her Majesty Inspectors，HMI）课程的学习，该课程为期三个月。根据需要，文莱教育部还为校长安排短期、长期的职业培训项目。这些课程包括：学校管理、督导和领导力教学、学校职工发展、学校项目筹备技能、指导与咨询技能、学校课程实施与评估、公共关系、财务管理。

参考资料

Government of Brunei Darussalam. Department of Economic Planning and Development, Prime Minister's Office. *Brunei Darussalam Millennium Development Goals Report*. September 2010.

Ministry of Education. *General information concerning the education system*. 1998 and 2003.

Ministry of Education. *Educational profile of Brunei Darussalam*. Document prepared for the International Bureau of Education. October 1998.

Ministry of Education. *The development of education. National report of Brunei Darussalam*. Presented at the 48th session of the International Conference on Education, Geneva, 2008.

Ministry of Education. Department of Technical Education. *The development and state of the art of adult learning and education*. May 2008.

网络资源

文莱教育部技术教育司：http：//www. dte. edu. bn

文莱教育部：http：//www. moe. gov. bn

文莱达鲁萨兰大学：http：//www. ubd. edu. bn

更新的链接，请参考联合国教科文组织国际教育局网页：

http：//www. ibe. unesco. org/links. htm

柬埔寨教育体制及现状

教育的原则与总体目标

为所有柬埔寨儿童提供教育机会是柬埔寨王国政府扶贫计划和经济社会发展规划的中心内容。其主要目标是建立具有包容性的、易于获得的高质量服务，所有人不分贫富、性别、民族，不论精神、身体方面的条件如何，均能享受这种服务。教育、青年与体育部（Ministry of Education, Youth and Sports, MoEYS）的愿景之一就是认识到亟须建立教育与培训体系，以促进经济增长，改善就业前景，增加创收机会。教育、青年与体育部的愿景还包含一个根本认识，即高质量的教育能够改善家庭健康和营养，促进计划生育，让民主制度更加深入人心。

教育系统的总体目标是培养儿童精神和身体方面的素质。为实现这一主要目标，学校须培养学生的自信、自立、责任感、团结、民族和睦和爱国主义等精神。学校还必须使学生养成尊重法律和尊重人权的态度。

学校的责任还包括：培养儿童，使之成为好公民，使他们和睦相处，能够为家庭幸福担负更多责任，能够为促进社会福利做出贡献。普通教育的目标是实现上述总体目标，方式包括传授知识与技能，提升学生个人素质，让学生积累工作经验和各类活动经历，这对学生、对他们的同学以及对整个社会都有益处。

实施《教育战略规划 2009—2013 年》与以下方面有关：弘扬热爱和平、尊重人权与人的尊严、尊重自由、民主、正义原则的文化，培育反暴力、反毒品、反贩卖妇女儿童、反社会歧视的文化。（MoEYS, 2010）

有关教育的法律和其他基本法规

柬埔寨教育、青年与体育部是依据 1996 年 1 月 24 日颁布的法律（皇家法令）建立的。

1999 年修订的 1993 年《宪法》第 65 条规定："国家应保护和增进公民接受各种层次优质教育的权利，应采取必要措施，让所有公民都能接受优质教育。为增进所有柬埔寨公民的福祉，国家应重视体育运动。"在教育领域，"国家应在全国建立一个全面的标准化教育体系，确保教育自由原则和质量原则得以贯彻，确保所有公民都享有平等的谋生机会"（第 66 条），"国家应根据现代教育学原则，推行一个教育项目，这个项目应包含技术教育和外语教育。国家应控制各个层次的公立和私立学校及教学班"（第 67 条）。

第 68 条规定，国家应向所有公民提供免费公立学校初等和中等教育。公民应接受至少九年教育。

2007 年 12 月，柬埔寨颁布了《教育法》。其中第 31 条规定，每位公民均有权在公立学校接受至少九年的免费优质教育。负责教育的部门应逐步制定政策和战略规划，确保所有公民都能接受法律规定的优质教育。

教育系统的行政与管理

行政上，柬埔寨全国分为 20 个省和四个市（金边市、西哈努克市、白马市、拜林市）。每个省又分为若干区，区又分为若干乡镇。市分为若干市辖区，市辖区又分为若干街区。中央级教育行政部门是处理省/市级和区级教育行政事务的主体。

教育、青年与体育部涵盖四个行政级别：中央级、省/市级、区级和学校级。学校集团是指若干距离相近的学校，它们能相互提供技术和物质援助，以使教学过程更加有效。教育、青年与体育部的组织结构为：中央总部、24 个省/市教育厅、193 个区教育局和各个学校。通常，省教育厅负责管理高级中等学校（lycées），区教育局负责管理初级中等学校（collèges）。

教育、青年与体育部的组织结构于 1998 年上半年进行了调整。目前，包括四个总司（教育总司、高等教育总司、青年与体育总司、行政与财务总司）、教育督导组、全民教育秘书处。行政与财务总司下属的规划司负责"教育管理信息系统"。其任务是搜集全国各个学校的信息，供加工、分析，然后编制成统计数据和指标年鉴，分发给各级教育管理者，供他们使用。教育总司包括以下司：初等教育司、学校卫生司、中等教育司、幼儿教育司、非正规教育司、教育研究司和教师培训司。在《教育战略规划 2009—2013 年》框架下，"教材和教科书建设"子项目的主要目标是：制定符合地区和世界教育进步趋势的普适课程，确保教材在全国范围内充足供应。课程建设司的职责在于：实施新课程政策并在 2011 年对其进行重新审查；制定全国三、六、九年级的学习标准；实施和跟踪教科书政策；建设技术与职业教育课程。（MoEYS，2010）

过去十年，与多数部门相同，中央级教育行政部门的首要任务是：对学校运作进行一定程度的控制，控制的一大重点在于行政方面。中央对各平行司和省、区级教育行政机关的授权有限且不清晰。教育部门的习惯做法是各项决定都要请示上级批准。由于授权不清晰，教育系统内级别较低的单位做决定的机会和意愿都受到限制。传统上对人事和运作预算资源的高度集中化管理，也使这一状况进一步加剧。

2000 年柬埔寨实施了"优先行动项目"，这为教育、青年与体育部内部组织结构与职责的合理化提供了机会。"优先行动项目"资金的融资渠道与管理从中央财政部转移到省级财政部门管理之下的区级账户。这对教育部各级单位重新审视自己的职责和功能有积极作用。从根本上讲，中央总部正逐渐行使其政策制定、战略规划和监督的本职，各省教育厅开始行使进度跟踪与监督职能，各个区和学校则负责"优先行动项目"资金的日常管理。

1996 年，在课程改革过程中，教育、青年与体育部建立了多个委员会，如课程改革委员会和课程实施委员会。2006 年，教育、青年与体育部有三个处理课程事务的委员会：教材审批委员会，负责审批供学校使用的教科书和其他阅读材料；标准参考组，负责为三、六、九年级制定课程标准；生活技能工作组，负责为学校制定生活技能政策。2006 年，有人提议建立一个课程

协调与教科书政策委员会。(MoEYS, 2006)

2007 年《教育法》第 5 条规定,应建立全国教育最高委员会,由首相领导。该委员会会具有如下职能:向柬埔寨王国政府提交反映社会经济发展的政策提案和长期战略,评估与教育部门、技术与职业培训有关的任务,为教育事业汇集各种资源。

柬埔寨全国儿童委员会的主要目标是促进相关机构的合作,以增进儿童利益。社会福利、退伍军人和青年康复部负责监督指导残疾人福利与康复服务工作。妇女事务部与柬埔寨全国妇女委员会负责促进性别平等和妇女赋权。妇女事务部作为催化剂和倡导者,鼓励公共机构、社会团体及私立部门将性别平等纳入它们的政策和项目之中,妇女事务部还扮演协调者和促进者的角色。它负责监督和评价政策和项目,评估它们为实现政府促进性别平等和妇女赋权目标所做的贡献。在开展幼儿早期保育与教育(尤其是涉及社区学前学校和家庭项目时)方面,妇女事务部还是教育、青年与体育部的重要伙伴之一。

柬埔寨王国政府认识到,为促进职业技术教育与培训发展,须建立一个长期、协调的发展规划,为此于 1996 年建立了全国培训委员会。2004 年以来,由劳动与职业培训部负责职业技术教育与培训。

柬埔寨认证委员会成立于 2003 年 3 月,其主要目的是建立向所有高等教育机构授予资质的法律机制,以确保并提高学术水准,实现符合国际标准的更高效率和质量。

教育系统的结构与组织

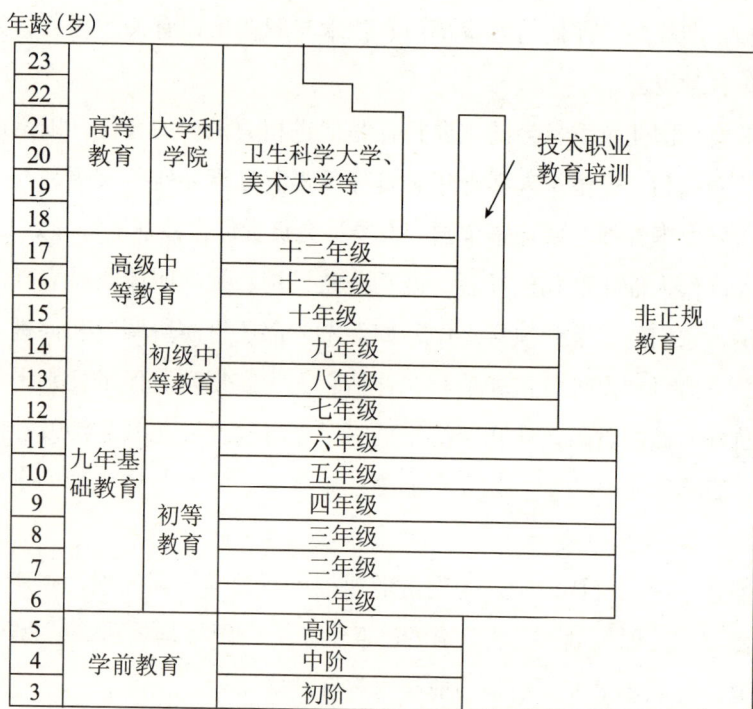

图2-1 柬埔寨教育系统的结构（2009年）

来源：柬埔寨规划部国家统计研究所，2009年8月。

学前教育

学前教育不属于义务教育，为期三年，面向3—5岁的儿童。

初等教育

初等教育为期六年，是义务教育。初等教育是基础教育的第一阶段。1996年以前，初等教育为期五年（1985年以前为期四年）。

中等教育

普通中等教育分为两个阶段：初级中等阶段，是基础教育的第二个阶段，为期三年，原则上是义务教育；高级中等阶段，不属于义务教育，同样为期三年。完成初级中等教育时（九年级），学生参加全国统考，如成绩合格，将取得基础教育文凭；高级中等教育末尾，成功通过全国统考的学生将取得高级中等学校文凭（baccalauréate）。完成初级中等教育的学生可继续接受高级中等教育，也可进入劳动与职业培训部管理的技术职业培训项目学习（为期一到三年）。完成三年（水平三）技术职业培训项目的学生将被授予相当于高级中等学校文凭的证书。

高等教育

高等教育由大学、技术与专业培训院校提供。技术与专业培训院校提供为期两到三年的项目，学生毕业可取得证书/高级文凭。地区教师培训中心向有资格做初级中等教育教师的高级中等教育毕业生提供为期两年的课程。在大学层次，期满颁发大专学位的项目通常为期两年。取得学士学位通常需要四年的全日制学习（包括基础学年），工程专业需五年，建筑专业需六年，药学专业需七年，医学和牙科专业需八年。国家教育学院为学士学位获得者提供为期一年的研究生项目，学生毕业可取得高级中等学校教师文凭或教育学文凭。硕士学位项目通常需学习两年，博士学位项目通常需学习至少三年。

一学年有 38 周。在大学层次，一学年通常分为两个学期（9—1 月学期、2—6 月学期）。

教育过程

学校课程的目标是全面培养学生的才干和能力，使他们成为有才能的人，智力、精神、心理和体格都得到共同发展、平衡发展。特别是，学生离校时，他们应：

- 养成对学习的热爱，这将使他们有能力谋求就业机会，继续进行终身学习；
- 掌握高棉语、高棉文学及数学的基本知识；

• 具有必要的知识、技能和态度，以保持和增进他们的身体和心理健康，并为保持和增进他们的家庭和更大范围的社会的健康做出贡献；

• 有能力管理自身行为与决定，并为其负责，能够自立；

• 认识科学、技术、创新和创造力的价值和重要性；

• 具备与就业有关的技能，对工作有正确的认识，抱有积极的态度，有管理能力和与他人有效、和谐共事的能力；

• 能够在关乎道德的问题上做出判断，履行自己的责任，致力于为家庭和社会所面临的问题辨别、分析并找出解决方案；

• 理解与欣赏其他民族和其他文化、文明、历史，这将使他们养成以平等和尊重他人权利为特点的公共精神；

• 成为积极公民，了解社会变化，理解柬埔寨的政府体制和法治，展现民族自豪感和热爱国家、热爱宗教和热爱国王的情操；

• 珍惜他们的自然、社会和文化环境，并有能力保护和维护这些环境。

为实现这些目标，学校课程应：

• 提供学习经验，这将使学生学会求知，学会做事，学会做人，学会共同生活；

• 使学生具备必备的日常生活技能，这将使他们充分发挥自身潜力，成为高效和多产的社会成员；

• 使学生在如下学科领域学到高水平的知识与技能，这些学科包括高棉语言与文学、数学、科学（物理、化学、生物、地球和环境研究）、社会（历史、地理、家政、艺术教育、道德与公民教育）、卫生和体育运动；

• 强调整个核心课程内各学科的积极型、应用型学习，包括技术学习，技术是对知识的运用，目的是改善全体公民的生活质量。（MoEYS，2004）

《课程建设政策2005—2009年》已对1996年制定的核心课程进行了升级和变更。特别是，该政策：

• 简化了初等教育早期课程，确保每位学生在三年级末都能打下坚实的语文和算术基础；

• 制定了一个生活技能教育课程纲要，包括新的"本地生活技能项目"；

• 引入了一种一到三年级自然科学和社会科学的综合学习方法；

• 将外语教学项目视为优先事项；

• 制定三年级、六年级末的高棉语和数学标准，为九年级末的高棉语、数学、自然科学、社会和外语等学科的全国统考确定了一个清晰的结构；

• 为十一、十二年级的学生开设了选修课，减少了必修科目数，增加了每个科目的学习时间。（MoEYS，2006）

根据2004年12月制定的新《全国课程大纲》，初等教育学生每周应上五天课，每天上五节（每节课40分钟）。此外每周再上两到五节"本地生活技能项目"课，每节课40分钟。七到十年级学生每周应上30节课（每节课50分钟），每周外加两到五节"本地生活技能项目"课，每节课50分钟。十一到十二年级的学生每周应上32节课，每节课50分钟。新的基础教育课程于2006年颁布，涵盖一到九年级，同时颁布的还有三、六、九年级课程标准。

学前教育

依课程规定，学前教育的目标是培养与儿童年龄相适应的生活技能以及情感、社会、道德和审美等方面的价值观。算术基础、语文基础和科学综合采用寓教于乐的授课方式。其他活动可促进儿童大肌群和小肌群的发育，增强他们的社会技能、解决问题的能力，以及艺术、戏剧、写作准备、课前阅读等方面的能力。

目前，学前教育逐渐以公私合作的方式开展。1999年，共有874所公立学前学校提供学前教育，在校学生50000名；此外还有364所社区学前学校和私立学前学校，在校学生10000名。社区学校约占非公立学前学校总数的70%。社区学校通常免费，而城市私立学校会收取少量学费。20世纪90年代后期，学前教育需求缓慢增长，部分原因是儿童父母双方都要在市区上班，因此有儿童日托服务需求。

2000年，柬埔寨国家有关部门就3—5岁儿童的幼儿教育制定了一个政策框架。2003年，成立了幼儿教育司。妇女事务部对社区学前学校的办学和管理进行监督，这类学校由"社区委员会"建立，招收3—5岁儿童，特别是幼儿教育机会缺乏的农村地区的儿童。此外还实施了居家养育项目，面向0—5岁儿童。

法律规定，正规学前教育由教育、青年与体育部管理和监督，面向3—5岁的儿童，分三个阶段，阶段一面向3岁儿童，阶段二面向4岁儿童，阶段三面向5岁儿童。实际上，多数儿童仅接受一或两年学前教育。一般而言，公办学前学校每天上课三小时，每周上五天，每年上38周。社区学前学校每天上课两小时，每周上五天，每年上24—36周。居家养育项目中，妈妈团每周与孩子们见一次面，每次一小时，一年有24周见面。

公办学前学校教师的任职资格是在十二年级（高级中等教育末尾）毕业后接受为期两年的培训。社区教师参加各省幼儿教育部门举办的为期16天的在职培训。居家养育项目的语文教师每年接受两次在职培训，每次为期三天。

20世纪90年代以来，学前教育体系在很大程度上靠非政府组织支持。非政府组织的支持主要集中于质量保证方面，例如对大约2000名学前学校教师的培训和课程材料建设。2005年，联合国儿童基金会为609所招收3—5岁儿童的社区学前学校提供了支持，这体现在以下方面：基础设施、培训费用、教学与学习材料的编写、教师报酬。几乎所有非政府组织和社区学前学校的支持对象均为贫困和弱势群体。

学前教育的质量和有效性很难评估，部分原因在于目标多而杂。这些目标包括：入学准备、学前教育教学内容、结构化游戏和社会发展、初步卫生和营养意识，以及更广意义上的儿童保育与照顾。

据统计，2004—2005学年，柬埔寨3、4、5岁儿童的毛入学率分别为1.2%、5.0%和12.9%。该年龄组的整体毛入学率为10.6%。2004—2005学年，升入初等教育阶段的儿童中有13.2%接受过学前教育。女孩约占招生总数的一半。在享受学前教育服务方面，城乡差别巨大。城市地区学前教育适龄儿童仅占总数的15%，却占学前教育招生总数的25%。

据"教育管理信息系统"统计，2005年，学前教育共招收儿童119893名（其中女童60541名，占总数的50.4%），毛入学率为11.9%。尽管柬埔寨已通过社区学前学校和居家学前学校来增加学前教育的形式，但招生人数仍集中于公立学前学校。据"教育管理信息系统"报告，2005年，公立学前学校共招收儿童 75669 名，占招生总数的 63%。社区学前学校共招收儿童 22265 名，居家学前学校共招收儿童 13447 名，私立学前学校共招收儿童 8512 名。(MoEYS, 2007)

根据 2010 年 5 月发布的《教育大会报告》，柬埔寨各类学前学校共招收 0—5 岁儿童 186086 名，其中 93725 名为女童。学前教育项目招生总数已从 2005—2006 学年的 120098 名（占 3—5 岁儿童总数的 13.6%）增加到 2009— 2010 学年的 171768 名（占该年龄组儿童总数的 20%）。统计显示，58% 接受学前教育的儿童被公立学前学校招收。(MoEYS, 2010)

初等教育和初级中等教育（基础教育）

基础教育课程的目的是实现学校教育的目标，使学生能够在更高层次继续学习，参加其他职业培训或参与社会生活。实现这些目标的方式是确保每位学生都已获得：

- 高棉语及数学知识；
- 民族认同方面的知识；
- 对道德和公民责任的认识；
- 参与本地社区生活和柬埔寨社会生活所需的日常技能；
- 对自然世界和科学原理的基本认识；
- 用外语沟通的能力。

2004 年新《全国课程大纲》规定，学校必须与家长、所在社区、社区组织及非政府组织合作，开发并推出"本地生活技能项目"，该项目内容为每周两到五节基础教育阶段的课。"本地生活技能项目"目的是开展对当地学生特别实用的具体生活技能培训，让学校给予学生时间以便进行课外活动，如社会服务和青年运动之类的活动，这些活动将进一步培养学生自信与负责的习惯。生活技能是指智力、个人、人际和职业方面的技能，这些技能可使学生基于足够信息做出决定，使他们进行有效沟通，使他们具备处理问题和自我管理的技能，这些都有助于学生拥有健康和丰富的人生。（MoEYS, 2004）

教育、青年与体育部认为，生活技能分两种：（1）基本技能，即必要技能，这将为生计奠定坚实基础，包括一般技能与入职前必备技能；（2）事业技能，即基本职业定位，以便将来有一个清晰的职业选择，包括简单技能和职业技能。新《基础教育课程》颁布于 2006 年，涵盖一到九年级，该课程规定了应向每个学生传授的基本技能。这些技能涉及许多重要方面，如健康教育、安全、营养、娱乐、疾病预防、拥有健康的其他途径（如卫生食品）、交通安全、防溺水意识、防地雷意识、预防艾滋病病毒和艾滋病意识、反毒品意识、禽流感、野生动物、环境保护。该政策还为学生的个人发展、自我价值、团队合作技能、和睦相处与和平解决挑战提供了保证。（MoEYS，2007）

初等教育的目标是，提高儿童的精神素质与心理素质，关注儿童个性发展。儿童将掌握听、说、读、写及算术技能，能解决他们当前面临的问题，并珍视学习与劳动。通过这些努力，他们将成为有用的社区成员，能够掌握简单技能或升入更高年级继续学习。一到三年级课程的目的是确保每位儿童都在识字和数学方面打下坚实基础，确保他们增进健康，改善外表，提升道德认识，提高学习技能与生活技能。艺术教育（歌唱、绘画、舞蹈、音乐）融汇于科学和社会课程之中。四到六年级课程的目的是拓展和巩固学生对高棉语、数学、学习技能、生活技能、道德和个人发展等方面的知识和认识，这将使他们有能力追求终身学习；四到六年级课程的目的还包括向学生介绍科学和社会领域的内容。艺术教育融汇到社会课程之中。

初级中等教育的主要目标是巩固学生在初等教育阶段已学到的知识，确保他们思想自由和表达自由的发展，培养他们的包容态度，同时培养他们的才干、个性品质、创造力、社会伦理观和技能，以便创建和谐社会。基础教育初级中等学校课程（七到九年级）目的在于为所有学生提供必需的广泛知识、技能、高棉语、数学、科学、社会、生活技能、学习技能、职业教育、道德教育和个人发展，使他们能够作为有用的社会成员，为柬埔寨社会发展做出贡献，并且有能力在更高阶段深造，参加其他职业培训或参与社会生活。外语被列为所有初级中等教育阶段学生的必修科目。入职必备生活技能作为社会科目的一部分，在"本地生活技能项目"中讲授。"本地生活技能项目"

包括艺术教育。完成基础教育时，学生已经成年，将能在社会中生存，能按照要求升入更高年级继续学习。(MoEYS，2004，2006)

实行 2004 年新《全国课程大纲》以前，初等教育和初级中等教育周课程表如表 2-1 和表 2-2 所示。

表 2-1　柬埔寨 2004 年以前的初等教育（基础教育第一阶段）周课程表

单位：课时

科目	各年级周课时数					
	一年级	二年级	三年级	四年级	五年级	六年级
高棉语	14	12	12	11	8	8
外语（英语或法语）	—	—	—	—	3	3
数学	5	5	5	5	5	5
科学	2	3	3	3	3	3
历史与地理	2	2	2	2	2	2
道德—公民教育	1	2	2	2	2	2
艺术	2	2	2	2	2	2
技术	1	1	1	2	2	2
体育运动	2	2	2	2	2	2
特殊活动（有助于提高学生真正的社会生活技能和个性）	1	1	1	1	1	1
周总课时数	30	30	30	30	30	30

来源：Ton Sa Im，2002。原则上，每节课 45 分钟。

表 2-2　柬埔寨 2004 年以前的初级中等教育（基础教育第二阶段）周课程表

单位：课时

科目	各年级周课时数		
	一年级	二年级	三年级
高棉语	6	5	5
外语（英语或法语）	5	5	5
数学	4	5	5
科学	5	5	6
历史与地理	3	3	3
道德—公民教育	2	2	2
美学教育（绘画、音乐、歌唱、舞蹈和戏剧）	2	2	1
技术—家政	3	3	3
体育运动	2	2	2
特殊活动（有助于提高学生真正的社会生活技能和个性）	1	1	1
周总课时数	33	33	33

来源：Ton Sa Im，2002。原则上，每节课 45 分钟。

依据新《全国课程大纲》的初等教育和初级中等教育周课程表如表 2-3 和表 2-4 所示。

表 2-3　柬埔寨 2004 年以后的初等教育周课程表

单位：课时

科目	各年级周课时数					
	一年级	二年级	三年级	四年级	五年级	六年级
高棉语	13	13	13	8	10	10
数学	7	7	7	6	6	6

续表

科目	各年级周课时数					
	一年级	二年级	三年级	四年级	五年级	六年级
科学与社会	3	3	3	—	—	—
科学	—	—	—	4	3	3
社会	—	—	—	5	4	4
生理与健康教育	2	2	2	2	2	2
课时数小计	25	25	25	25	25	25
本地生活技能项目	2—5	2—5	2—5	2—5	2—5	2—5
周总课时数	27—30	27—30	27—30	27—30	27—30	27—30

来源：MoEYS，2004。一到三年级，艺术教育（歌唱、绘画、舞蹈、音乐）包含在科学与社会之中；四到六年级，包含在社会之中。每节课40分钟。

表 2—4　柬埔寨 2004 年以后的初级中等教育周课程表

单位：课时

科目	各年级周课时数		
	七年级	八年级	九年级
高棉语	6	6	6
外语（英语或法语）	4	4	4
数学	6	6	6
科学	6	6	6
社会	6	6	6
生理与健康教育	2	2	2
课时数小计	30	30	30
本地生活技能项目（包括艺术教育）	2—5	2—5	2—5
周总课时数	32—35	32—35	32—35

来源：MoEYS，2004。每节课50分钟。

根据学生在初等教育最后一个年级（六年级）的表现评估结果，省级和区级教育部门决定学生是否有资格升入初级中等教育阶段。学生的表现通过月考和两次期末考试评估。要升入初级中等学校，学生的分数须达到最低要求，即50分。（UNESCO Bangkok，2008）

20世纪90年代，政府大大扩大了初等教育入学机会，招生人数从1992年的130万上升到1999年的220万，增长70%。2000—2004年，初等学校招生人数从240万上升到270万，大部分增长来自农村地区。2000年以来，总体净入学率从84%增加到91%。女孩的增长幅度更大，特别是农村和偏远地区。来自最贫困社区的学生人数增加了大约50万人。初等学校数量由1992年的4500所增加到1999年的5274所。

2009—2010学年，初等学校总数为6665所（其中1203所为非完全学校），招收学生2239757人；初级中等学校总数为1172所，招收学生585115人。据统计，初等教育净入学率为94.8%，初级中等教育净入学率为31.9%。初等教育学生教师比为49.2∶1，初级中等教育生师比为24.4∶1。2008—2009学年，初等教育阶段学生总体留级率为8.9%，初级中等教育阶段为2.3%；初等教育阶段总体辍学率为8.3%，初级中等教育阶段为18.8%。据统计，学生从一年级成功升至六年级的比例为61.7%，从一年级成功升至九年级的比例为37.2%。学生初等教育毕业率为83.2%，初级中等教育毕业率为48.7%。（MoEYS，2010）

2005—2006学年，初等学校共有教师50378名，初级中等学校共有教师18579名。据统计，初等教育毛入学率为124.0%（女孩118.6%，男孩129.4%），初级中等教育毛入学率为55.3%（女孩50.0%，男孩60.5%）。初等教育阶段，一年级留级率为21.8%（偏远地区的为27.0%），二年级留级率为14.4%，三年级留级率为11.8%。（MoEYS，2007）

初等教育的质量和有效性很难得到可靠评估。然而，四年级升学率可作为一项替代指标，该指标的依据是由教师出题的考试的分数。该指标的总体趋势是稍有提升：1996—1997学年，70%的学生通过了考试；1998年，通过率为72%。城乡之间亦有差别。1998年，城市学校学生通过率为78%，农村地区为65%。质量和有效性的其他替代指标并不让人振奋。例如，该年龄组成功升至五年级（1996年起才有六年级）的比例只有45%。1997—1998学年的辍学率为10%—16%。城市和农村地区之间总体辍学率也有很大差异

（城市为9%，农村为15%，偏远地区为26.2%）。

课程中授课时间的分配在一定程度上与初等教育总体目标不一致，初等教育的目标是提高学生的读写、算术、社会、科学方面的能力。按规定，20世纪90年代，一到六年级的年上课时长为635小时，但1998年开展的一项研究表明，实际每年的小时数可能低至350小时。另外，学生出勤率也有很大差异。例如，普查数据显示，仅有60%的9岁儿童经常上学。也有未经证实的证据表明，教师出勤率的差异也很大。

柬埔寨教育、青年与体育部已做出巨大努力，提高教职人员素质。1996年，教学岗位准入资格要求提高到12年学校教育（即接受过完整的高级中等教育）加上两年的教师培训（这是对城镇学校教师而言，在偏远地区，实行"9+2"模式）。2005—2006学年，初等教育教师教育程度如下：6.5%的教师教育程度为完整的初等教育（偏远地区的这一比例为30.3%）；67.8%为完整的初级中等教育；25.53%为完整的高级中等教育（偏远地区的这一比例为9.06%）；0.17%的教师为大学毕业生。据统计，98.6%的初等学校教师接受过教学法培训。中等教育（分为初级和高级）教师的教育程度如下：1.41%的教师教育程度为完整的初等教育（偏远地区的这一比例为7.14%）；40.3%为完整的初级中等教育；43.62%为完整的高级中等教育（农村地区的这一比例为69.73%）；14.66%的教师是大学毕业生（偏远地区的这一比例为1.36%）。（MoEYS，2007）

高级中等教育

高级中等学校课程的目的不仅是拓展和巩固学生在基础教育阶段学到的知识，还在于为他们提供未来定位的机会，即有能力在更高教育阶段继续学习，或者学习专门知识与技能，或者参与社会生活。实现这些目的的方式是确保学生获得：

- 高棉文学与数学的深层知识；
- 民族认同感方面的深层知识；
- 参与本地社区生活和柬埔寨社会生活所需的日常生活技能；

- 对自然世界和科学原理的广泛认识；
- 用一门外语沟通的高级能力。

十年级课程的目的在于拓展和巩固学生在初级中等教育阶段学到的知识。此外，学校必须保证为学生提供选课建议，这对学生十一、十二年级的学习有重要意义。艺术教育（歌唱、绘画、舞蹈、音乐）包含在"本地生活技能项目"之中。十一、十二年级课程的目的包括：通过选课，为学生提供机会进行更专业化的学习；让学生学到特定科目的深层知识，以便在更高教育阶段继续学习，或学习职业科目，或参与社会生活。选修职业教育项目为学生提供参加由当地提供的职业培训项目的机会。（MoEYS，2004）

2004 年新《全国课程大纲》实施后的高级中等教育周课程表如表 2 – 5 和表2 – 6所示。

表 2 – 5　柬埔寨 2004 年以后的高级中等教育十年级周课程表

单位：课时

科目	周课时数
高棉语	6
数学	6
科学	6
社会	6
外语（英语或法语）	4
生理和健康教育及体育运动	2
小计	30
本地生活技能项目（包括艺术教育）	2—5
周总课时数	32—35

来源：MoEYS，2004。每节课 50 分钟。

表 2 – 6 柬埔寨 2004 年以后的高级中等教育十一、十二年级周课程表

单位：课时

科目	周总课时数
必修科目	
高棉文学	6
生理与健康教育及体育运动	2
数学（基础/高级）	4/8
外语（英语或法语）	4
小计	16—20
选修科目	
科学（可选科目：物理、化学、生物、地球与环境研究）	
社会（可选科目：道德/公民教育、历史、地理、经济学）	16—12
选修职业教育项目（可选科目：信息通信技术/技术、会计/商业管理、当地职业技术科目、旅游、艺术教育及其他科目）	
小计	16—12
周总课时数	32

来源：MoEYS, 2004。每节课 50 分钟。选修科目每周四节。选择基础数学的学生必须选四门选修课；选择高级数学的学生必须选三门选修课。

要升入高级中等教育阶段，学生须参加全国统一入学考试。试卷内容和考试时间由教育、青年与体育部决定，省级教育行政部门做出必要安排，包括准备考场、考试管理和考试阅卷。省级教育行政部门还根据教育、青年与体育部的标准，决定学生是否通过考试。中等教育阶段学生的升级（除九年级和十二年级外）据全年一系列评估的结果而定。教师安排测验、口试、月考和学期考试，满分均为 100 分，学生须至少得到 50 分。考勤也被作为升级标准。学生不得在未请假的情况下旷课 20 天以上，或在请假的情况下旷课 60 天以上。省级教育行政部门最终决定学生能否升级。学生通过初级中等学

校离校考试，会相应获得一张证书，凭此证书，他们可升入高级中等学校（十年级）。不想升入高级中等教育阶段的学生可凭该证书参加职业培训项目，该项目也要求学生完成初级中等学校教育。要从高级中等学校毕业，学生须接受评估，评估依据为十二年级（高级中等教育最后一个年级）取得的分数和全国统考分数。通常，十二年级的评分范围为 0—100 分，全国统考的评分范围为 0—675 分。要取得毕业资格，学生须得到至少 337 分（满分的 50%）。九年级和十二年级末的两次离校考试由教育、青年与体育部考试办公室组织实施。不过，与考试筹备有关的所有决定均由司局级部门做出。（UNESCO Bangkok，2008）

职业技术教育与培训项目以往由教育、青年与体育部管理。2004 年，劳动和职业培训部成立时交由该部管理。1999 年柬埔寨制定了职业技术教育与培训战略，该战略鼓励私营部门参与，鼓励它们举办各种项目与活动。职业技术教育与培训项目分三个层次，每个层次为期一年，涵盖一系列领域，包括汽车修理、普通机械学、计算机技术、农业机械、电力、电子、制冷设备维修和民用工程。2005—2006 学年，40 所公立技术与职业培训机构与 170 所私立同类机构共招收学生 42212 名，其中女生 15826 名，占总数的 37.5%。（UNESCO Bangkok，2008）

高级中等教育机会有限。据统计，2009—2010 学年，柬埔寨全国共有 383 所高级中等学校，共招收学生 323583 名，净入学率为 19.4%。平均生师比为 32.2∶1，完成学业的学生比例为 26.1%。

在全国范围内评估学习成果

1998—1999 年，中等教育九年级考试的通过率从 47% 上升到 71%，部分原因在于十年级招生名额增加。1998 年，各省通过率存在很大差异，低的从 31% 到 37% 不等（这两个数字分别对应磅清扬省和磅湛省），高的从 63% 到 75% 不等（分别对应菩萨省和上丁省）。省份差异的原因在于各省十年级招生名额有所不同。据此再做出任何关于总体质量改善的结论都是有问题的。

十二年级考试的总体通过率从 1994 年的约 70% 升至 1998—1999 学年的 79%。不同省份之间的差异仍旧很大，城乡差距也很明显。例如，金边市和西哈努克市的学生通过率为88%，相比之下，磅士卑省只有42%，而白马市考生则无一人通过。偏远省份考生很少，但成绩差异也十分巨大，腊塔纳基里省的考生通过率最低，为12%，柏威夏省最高，为70%。近几年来柬埔寨中央对十二年级考试的管理和调整有所改进，开始形成关于学生成绩标准的共识，这在中期内会有助于改善质量、提高成绩和加强监管。

由于标准化学习评估体系尚未建立，因此对于柬埔寨来说，衡量教学和学习质量与结果方面的实际成绩还是一个挑战。（MoEYS，2005）

教职人员

资源管理改善的一个重要体现就是教育服务的有效配置，尤其是初等学校和中等学校教师的配置。2004—2005学年，柬埔寨全国共有约45000名初等学校教师和约17500名中等学校教师。此外，各校共有约10000名非教学岗职工。各省级、区级教育办公室共有3100名教育行政职员。学前学校教师共有4395名，其中公立学前学校有3027名，社区学前学校有920名，私立学前学校有448名。

提供教师教育的机构有初等教育省级教师培训中心和六个地区级教师培训中心，这些机构培训七到九年级教师（两类机构都设有一种为期两年的项目）。此外还有一个为期一年的研究生项目，由国家教育学院提供，培训高级中等学校教师。完成十二年级教育逐渐成为这些机构或项目的入学条件（以往的入学条件为完成九年级教育）。多数初等学校教师可参加全国性远程在职培训项目，1995—2000年，该项目资金来自于捐赠。该项目包含共计14周的实践培训（第一年六周，第二年八周），是初级中等学校教师岗前培训的一部分。高级中等教育教师岗前培训包括四周的实践培训。（UNESCO Bangkok，2008）

人们似乎过于重视教师培训课程的学术性。培训的大部分时间花在学术进修上面，而非教学方法论和在校教学实践。最近，一所示范初等学校选址在大学附近，被认为是一项进步。但由于学术方面的入学条件提高，培训提供者还没有太多机会增加方法论方面的内容。按规定，培训课程平均每周课时数为 32 节核心课，加上 6 节拓展课，这比许多中等学校的课时数都要多很多。

当前省级和地区级教师培训中心的课程并不能很好地反映不断涌现的新需求。地区教师培训中心和国家教育学院认为，它们的任务是培训单科教师。这不利于更加灵活地配置人员，尤其是在中等学校。传统上，大学毕业生教师接受的培训使其专门讲授高级中等学校课程，这也不利于新培训教师的有效配置。针对较实用科目（即外语、工艺美术、艺术与手工、科学）的教师培训依然十分有限。

有效人员配置，尤其是在中等学校，受到科目专业化和教学工作量差异的制约。教育、青年与体育部关于教师工作量的宽泛指标是每周 18—20 小时。1999 年的一项调查表明，初级中等学校（七到九年级）教师平均工作量仅为每周 14 小时。高级中等学校（十到十二年级）教师平均工作量为每周 13.8 小时。相比之下，在完全学校（七到十二年级），教师工作量增加到每周 17.7 小时。较大的学校有更多机会利用其规模经济效应，更加有效地使用教师，让他们讲授其专业科目的课程。因此，一个关键政策问题就是为教师工作量设立公认标准，并保证执行。

1999 年的调查还显示，教师配置与教师所学专业科目的匹配程度不一。例如，如果一位高棉语老师只教高棉语，那么其匹配度就是 100%。换句话说，这种配置是有效的专业学科内人员配置。不同学科的匹配度存在很大差异，匹配度最低的是职业科目，为 5%—20%。在初级中等学校，外语学科的匹配度相对较低，约为 30%，在高级中等教育阶段，上升到约 45%。核心课程（数学、高棉语、科学）的匹配度一般为 85%—95%。因此，为优化教职员工配置，一个关键措施就是确保中等教师培训可以培养出能胜任多科教学的教师，而非单科教师。

对省级或区级教育行政部门和教学岗/非教学岗员工进行合理化配置需考虑其他问题，尤其要考虑更大力度下放教育服务管理权力的潜在影响。例如，须考虑加强省区监督职能（例如通过学校督导员进行监督）的提议。

将教育人事管理权更多地下放给区级教育行政机关，以便进行逐项调整，这一提议逐渐得到人们的支持。中央级教育行政机关的职能应为：制定有效的人员配置指导方针，以改变现有的教育服务水平，然后让体系内下级单位按要求实施。需要承认的是，如果人事管理职能下放，则亟须加强这些职能方面的能力建设，包括合理的人员配置、人事信息系统及相关培训。

由于大量初等学校教师为非大学毕业生，教师的工资标准较低，职业发展前景较差。教师的职业道路和晋升机会非常有限。例如，学校的主任们并未因其承担管理职责而获得额外的责任津贴。此外，安排合格教师到条件艰苦的偏远地区和学校工作的激励也非常有限和不足。

参考资料

Bunla, R. *Le système d'éducation du Cambodge*. Phnom Penh, 1996.

Ministère de l'éducation, de la jeunesse et des sports. *Réalisations du domaine de l'éducation, de la jeunesse et des sports : Novembre 1993 – Novembre 1995*. Phnom Penh, 1996.

Ministry of Education, Youth and Sports. *Education in Cambodia*. (With the support of UNICEF/Sida), Phnom Penh, July 1999.

Ministry of Education, Youth and Sports. *Education indicators 1999/2000*. (With the support of UNICEF/Sida), Phnom Penh, 2000.

Ministry of Education, Youth and Sports. *Education reform in Cambodia. Details and directions* 2001. CD-ROM presented at the 46th session of the International Conference on Education, Geneva, 2001.

Ministry of Education, Youth and Sports. *Policy for curriculum development* 2005—2009. Phnom Penh, 2004.

Ministry of Education, Youth and Sports. *Cambodia national report* 2004. Presented at the 47th session of the International Conference on Education, Geneva, 2004.

Ministry of Education, Youth and Sports. *Education statistics and indicators* 2004/2005. MoEYS Department of Planning, Phnom Penh, 2005.

Ministry of Education, Youth and Sports. *Education strategic plan* 2006—

2010. MoEYS Education Sector Working Group, Phnom Penh, 2005.

Ministry of Education, Youth and Sports. Pedagogical Research Department. *Master plan to implement the policy for curriculum development* 2005—2009. Phnom Penh, 2006.

Ministry of Education, Youth and Sports. *National EFA mid-decade assessment report* 2005. Phnom Penh, December 2007.

Ministry of Education, Youth and Sports. *Education statistics and indicators* 2007/2008. Phnom Penh, March 2008.

Ministry of Education, Youth and Sports. *Country report: New trend and present situation of adult learning and education.* Phnom Penh, October 2008.

Ministry of Education, Youth and Sports. *Education strategic plan* 2009—2013. Phnom Penh, September 2010.

Sophoan, P. Destruction et reconstruction de l'éducation au Cambodge. En: *Rapport final et éudes de cas de l'atelier sur la destruction et la reconstruction de l'éducation dans les sociétés perturbées* (Genève, 15 - 16 mai 1997), pp. 44 - 50. Genève, Bureau international d'éducation, 1998.

Ton Sa Im. *Curricula for national basic education in Cambodia* (1994—2001) *and proposals for advancing to present curriculum design framework.* (Draft situation analysis produced as part of the project IBE-UNESCO Bangkok "Basic education in South East Asia"). Paper discussed at the sub-regional workshop "Building capacities of curriculum specialists for educational reform". Vientiane, Lao PDR, 9 - 13 September 2002.

UNESCO Bangkok. *Secondary education regional information base: Country profile, Cambodia.* Bangkok, 2008.

World Bank. *Cambodia. Quality basic education for all.* Human Development Sector Reports, East Asia and the Pacific Region, Report No. 32619 - KH, Washington DC, January 2005.

网络资源

柬埔寨认证委员会：http：//www. acc. gov. kh

柬埔寨教育、青年与体育部：http：//www. moeys. gov. kh

柬埔寨国家培训委员会：http：//www. ntb. gov. kh

金边皇家大学：http：//www. rupp. edu. kh

更新的链接，请参考联合国教科文组织国际教育局网页：

http：//www. ibe. unesco. org/links. htm

印度尼西亚教育体制及现状

教育的原则与总体目标

根据印度尼西亚关于国民教育体系的 1989 年第 2 号法律，其国民教育的目标是：（1）培养高素质、自立的人，其价值观基础是国家意识形态（Pancasila）（即印度尼西亚共和国五项基本原则：信仰一神；公正和文明的人性，包括包容所有人；印度尼西亚的统一；人民代表协商的智慧所引领的民主；人人享有的社会正义）；（2）支持印度尼西亚社会、人民和国家。在社会和国家发展的大背景下，教育的目标是：一方面保持和维护印度尼西亚的文化背景，另一方面推动知识、技能与科学进步，使国家跟上 21 世纪的步伐。国民教育应改善国民生活，使印度尼西亚人民在智力、道德、精神、体格和社会等方面充分发展。

根据 2003 年 7 月新《国民教育体系法》，国民教育应保障机会公平，提高教育质量和实用性，提高教育管理效率，以应对当地、国家和全球生活的变化所带来的各种挑战。该法第 1 条规定，教育是指有意识、有计划地做出努力，创造学习环境与学习过程，使学习者能够充分挖掘自己的潜力，以便获得精神力量和宗教力量，培养自控力、个性、智力、道德与高尚品格以及技能。为了个人、社会、民族和国家的利益，每个人都需要具备这些素质。国民教育是指依据印度尼西亚的国家意识形态和 1945 年《宪法》所开展的、植根于印度尼西亚宗教价值观与国家文化的、能够反映不断变化的时代要求的教育。

《国民教育体系法》第 3 条规定，国民教育的功能在于发展国家的实力、性格与文明，以增强其知识能力；开发学生的潜能，使他们怀有人性价值观，忠实虔诚地信仰唯一神，具有道德和高尚品格，拥有健康、知识、能力、创造性和独立性；使他们具有公民应有的民主精神和责任心。提供教育的原则如下：（1）教育的基础是人权、宗教价值观、文化价值观和民族多元性，以民主、平等和无歧视的方式开展教育；（2）教育是一个系统性部门，具有开放体系和多重含义；（3）教育是学习者学习文化价值观和提高自身能力的一个终身过程；（4）根据学习过程中的模仿、激励和创造性开展教育；（5）通过教育，提高所有社会成员的阅读、写作和算术素养；（6）通过开展教育服务和对教育服务的质量进行控制，所有社会成员的能力都得到提高。

有关教育的法律和其他基本法规

印度尼西亚《宪法》第 31 条规定，每个公民都有接受教育的权利，政府提供法律规定的国民教育。

《国民教育体系法》（1989 年第 2 号）为以完整和完全一体化的方式全面实施国民教育体系奠定了基础："全面"是指对所有人开放，具有全国性法律效力；"完整"是指覆盖各种渠道、层次和类别的教育；"一体化"是指各级各类国民教育之间存在相互支持的联系，以及为建立联系所付出的努力。根据 2003 年 7 月颁布的新《国民教育体系法》（第 20 号），教育体系分为三个层次：基础教育、高级中等教育和高等教育。基础教育包括六年初等教育和三年初级中等教育。高级中等教育包括三年高级普通中等或高级职业中等教育。该法的主要目的之一是教导年轻人尊重人权，尊重文化多元，学会共同生活，促进道德和性格塑造，以及兄弟情谊与团结精神下的多样性中的统一和睦（ Bhinneka Tunggal Eka）。根据该法，所有高等教育机构，不论是公立还是私立，均应成为一个法人实体。国民培训体系（就业准备）由 2003 年《第 13 号人力法》规范。

1993 年《国家政策全国指导方针》强调，国家的发展以三个方面的发展为基础：公平、经济增长和国家稳定。1994 年总统令宣布实行全面的九年基础教育，标志着新的九年义务基础教育计划的实施。

1999 年"国家政策纲要"中的《人民协商大会第 4 号决定》重申，需要改革教育体系，包括课程。课程改革的内容有：（1）课程多元化，以满足不同儿童的需求；（2）制定全国课程和地方课程，以满足本地利益要求；（3）根据不同专业，将教育类型多样化。

1999 年《关于地方治理的第 22 号法律》（2001 年 1 月生效）是印度尼西亚教育行政权力从中央向区/市政府下放的法律依据。根据 2000 年《第 25 号政府条例》，中央政府负责制定全国性政策、标准、监督办法和指导方针。

关于高等教育的 1999 年第 60 号政府条例为高校自主资源管理和高等教育机构运作提供了更广泛的法律依据。1999 年第 61 号政府条例的主题是"高等教育机构作为国有法人团体"，该条例为各公立高等教育机构提供了机会，使它们可以申请变更自身法律地位，成为非营利性国有法人团体或高等教育法人机构，拥有更广泛的管理自主权，包括筹资权。

2005 年《教师法 UU/14》的主要目标之一是通过教师资格认证提高教育质量。该法及相关法规旨在通过认证教师资格和专业水平，提高教师队伍质量。要实现这些目标，须通过一系列关于职业和工作地点的激励措施，鼓励教师提升资质，并使到偏远地区任教更有吸引力。（World Bank，2010）

2006 年 6 月 9 日第 5 号总统令提及了关于加快实现九年义务基础教育和扫盲目标的全国运动。

同等学力教育项目（如通过阶段 A、阶段 B 和阶段 C 提供的非正规初等教育、初级中等和高级中等教育，见下文）采用了同等学力教育小组的课程，该课程参考了 2007 年第 14 号教育部法令和 2008 年第 3 号教育部法令所规定的内容标准。衡量阶段 A、阶段 B 和阶段 C 项目学习任务量的标准是能力学分单位，它规定了每位学习者在同等学力教育项目学习中必须达到的能力水平，不论是通过面对面培训、职业实践，还是通过自学来获得。

根据 1989 年第 2 号法律、1990 年第 28 号政府条例及 2003 年《国民教育体系法》，基础教育是一个九年的普通教育项目。九年义务基础教育项目将努力为每一位 7—15 岁的印度尼西亚人提供教育。印度尼西亚的义务教育有以下特点：（1）劝说的方式；（2）使得家长和学生承担道德责任，即让他们觉得必须上学；（3）许多法规并非根据义务教育法制定；（4）衡量成功的标准基于宏观考虑，即提高基础教育入学率。

2003 年《国民教育体系法》第 33 条规定，印度尼西亚语作为国语，应是国民教育的授课语言。在教授某些特定知识或技能时，如有需要，可将地方语言作为早期教育阶段的授课语言。外语可用作授课语言，以增强学习者的能力。在印度尼西亚，大约有 700 种语言，其中有 8 种语言被看作主要语言（爪哇语、巽他语、马都拉语、巴塔克语、米南加保语、巴厘语、布吉斯语、班贾尔语）。地方语言主要用于口头交流。

教育系统的行政与管理

国民教育部（Ministry of National Education，MONE；前身是教育和文化部，后改为国民教育部，2011 年又改为教育文化部，此处仍用当年名称）对政府负责，其职能是规划和开展教育服务。在中央级别，国民教育部的组织结构包括以下单位：总秘书处、国家教育研究与发展研究所、总督导司、基础教育和中等教育司、高等教育司、非正规教育和非正式教育司、教师和教育工作者素质提升司（成立于 2004 年）。

在地方级别，国民教育部在所有 33 个省（截至 2009 年 6 月）设有省教育厅，在所有 483 个区、市设有教育局代表。省教育厅和区（市）教育局的主要任务，是根据其鲜明特点和本地需求及环境需要来操作化、管理、调整和执行国民教育部的政策。

2003 年《国民教育体系法》第 56 条规定，社区应参与改善教育服务质量，其中包括通过教育委员会和学校/伊斯兰学校委员会规划、监督和评估教育项目。建立作为独立机构的教育委员会，该委员会通过关于人员、设施、设备的建议、指导和支持，参与改善教育质量。应建立学校委员会，作为独立机构，提供人员、设施和设备方面的建议、指导和支持，并对教育单位实施监督。宗教事务部负责管理宗教（伊斯兰）学校，这类学校提供幼儿园教育、基础教育和高级中等教育。"宗教事务部管理的伊斯兰学校（madrasah）系统主要由私立学校构成；在这些学校中，只有 6% 属于公立系统；在就读于宗教学校的学生中，只有 18% 就读于公立学校。"（World Bank，2010）

在学前教育阶段，儿童游戏中心和日托中心一般由基金会或非政府组织开办。社会事务部和国民教育部通过其各自地区级机关对它们实行监督。社会事务部负责儿童福利方面的发展，国民教育部负责教育方面的发展。其他部也可开办儿童游戏中心，只要它们遵守国民教育部颁布的法规。抚养项目由妇女赋权和儿童保护部监督。幼儿园主要由社会组织（主要是社区和私营部门）开办，并接受国民教育部各省级、区/市级机关以及以幼儿园开办者协会（GOPTKI）和印度尼西亚幼儿园教师协会—印度尼西亚教师联盟（IGT-KIPGRI）为代表的专业协会的监督。（MONE，2007）

高等教育由国民教育部通过高等教育司管理，管理者还包括军事学院和公务员学院。1994年以来，高等教育项目认证工作已交由国家高等教育认证委员会（Badan Akreditasi Nasional Perguruan Tinggi，BAN-PT）开展。

国民培训体系（就业准备）由2003年《第13号人力法》规范，随后的2006年人力与移民部第31号条例又进一步予以明确。能力证书由国家专业认证局颁发。

课程和教育设施建设中心，或称课程开发中心，成立于1969年，隶属于国民教育部。国民教育标准委员会（Badan Standar Nasional Pendidikan，BSNP），成立于2005年，负责制定课程方针并推出全国统一期末考试。学校应根据课程方针，与当地利益相关者协商，制定自己的课程。制定的课程由地区教育管理部门审批。此外还建立了国家学校认证委员会，负责监督正规教育、非正规教育和高等教育的标准。

教育系统的结构与组织

印度尼西亚国民教育体系包括七类教育：（1）普通教育，重点在于拓展一般知识与提高学生技能；（2）职业教育，培养学生掌握若干就业所需的职业技能；（3）特殊教育，为患有身体或精神残疾的学生提供重要技能和能力；（4）在职教育，旨在提升成为政府官员或非政府机构职员所需的就业能力；（5）宗教教育，培养学生掌握宗教知识和相关学科的知识，使其发挥作用；（6）学术教育，重点是提高学生对科学的掌握程度；（7）专业教育，主要培养学生的专业知识与技能，或与工作有关的知识与技能。而非正规教育体系涵盖阶段 A（相当于初等学校）、阶段 B（相当于初级中等学校）和阶段 C（相当于高级中等学校），强调获得知识和实用技能。

根据 2003 年《国民教育体系法》，印度尼西亚教育体系的结构如图 3－1 所示。

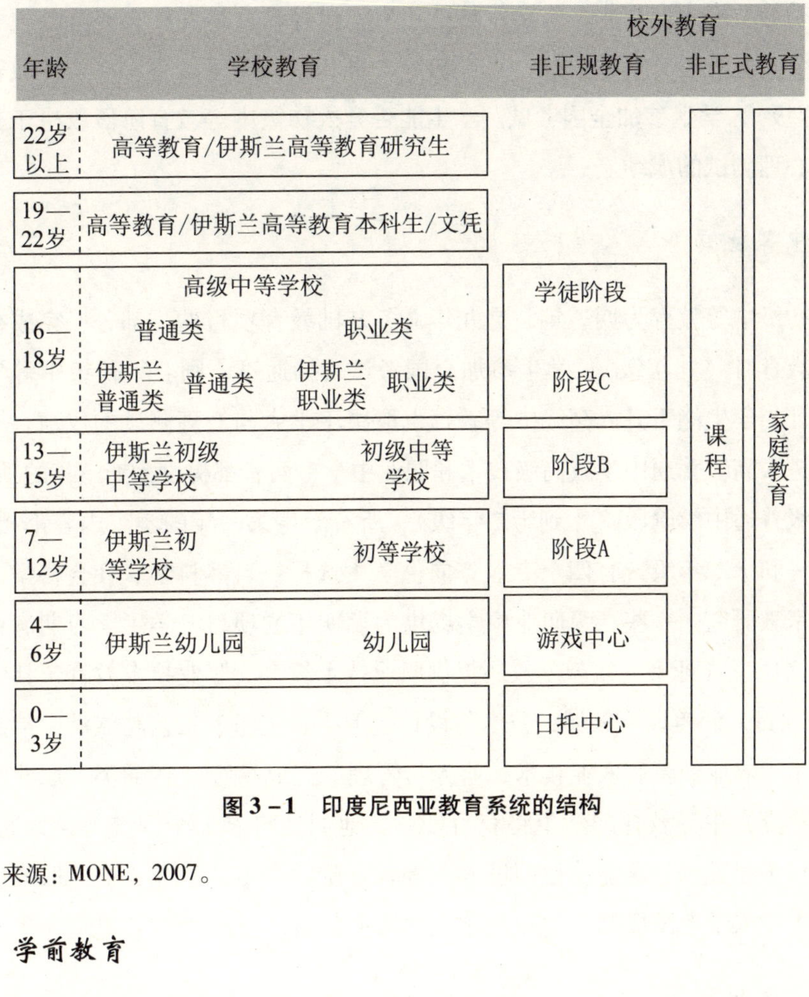

图 3－1 印度尼西亚教育系统的结构

来源：MONE，2007。

学前教育

学前教育面向 4—6 岁儿童，持续一年或两年。学龄前教育并非义务教育。2003 年《国民教育体系法》第 28 条规定，幼儿早期教育通过正规教育、非正规教育或非正式教育开展。正规幼儿早期教育由幼儿园或类似机构提供，非正规幼儿早期教育包括儿童游戏中心、日托中心或类似教育。通过非正式教育提供的幼儿早期教育可采取以下形式：婴幼儿家庭成长、综合卫生服务中心（综合保健站）或其他类似形式。此外还有宗教（伊斯兰）学前学校，与幼儿园具有同等地位。

初等教育

初等教育为期六年，入学年龄是 7 岁。初等教育是九年义务基础教育的一部分。此外还有宗教学校，提供初等教育和普通中等教育。在初等教育末（六年级），学生参加全国考试。学生能否升入初级中等教育阶段取决于其学术与心理测试的成绩。

中等教育

初级中等教育为期三年，是九年义务基础教育项目的一部分。完成初级中等教育时（九年级），学生参加全国考试，如通过，则获得初级中等学校毕业证。学生能否升入高级中等教育也取决于学术与心理测试的成绩。毕业生可进入高级普通中学或高级技术和职业中学，两者都提供为期三年的项目。在高级普通中学阶段（十到十二年级），所有学生第一年的学习内容都相同。在十一和十二年级，有四个专业方向供学生选择：自然科学、社会科学、语言、宗教研究。一些高级职业中学提供为期四年的项目，学生学习期满可获得"文凭一"证书。宗教学校还提供职业技术教育。职业技术教育包括大约 40 个项目，涵盖以下领域：技术与设计、卫生、艺术、工艺与旅游、信息通信技术、农业经营和农业技术、业务与管理。完成高级（普通类、职业类或伊斯兰类）中等教育的学生将获得证书。他们还将参加全国统考，如通过，将获得国家证书，这能使他们进入高等教育阶段学习，但能否被录取取决于国立大学入学考试成绩（也取决于大学招生名额）。

高等教育

高等教育机构包括专门学校、理工专科学校、学院、研究所和大学。专门学校提供某种学科、技术或艺术或其分支领域的应用教育；理工专科学校提供各种具体领域的科学教育。这两种形式的高等教育都属于职业教育。学院提供的是某一特定学科领域的学术教育和专业教育。研究所各系提供的教育是同一类专业领域内各学科的学术教育或专业教育。大学由若干院系组成，这些院系提供若干学科、技术或艺术领域的学术教育或专业教育。在大学阶段（学术项目），学习项目通常为期四年（相当于 140—160 学分），学生毕业后将获得 S1 学位，相当于学士学位（对于口腔医学、药学和兽医专业来说，学制为四年半或 150—160 学分，加上一年的实习或 36—40 学分）。S1 学位获得者可进入为期至少两年的进一步学习项目（或 36—50 学分），加上写作毕业论文获得的 8—10 学分，完成后可获得 S2 学位，相当于硕士学位。授予 S3 学位（相当于博士学位）的项目一般为期三年（40—60 学分）。也有实用型项目，学生毕业将获得"专家一"和"专家二"文凭（40—70 学分），这种项目主要集中于医疗领域。高等专业教育机构（专门学校、理科专科学院、学院和研究所）以及大学提供一系列实用型项目，为期一到四年，学生毕业获得文凭（从 D1 至 D4，后者相当于学士学位）。（NUFFIC，2011）

在基础教育和高级中等教育阶段，学校每年平均有 38 个工作周，分为两个学期。

教育过程

1989 年《国民教育体系法》是一个具有里程碑意义的变化。第一，它将基础教育（包括初等和初级中等学校教育）从六年延长至九年。第二，它将设计地方课程内容的权力从中央政府下放到地区级教育行政部门。第三，它允许教师根据当地情况和环境对全国性课程进行更灵活的调整。第四，在为学校选择补充教材方面，它给予校长更多选择。第五，大力鼓励保护与发展地方文化。此外，该法还规定在初等教育阶段开展英语教学，特别是在旅游业发达地区和城市地区的学校。2003 年《国民教育体系法》规定，课程是指"关于上课的目标、内容、材料、方法的一套计划和规定，这些目标、内容、材料、方法是开展学习活动的指导方针，其目的是实现特定教育目标"。

基础和中等学校课程包括全国课程和地方课程。全国课程由中央政府制定。地方课程由省级教育行政部门制定，更理想的情况是，由区级教育行政部门制定。与基础教育和中等教育司合作制定全国性课程，是课程开发中心的主要职能，该中心隶属于国民教育部国家教育研究与发展研究所。地方课程由各省教育厅根据课程开发中心确定的指导原则制定。

设计课程的目的是根据各教育机构的类别和层次，考虑儿童的成长阶段及地方环境，实现国民教育的目标。学校课程反映了民族历史和国家政治状况，这就是为何在其早期阶段，课程十分强调一些特定科目的教学，这些科目向学生灌输国家意识形态和信仰，培养学生的爱国心、爱国主义和团结精神。20世纪60年代，课程强调的是讲授国家意识形态，课程重点主要是为了满足农业社会的需求，承认职业技能和继续教育的重要性。20世纪70年代初的课程改革重点是科学技术的教学与发展。这一改革产生了1975年学前教育、初等教育和中等教育课程。后来，人们批评这些课程过于以目标为导向，过于僵化和超负荷。1984年改革的课程试图纠正在采用重技能的教学方法过程中出现的负面作用，新教学大纲没有太过详细，以便在教与学活动管理中赋予教师灵活性。

接下来的一轮课程改革开始于1999年，这是对1989年《国民教育体系法》的响应。此前，1989年《国民教育体系法》催生了1994年课程（该课程代表着将先前课程结合起来的努力）。针对该课程的批评集中在三个方面：课程超负荷，这让教师更关心完成课程目标，而非让学生学习和理解课程内容；课程过于死板，以致在教育过程中没有为灵活性留出空间；课程太学术化，往往忽视学生的学术能力差异。

在此背景下，政府启动了课程改革，于20世纪90年代末开始制定以能力为基础的全国课程及评估框架，以便既保持统一性又允许多样性存在。以能力为基础的全国课程框架列出了学生在各年级应达到的目标。每个能力水平都是学生在关键领域向更高能力水平迈进的一个步骤。各年级学生能力的定义以一般术语表述，因而允许各省和各地在科目方面存在差异，也允许在当地设施和学生能力方面存在差异。不过，学生、学校、各地区和各省份也可根据全国能力标准来衡量自己的表现。该框架还考虑到改革评估学生学习成果的方法，从而为增强教师评估课堂教学活动的能力铺平了道路。它还将根据学生能力的期望值，继续提供重点年级的考试。它将使人们能够定期监测和研究国民教育体系所取得的成就。为最大限度地发挥课程的灵活性，国民教育部将有计划地推行以学校为基础的管理概念和原则。这使学校能够选择并决定最佳途径，以有效利用现有资源，满足自身特殊需要，满足政策和优先事项要求。

课程内容注重能应对全球性挑战和科学技术快速发展的科目，例如各种类型和层次的教育中的数学和科学科目。根据这一精神，专注于学生个性整体发展的科目，即体育和艺术，也受到重视。最后，课程内容必须有伦理和道德基础，这包含在宗教和其他相关科目中。除了这些标准，国民教育课程的发展还以下列条件为基础：

- 课程灵活简单，适应将来由于科学技术和社会需求发展所产生的变化；
- 课程须是学生主动学习的一般性准则，不能有太多细节，以便由教师根据学生特点、资源状况及其他当地情况加以个别地、创造性地开发；
- 课程开发必须与学习资源和教学媒体开发同时进行；
- 课程必须具有全球/区域标准、国家眼光，并在当地实施；
- 课程必须具有统一性并且与下一层次的教育衔接；
- 除核心课程外，课程开发不再是中央政府的专属权力，而是与当地政府甚至社区共同开发，核心课程一般是指数学、科学和语言；
- 课程开发的方向不是为所有学校设计一个单一课程，而是根据学生的不同学习层次有所区别，对各个层次的学生也有不同的衡量标准；
- 课程开发者认识到，学校教育需要家庭和社会的支持，因为学习也在家庭和社会中进行。

国家能力框架的性质决定了它能就学生一到十二年级课程各项内容的进步的重要方面制定标准。标准总结了学生在某些年级课程特定部分的典型表现。以能力为基础的新课程（也称"2004年课程"）于2002年开始实施。2003年《国民教育体系法》第35条规定，国民教育标准包括内容、过程、毕业生成绩、教育人员、设施设备、管理、资金、教育评估等方面的标准，这些标准都应系统性地定期加以改进。国民教育标准是课程开发、教育人员发展、设施设备供应、管理及融资的指导方针。国民教育标准成就的发展、监测和报告由质量保证机构组织实施。

第 36 条规定，课程开发以国民教育标准为基础，以便实现国民教育目标。各层次教育和各类教育的课程根据多元化原则制定，根据教育单位、地方潜力和学习者潜力进行调整。课程开发根据印度尼西亚民族团结框架下的教育层次来组织，并考虑以下方面：（1）加深信仰和虔诚；（2）提升高尚品格；（3）增进学生潜力、智力、兴趣；（4）当地的潜力和环境多样性；（5）地区和国家发展要求；（6）劳动力市场要求；（7）科学、技术、艺术发展；（8）宗教；（9）全球发展的动力；（10）民族团结和国家价值观。

基础教育和中等教育课程必须包括：宗教教育、公民教育、语言、数学、科学、社会科学、艺术与文化、体育运动、职业技能和当地内容（第 37 条）。初等教育和中等教育课程的基本框架和结构由政府决定。基础教育和中等教育课程应根据其相关性由各教育集团或单位、学校/伊斯兰学校委员会制定，初等教育课程的制定由国民教育部或宗教事务部的区/市级机构协调和监督；中等教育课程的制定由上述两部的省级机构协调和监督（第 38 条）。社区教育机构应参照国民教育标准设计和实施课程，评估和管理教育项目与资金（第 55 条）。

2006 年年初，"2004 年课程"的试点和实施终止。根据关于国家教育标准的 2005 年第 19 号政府条例和 2006 年第 22 号、第 23 号部级条例（关于内容标准和框架标准或毕业生能力标准），国民教育部开始实施一个修订的课程，称作校本课程。内容标准包括达到毕业生最低能力要求所需的最少材料和最低能力水平。该课程的基本框架涉及不同科目，并为课程的制定和实施提供了指导方针，该方针关注学生的潜力、发展、需求及他们的环境。课程结构也考虑了人们对学生能力（标准能力和基本能力，后者指学生应达到的最低能力，涵盖情感能力、认知能力和心理运动能力）的期望值。2006 年课程可看作 2004 年课程的进一步发展，因为它仍关注以能力为基础的成就。但有一个重要区别是，学校有了制定自己的教育计划的自由（仍会考虑中央层面制定的国家标准），学校的教育计划包括教育目标、学校的愿景、使命和目标、课程的结构和内容、学习负担、教学大纲和教学计划。在制定课程和教学大纲时，学校应考虑国民教育标准局（Badan Nasional Standar Pendidikan,

BNSP）制定的指导方针。国民教育标准局负责制定内容标准和毕业生能力标准，其中包括基本框架和课程结构。

新课程政策与其他政策一样，目的是使教师有能力设计适合学生需要与学校实际情况，并适应将课程与环境联系起来的必要性的学习活动。中央政府提供制定基于能力的校本课程的指导方针。国民教育部国家教育研究与发展研究所课程开发中心通过提供可以在学校层面实施的课程模式，帮助学校制定自己的课程。国民教育部培训中心已为校长和教师举办了课程制定培训班。初等和中等教育课程的基本框架和结构由中央政府建立。初等教育课程根据其相关性由各个学校/伊斯兰学校委员会制定（校本课程），由区教育局（地方政府）或宗教事务部区级机构协调和监督。（Dharma，2008）

学前教育

如前所述，2003 年《国民教育体系法》第 28 条规定，幼儿早期教育通过正规、非正规或非正式教育的方式提供。正规幼儿早期教育由幼儿园或类似机构提供；非正规幼儿早期教育包括儿童游戏中心、日托中心或类似形式。通过非正式教育形式提供的幼儿早期教育可采取婴幼儿家庭成长、综合性卫生服务中心（综合保健站）或其他类似形式。此外还有宗教（伊斯兰）学前学校（Raudlatul Athfal），它与幼儿园具有相同地位，由宗教事务部监督。

幼儿园是一种通过正规渠道提供幼儿早期教育的机构。幼儿园的目标是帮助儿童奠定态度、行为、知识、技能和创造力发展的基础，以利于其进一步发展和成长。孩子们通过上幼儿园，能更好地为接受初等教育做准备。幼儿园面向 4—6 岁儿童，通常根据年龄分为两组，A 组为 4—5 岁儿童，B 组为 5—6 岁儿童，幼儿园通常每天提供 2 小时服务。幼儿园教育由政府（国民教育部和宗教事务部）、专业协会及社会共同监督。

儿童游戏中心是一项教育服务，提供给 3 岁以上的儿童，直到他们准备好接受初等教育。儿童游戏中心的活动旨在通过边玩边学、边学边玩的活动将孩子的潜能开发到与他们的发育阶段相适应的最佳水平。儿童游戏中心针对三个年龄组，即 3—4 岁、4—5 岁和 5—6 岁，儿童游戏中心通常每天开放 2 小时，每周上课三次。学习活动分为两大类：第一类活动的目的是灌输基本价值观，如宗教价值观和良好行为，第二类活动的目的是培养孩子们的语言表达能力、广泛的和良好的运动技能、敏感性/情感、社会技能和创造力。儿童游戏中心一般由基金会或非政府组织举办。

儿童日托中心是支持家庭和儿童的一个社会福利项目。该项目通过社会化和学前教育实施，对象是 3 个月大至学前教育入学年龄的儿童。每天提供8—10 个小时服务，每星期 5—6 天。儿童日托中心提供各种服务：（1）照顾、抚养、教育和卫生服务；（2）家庭咨询、儿童福利项目的宣传，这涵盖多种主题，如儿童成长发育和学前教育；（3）以宣传儿童抚养、照顾和教育、婴幼儿社会化的重要性为主要内容的社区服务，等等。儿童日托中心一般由基金会和非政府组织举办。社会事务部负责儿童福利方面，国民教育部负责教育方面。

婴幼儿家庭成长项目的目的在于向父母和其他家庭成员提供必要的知识和技能，这些知识和技能与如何促进婴幼儿最佳成长及监测他们的成长与发展有关。婴幼儿家庭成长项目也可作为父母和其他家庭成员的一种学习手段，完善他们对照顾和教育孩子的认识，提高他们这方面的能力。婴幼儿家庭成长项目的主要对象是有婴幼儿和学龄前儿童（0—6 岁年龄组）的家庭。在许多地方，婴幼儿家庭成长项目已经与综合保健站的活动结合起来。为有 5—6岁儿童的家庭建立一个教育/辅导项目，目标是帮助父母和其他家庭成员，让其孩子为接受初等教育做好准备。该项目被称作婴幼儿家庭成长项目"整洁"（Kemas）或婴幼儿学校教育预备项目，涉及父母及其孩子。婴幼儿家庭成长项目由妇女赋权部管理，该部负责制定总体政策。项目的运作由国家计划生育协调机构负责。活动内容包括辅导和家访。

儿童健康与营养服务是由政府通过社区卫生中心（Puskesmas），由社区通过综合卫生服务中心（综合保健站）提供的。综合保健站是为母亲和 0—5岁儿童设立的福利设施，是提供综合卫生和营养服务的中心，由医务人员监督。综合保健站项目通过提供服务来改善儿童的健康和营养状况，构成了一项基本干预，具有预防性质。负责综合保健站建设的主要部门是内政部，而技术方面由卫生部负责。业务指导由上至中央政府家庭赋权和福利激励小组，下至最低一级的行政单位——社区协会提供。（MONE，2007）

非正规幼儿早期教育规模已有显著扩大，包括以社区为基础的儿童游戏中心的数量有显著增长。据统计，2006年，3—6岁儿童幼儿早期教育净入学率为19.5%，性别平等指数为1。（性别平等指数是一个社会经济指标，通常用来计算男性和女性获得教育的相对机会。性别平等指数可以某阶段教育的女性入学人数除以男性入学人数计算。）城市和农村地区存在差异（入学率分别为25.4%和15.4%）；社会经济方面，最富有的五分之一人口与最贫困的五分之一人口之间存在差距（入学率分别为24.8%和15.8%）。幼儿早期教育入学率在不同省份之间存在很大差距。3—6岁儿童净入学率最高为43.7%（日惹），最低为6.1%（马鲁古）。五个省（西伊里安查亚、马鲁古、北马鲁古、西加里曼丹、东努沙登加拉）的净入学率低于10.0%。母亲的受教育程度和家庭社会经济地位与幼儿早期教育入学率有密切联系。幼儿早期教育教师的学历及专业资质也有显著差异。总体而言，仅有28%的教师具有文凭或研究生学历。在教师培训学校或学院接受过幼儿早期教育专业训练的人不到50%。不同省份之间有着显著差异。在万丹，近60%的幼儿早期教育教师至少有一个文凭资质，相比之下，马鲁古的647名幼儿早期教育教师中只有9人（1.4%）具有文凭或研究生学历。（MONE，2007）

2003年，城市地区学前学校5—6岁儿童的毛入学率为45.3%，农村地区的毛入学率为24.1%。2003—2004学年，进入初等教育阶段的儿童中有37.2%的人先前接受过学前教育。当时，全国共有46900所幼儿园，招收儿童185万名，有幼儿园教师137070名。据统计，2004年，平均儿童/教师比为13:1。

2006—2007学年，全国共有幼儿园82203所，其中18759所归宗教事务部管理（其中18646所为私立），63444所归国民教育部管理（其中62752所为私立）。招生总数为3584338名儿童（其中800925名在宗教事务部管理的幼儿园），教师人数为302746人（其中69183名在宗教事务部管理的幼儿园）。（World Bank，2010）

初等和初级中等教育（基础教育）

六年义务教育（初等教育，一到六年级）于1984年得以制度化。结果，初等教育阶段的入学率在1993年达到92.1%，而1983年的入学率为

79.3%。到 1994 年，义务教育年限已延长，包含了初中（七到九年级），该政策被称作九年义务基础教育项目。延长义务教育的主要目的是减轻童工问题，让儿童，特别是那些没有经济能力接受更高层次教育的儿童，接受学校教育，直到他们能够应对不断变化的社会需求。

此外也有提供初等教育〔伊斯兰初等学校（Madrasah Ibtidaiyah）〕、初级中等教育〔伊斯兰初级中等学校（Madrasah Tsanawiyah）〕和高级中等教育〔伊斯兰高级中等学校（Madrasah Aliyah）〕的宗教学校，由宗教事务部监督。在初等教育末（六年级），学生参加全国考试，能否升入初级中等教育取决于其学术和心理测试的成绩。

初等教育提供普通教育。20 世纪 90 年代后半期所实施的基础教育课程的核心内容包括：国家意识形态、宗教、公民教育、印度尼西亚语、阅读与写作、数学、科学技术导论、地理、国家历史和历史通识、手工和艺术、体育与健康教育、绘画、英语以及地方内容。1994 年基础教育课程一直实施到了 1996—1997 学年末，周课程表如表 3 - 1 所示。

表 3 - 1　印度尼西亚基础教育（初等和初级中等学校）实施
1994 年基础教育课程时期的周课程表

单位：课时

科目	各年级周课时数								
	初等教育						初级中等教育		
	一年级	二年级	三年级	四年级	五年级	六年级	七年级	八年级	九年级
国家意识形态（国家哲学教育原则）	2	2	2	2	2	2	2	2	2
宗教教育	2	2	2	2	2	2	2	2	2
印度尼西亚语	10	10	10	8	8	8	6	6	6
数学	10	10	10	8	8	8	6	6	6
科学	—	—	3	6	6	6	6	6	6
社会科学	—	—	3	5	5	5	6	6	6

续表

科目	各年级周课时数								
	初等教育						初级中等教育		
	一年级	二年级	三年级	四年级	五年级	六年级	七年级	八年级	九年级
手工与艺术	2	2	2	2	2	2	2	2	2
健康与体育	2	2	2	2	2	2	2	2	2
英语	—	—	—	—	—	—	4	4	4
地方内容	2	2	4	5	7	7	6	6	6
周总课时数	30	30	38	40	42	42	42	42	42

注：一到二年级每节课30分钟，三到六年级每节课40分钟，初级中等教育阶段每节课45分钟。综合科学或普通科学在初等教育阶段开设，组合科学（生物和物理）在初级中等学校开设。社会包括历史和地理。国家意识形态教育包括公民教育。

根据2006年课程，基础教育（初等教育和初级中等教育）周课程表如表3-2和表3-3所示。

表3-2 印度尼西亚初等教育（基础教育第一阶段）
实施2006年课程后的周课程表（国家框架）

单位：课时

科目	各年级周课时数					
	一年级	二年级	三年级	四年级	五年级	六年级
宗教教育				3	3	3
公民教育				2	2	2
印度尼西亚语				5	5	5
数学				5	5	5
自然科学	26	27	28	4	4	4
社会科学				3	3	3
艺术、文化与技能				4	4	4
体育、运动与健康				4	4	4
地方内容				2	2	2

续表

科目	各年级周课时数					
	一年级	二年级	三年级	四年级	五年级	六年级
周总课时数	26	27	28	32	32	32
个人发展（四到六年级，每年级两节课）	2	2	2	2	2	2

来源：印度尼西亚国民教育部第 22 号法规，颁布日期为 2006 年 3 月 23 日。在一到三年级，采用的是主题教学方法。每节课 35 分钟。

表 3－3　印度尼西亚初级中等教育（基础教育第二阶段）

实施 2006 年课程后的周课程表（国家框架）

单位：课时

科目	各年级周课时数		
	七年级	八年级	九年级
宗教教育	2	2	2
公民教育	2	2	2
印度尼西亚语	4	4	4
英语	4	4	4
数学	4	4	4
自然科学	4	4	4
社会科学	4	4	4
艺术与文化	2	2	2
体育、运动与健康	2	2	2
技能/信息通信技术	2	2	2
地方内容	2	2	2
周总课时数	32	32	32
个人发展（每年级两节课）	2	2	2

来源：印度尼西亚国民教育部第 22 号法规，颁布日期为 2006 年 3 月 23 日。每节课 40 分钟。

　　"地方内容"包括课程活动，这些活动旨在培养与当地独有特点和潜力有关的能力。上述特点和潜力包括无法集成于现有科目中的有关当地优势的内容。地方内容由各教育单位决定。"个人发展"不是一门只能由教师讲授的科目，它旨在为学习者提供机会，每位学习者根据自身需要、才能和兴趣来培养和表达自己。个人发展活动可由辅导员、教师或其他教育人员帮助开展，并且可以课外活动的形式开展。此外，个人发展活动可通过与学习者个人问题、社会生活、学习及职业发展有关的咨询服务的形式开展。(Dharma，2008)

　　初等学校毕业生标准能力包括：

- 根据自身成长阶段，按照宗教教义行动；
- 认识到自身的弱点和强项；
- 遵守环境中的社会规则；
- 重视环境中的宗教、文化、种族、民族和社会经济方面的差异；
- 有逻辑地、批判地、创造性地利用环境信息；
- 在老师的指导下，展示出逻辑性、批判性、创造性思考的能力；
- 表现出高度的探求意识和对自身潜力的认识；
- 表现出解决日常生活中简单问题的能力；
- 表现出识别环境中的自然、社会现象的能力；
- 表现出对环境的感情和关爱；
- 表现出对民族、国家的热爱和自豪之情；
- 表现出在当地艺术和文化活动中的能力；
- 表现出过卫生、健康、新鲜、安全生活的习惯，以及利用业余时间的习惯；
- 清楚地、礼貌地沟通；
- 在小组中共同工作、互相帮助，在家中和同伴小组中保护自己；
- 表现出阅读和写作的渴望；
- 表现出听、说、读、写、算技能。(Dharma，2008)

　　初级中等学校毕业生标准能力包括：

- 根据自身成长阶段，按照宗教教义行动；

- 表现出自信；
- 遵守更大环境中的社会规则；
- 重视全国范围内的宗教、文化、种族、民族和社会经济方面的差异；
- 从环境中和其他来源有逻辑地、批判性地、创造性地搜集和使用信息；
- 表现出逻辑性、批判性、创造性思考的能力；
- 表现出根据自身潜力独立学习的能力；
- 表现出分析和解决日常生活中的问题的能力；
- 描述自然和社会现象；
- 负责任地利用环境；
- 在社会和国家生活中贯彻团结价值观，以便实现印度尼西亚共和国单一制国家的团结；
- 欣赏自然作品和民族文化；
- 重视工作任务，能够富有成果地开展工作；
- 过卫生、健康、新鲜、安全的生活，利用业余时间；
- 有效和礼貌地沟通和互动；
- 在社会互动中，认识到自己和他人的权利和义务；
- 理解不同意见；
- 表现出阅读和写作短小和简单文章的渴望；
- 表现出听、说、读、写简单的印度尼西亚语和英语的技能；
- 掌握继续在中等教育阶段学习所需的知识。（Dharma，2008）

初级中等教育（和高级中等教育）阶段，学生的升级根据每学期末举行的考试的成绩而定，考试旨在测试学生是否达到了最低能力标准，这一标准由学校自行确定。学校负责年度评估。九年级末举行的初级中等学校考试的科目有印度尼西亚语、英语、数学和科学。（UNESCO Bangkok，2010）

2002—2003 学年，印度尼西亚初等教育招生人数为 2590 万人，其中 1330 万人为男生，1260 万人为女生。同年，初级中等学校招生总数为 740 万人。2003—2004 学年，初等教育阶段留级学生占学生总数的 4%，成功升入初等教育最高年级的学生比例为 86%，由初等教育升入初级中等教育的学生比例为 81%。2004 年，初等教育阶段的生师比为 20∶1，初级中等教育阶段的生师比为 15:1。

据统计，2006 年，初等教育阶段的净入学率为 95%，毛入学率为114%。初等教育阶段留级学生占学生总数的 3%，辍学率为 2.2%；成功升入初等教育最高年级的学生比例为 89.3%，由初等教育升入初级中等教育的学生比例为 91%。据统计，在初级中等教育阶段，净入学率为 66.5%，毛入学率为 89%。教室和合格教师是提高初等和初级中等学校入学率的制约因素。在偏远地区，学龄儿童少，教室经常未得到充分利用。相反，在人口拥挤的城市地区，经常缺少教室。因此，学生与教室数量之比在不同地区存在很大差异。当前印度尼西亚基础教育面临的挑战便是形成更加有效的学习需求预测系统和能力，确保合理的教室供应。自 2002 年以来，印度尼西亚已经实现了城乡地区男童和女童在接受统一的初等教育方面的机会平等。初等教育的毛入学率和净入学率的性别平等指数已经达到 1。（MONE，2007）

2006—2007 学年，印度尼西亚全国共有初等学校 165755 所，其中 21188所归宗教事务部管辖（19621 所为私立学校），144567 所归国民教育部管辖（12054 所为私立学校）。招生总数为 29498266 名学生（其中 2870839 名学生在宗教事务部管辖的学校就读）。同年，全国共有初级中等学校 39322 所，其中 12883 所由宗教事务部管理（其中 11624 所为私立学校），26277 所由国民教育部管理（其中 11253 所为私立学校）。招生总数为 10983466 名学生（其中 2347186 名学生在宗教事务部管辖的学校就读），包括被非正规初级中等学校录取的 21954 名学生，教师人数为 864053 名（其中 242175 名任职于宗教事务部管辖的学校）。特殊教育方面，2006—2007 学年，共有 982 所归国民教育部管辖的特殊教育学校（其中 789 所为私立学校），招收学生 47670 名，有教师 9959 名。（World Bank，2010）

高级中等教育

高级中等教育为期三年，面向基础教育毕业生。高级中等教育的类型包括：（1）普通中等教育，其首要目的是扩展知识，培养学生的技能，让他们为在更高教育阶段继续学习做好准备；（2）职业高级中等教育，其首要目的是发展具体的职业技能，强调学生为进入职场所做的准备，培养他们的职业态度；（3）宗教高级中等教育（伊斯兰高中，由宗教事务部管理、运营和监督），其首要目的是让学生掌握宗教知识；（4）在职高级中等教育，强调的是公务员或公务员考生的服务任务培训。

高级中等教育旨在拓展和培养学生的态度、知识和技能，以便他们在高等教育阶段继续接受教育或者进入职场。普通高级中等教育根据科学、技术和艺术的进步培养学生们的知识，使他们能够在更高教育阶段继续学习。它还培养学生们的态度，作为社区的一员，与他们的社会环境、文化环境和自然环境互动。

1996—1997 学年，修订后的课程分阶段实施，并且推广到各个年级。周课程表如表 3-4 所示。

表 3-4　印度尼西亚高级普通中等学校 1996—1997 学年修订课程后的周课程表

单位：课时

科目	各年级周课时数				
	普通		专门		
	一年级	二年级	三年级		
			语言	科学	社会
A. 普通					
国家意识形态教育	2	2	2	2	2
宗教教育	2	2	2	2	2
印度尼西亚语言文学	5	5	3	3	3
历史通识和国家历史	2	2	2	2	2
英语	4	4	5	5	5
运动与健康	2	2	(2)	(2)	(2)
数学	6	6	—	—	—
科学					
a. 物理	5	5	—	—	—
b. 生物	4	4	—	—	—
c. 化学	3	3	—	—	—

续表

科目	各年级周课时数				
	普通		专门		
	一年级	二年级	三年级		
			语言	科学	社会
社会科学					
a. 经济学	3	3	—	—	—
b. 社会学	—	2	—	—	—
c. 地理	2	2	—	—	—
艺术	2	—	—	—	—
小计	42	42	14（16）	14（16）	14（16）
B. 专门					
语言					
印度尼西亚语言文学	—	—	8	—	—
英语	—	—	6	—	—
外语	—	—	9	—	—
文化史	—	—	5	—	—
科学					
物理	—	—	—	7	—
生物	—	—	—	7	—
化学	—	—	—	6	—
数学	—	—	—	8	—
社会科学					
经济学	—	—	—	—	10
社会学	—	—	—	—	6
公民教育	—	—	—	—	6
人类学	—	—	—	—	6
小计			28	28	28
周总课时数	42	42	42（44）	42（44）	42（44）

注：每节课45分钟。

　　根据 2006 年课程，高级普通中等教育周课程表如表 3 - 5 和表 3 - 6 所示。

表 3 - 5　印度尼西亚高级普通中等教育实施 2006 年课程后的周课程表（国家框架）

单位：课时

科目	各年级周课时数						
	十年级	自然科学选修课		社会科学选修课		语言	
		十一年级	十二年级	十一年级	十二年级	十一年级	十二年级
宗教教育	2	2	2	2	2	2	2
公民教育	2	2	2	2	2	2	2
印度尼西亚语	4	4	4	4	4	5	5
印度尼西亚文学	—	—	—	—	—	4	4
英语	4	4	4	4	4	5	5
数学	4	4	4	4	4	3	3
物理	2	4	4	—	—	—	—
生物	2	4	4	—	—	—	—
化学	2	4	4	—	—	—	—
历史	1	1	1	3	3	2	2
地理	1	—	—	3	3	—	—
经济学	2	—	—	4	4	—	—
社会学	2	—	—	3	3	—	—
人类学	—	—	—	—	—	2	2
艺术与文化	2	2	2	2	2	2	2
体育、运动与健康	2	2	2	2	2	2	2
信息通信技术	2	2	2	2	2	2	2
技能/外语	2	2	2	2	2	—	—
技能	—	—	—	—	—	2	2
外语	—	—	—	—	—	4	4
地方内容	2	2	2	2	2	2	2

续表

科目	各年级周课时数						
	十年级	自然科学选修课		社会科学选修课		语言	
		十一年级	十二年级	十一年级	十二年级	十一年级	十二年级
周总课时数	38	39	39	39	39	39	39
个人发展（每年级两节）	2	2	2	2	2	2	2

来源：印度尼西亚国民教育部第 22 号法规，颁布日期为 2006 年 3 月 23 日。每节课 45 分钟。

表 3-6 印度尼西亚高级普通中等教育实施 2006 年课程后的

十一和十二年级（选修宗教研究）周课程表

单位：课时

科目	各年级周课时数	
	十一年级	十二年级
宗教教育	2	2
公民教育	2	2
印度尼西亚语	4	4
英语	4	4
数学	4	4
古兰经解读	3	3
先知穆罕默德有关知识	3	3
认识伊斯兰	3	3
关于神的知识	3	3
艺术（音乐、舞蹈、戏剧、绘画、雕塑）	2	2
技能	2	2
体育、运动与健康	2	2
信息通信技术	2	2
地方内容	2	2
周总课时数	38	38

来源：印度尼西亚国民教育部第 22 号法规，颁布日期为 2006 年 3 月 23 日。每节课 45 分钟。

高级中等教育阶段，学生的升级根据每学期举行的考试的成绩而定，考试旨在测试学生是否已达到最低能力标准，这一标准由学校自行确定。学校负责年度评估。十二年级末举行的高级中等学校考试的科目有印度尼西亚语、英语、数学、物理、化学和生物。（UNESCO Bangkok，2010）

职业技术教育由公办学校和宗教学校提供。职业技术教育由下列领域的大约40门课程组成：技术与设计、健康、艺术、工艺与旅游、信息通信技术、农业经营与农业技术、商业与管理。

职业技术教育课程应根据国家工作能力标准制定，该标准由业界协助，由人力和移民部制定。国家教育标准委员会发布详细的课程指导方针，并推出全国统一的期末考试。不过，学校应根据课程指导方针，并与公司等其他方面的当地利益攸关者协商，制定自己的课程。课程必须由地区教育行政部门批准。课程包含很大一部分普通教育内容，因为职业中等学校也应使毕业生有能力接受高等教育。职业内容大约占课程的25%，不包括数学、科学、英语的基础知识，这些已包含在规定的普通教育内容之中。培训体系是根据2003年《第13号人力法》建立，并且又根据人力与移民部的后续法规做了进一步完善。国家培训体系规定，要实施学徒制，该制度通过公司与培训中心的合作，以双主体的形式组织。（来源为UNESCO-UNEVOC网站，2011）

2006—2007学年，印度尼西亚全国共有22383所高级中等学校，在这些学校中，有10239所普通高级中等学校（其中5746所为私立学校）和6746所职业高级中等学校（其中4998所为私立学校）归国民教育部管理，5398所普通高级中等学校归宗教事务部管理（其中4754所为私立学校）。招生总数为7353408名学生，其中1403714名在高级普通中等学校就读，1826528名在高级职业中等学校就读，这些学校归国民教育部管理。548324名学生在宗教事务部管理的普通中等学校就读。教师总数为512735名，其中305852名属国民教育部主管的普通教育类，94473名属国民教育部主管的职业教育类，112410名教师归宗教事务部管理。（World Bank，2010）

在全国范围内评估学习成果

在初级和高级中等学校，学生总体表现都有很大提高，学生总体表现是根据考试平均分衡量的。对具体科目来说，高级中等学校学生的考试分数也得到提升。印度尼西亚语平均分从 2004 年的 5.3—5.9（不同教育类别的总体分数）提高到 2006 年的 7.3—7.8（满分为 10，下同）。同一时期，英语分数从 4.8—5.3 提高到 6.9—8.0。2004—2006 年，数学分数从 5.0—6.2 上升至 6.8—7.6。初级中等教育阶段，印度尼西亚语平均分从 5.8 提高到 7.4。英语分数从 5.2 提高到 6.6。同一时期，数学平均分从 5.3 提高到 7.1。（MONE，2007）

虽然学生成绩已经有了进步，但印度尼西亚学生在国际标准化考试中的排名依然较低。几十年来该国专注于扩大招生规模，结果教育体系并没有持续地培养出具备高质量知识和技能的毕业生，而这种知识和技能是建设强大社会和有竞争力的经济所必需的。国际标准化考试结果显示，印度尼西亚学生的成绩低于其他发展中国家学生的成绩，即使把家庭社会经济地位也考虑在内也是如此。这一事实表明，教育体制的缺陷，而非学生的社会经济背景，是造成学生表现水平低的原因。在 2006 年国际学生评估项目（Programme for International Student Assessment，PISA）中，印度尼西亚将其数学分数（从 2003 年的 360 分）大幅提高到 391 分，还将阅读分数（从 2003 年的 382 分）提高到 393 分。尽管印度尼西亚目前排在阿根廷、巴西和突尼斯等国前面，但它在参与该评估的 56 个国家中依然排在最后 10 名。在造成印度尼西亚中等学校毕业生质量低的原因当中，与教师有关的一个原因是学习过程效率低，过多关注理论与死记硬背，并且很大一部分教师没有取得资质，缺乏应有的激励措施让他们关注学生成绩。印度尼西亚的结果显示，在最近的一代接受教育的孩子中，59% 的孩子完成了九年级的教育，但只有 46% 达到了真正的识字。因此，54% 的九年级毕业生并没有达到基本能力水平。这一事实显示，除了改善入学机会，印度尼西亚目前必须集中力量确保学制外额外年数的教育具有高质量。（World Bank，2010）

2007 年，印度尼西亚在 49 个参加国际数学与科学趋势研究（Trends in International Mathematics and Science Study，TIMSS）的国家中排在第 36 位。在科学方面排在第 35 位。在 2006 年国际学生评估项目中（其关注点是 15 岁学生为应对现实世界情境所做的准备），在 56 个参与国家中，印度尼西亚在

阅读方面排第 48 位，在科学方面排第 52 位，在数学方面排第 51 位。（World Bank，2010）

教职人员

过去，初等学校教师都是完成初级中等教育之后某一个三年教育项目的毕业生，或是高级普通中等教育，或是高级职业中等教育。为改善初等教育质量，政府决定初等学校教师要通过高级中等教育之后的一个两年制文凭课程（D2 项目）培训。初级中等学校教师必须至少是某个 D2 项目的毕业生。高级中等学校教师必须至少是某个 D3 项目的毕业生。幼儿早期保育与教育工作者（幼儿园教师，包括伊斯兰幼儿园、儿童游戏中心、日托中心）的资质要求是幼儿教育方面的为期两年的教师培训大学文凭。

2005 年《教师法》通过建立一个更加严格的教师认证体系，改革了教师管理体制。根据该法，2015 年之前，所有教师必须完成认证过程，最低要求是：至少有四年制高等教育学位，例如一个学士学位（S1 学位）或者一个四年制文凭（D4 文凭）。教师也可享受重要职能津贴、专业（即证书）津贴和特殊领域津贴。《教师法》还规定，将来所有教师必须具备四类基本能力：教育能力、个人能力、专业能力和社会能力。国家教育标准委员会已为教师、校长和校监制定出一套标准。这些标准是教师认证的基础。国家认证机构（国家高等教育认证委员会）还要求大学表明它们已经用这些标准来修订现有课程，并开发新的教师培训课程，例如培养初等学校教师的新的四年制 S1 学位课程。大学内的教师培训机构，无论是公立还是私立，仍然是重要的教师培训机构。2005 年《教师法》的实施给这些机构带来了额外义务。所有大学内的教师培训机构都必须按要求为入职前教师提供新的四年课程，这将使他们获得 S1 资质。这些机构也被要求开设一个研究生课程，该课程将使学习者获得认证资格（例如，新教师完成专业科目知识以及针对特定年龄段教育知识与实践的研究生项目，以便在开始任教之前获得认证。）（World Bank，2010）

2006 年，仅有 37% 的教师具有四年制学位；高级中等教育阶段，这一比例高得多（80% 的教师具有四年制大学学位或更高学位），在初级中等教育阶段，这一比例为60%，这一比例在初等教育和幼儿园教育阶段较低，分别为16%和11%。在幼儿园阶段，63%的教师具有高中或更低学历，5%的教师具有D1文凭，19%的教师具有D2文凭，2%的教师具有D3文凭。在初等教育阶段，35%的教师具有高中或更低学历，2%的教师具有D1文凭，44%的教师具有D2文凭，2%的教师具有D3文凭。（World Bank，2010）

作为2001年开始的权力下放进程的一部分，教师聘用和派遣的大部分责任已经从国家下放到区级单位。中央教育行政机构，如国民教育部、国家行政改革部和国家公务委员会，依然在公务员教师的聘用和教师管理中发挥一定的职能。国家公务委员会设定了一个额度，控制着每个区能聘用公务员教师的数量。不过，由每个区自行管理公务员考试，并决定录用人选。教师有三大类：公务员教师（主要在公办学校）、合同制教师和校聘教师。总体而言，教师队伍的性别比非常均衡，54%的教师为女教师。然而多数校长为男校长（占校长总数的59%）。并且，城市地区女教师的比例异常高（61%），而男教师通常在偏远地区的教师队伍中占多数。尽管在提高教师资质方面取得了进步，但人们依然关注印度尼西亚教师的能力。2004年，国民教育部举行了面向初等和中等学校教师的考试，目的是获得关于教师能力的指标。该考试并非以严格的、具有全国代表性的方式举行，也没有用一个有意义的分数来校准。在许多科目中，初等学校教师的平均分只有38%。对中等学校教师来说，12门科目的平均分只有45%，其中物理、数学、经济学的平均分只有36%或者更低。虽然该测试没有校准，但分数依然远低于考试推出者的预期。教师的低能力水平妨碍了他们提供国家要求的优质教学的能力。（World Bank，2010）。

印度尼西亚教师的工作量小，特别是在初级和高级中等学校。国民教育部已出台一项政策，要求所有享受专业津贴的教师全职工作，最低要求为每周24节课/课时（每节课大约45分钟），每周实际上课18小时。在初等和中等学校，所有教师中的46%已达到24节课的最低要求。在初等学校，70%的教师达到了最低要求，另有18%的教师工作量在13—23节课之间。中等学校教师的工作量小得多：仅有19%的初级中等学校教师和18%的高级中等学校教师达到了最低要求的课时数。一直以来，教师的工资很低。2004—

2005 年，印度尼西亚初等学校教师平均起步年薪不到 3000 美元。一般而言，教师的工资还不到具有相似资质的工人工资的 20%。相应地，教师的旷工率通常较高，因为他们倾向于做别的工作来维持生计。这一现实情况减弱了他们在课堂上的动力和效能。校聘教师的工资极低，通常只有公务员教师工资的 10%—30%。这些教师愿意接受低薪，目的是希望最终能获得公务员教师地位。一般而言，小规模学校拥有合格教师的数量往往少得多。在小规模学校，仅有高中文凭或更低文凭的教师比例高得多，而拥有四年制学位或更高资质的教师比例则较低。学校规模和教师的教学水平有直接关系，通常很多小规模学校的教师是在当地聘请人，因此他们可能并不合格。（World Bank，2010）

开放大学为需要进一步培训的教师提供了一条重要的途径。开放大学大约 80% 的学生是参加额外培训的教师。因此，该机构为教师（特别是偏远地区的教师）达到认证要求提供了一条重要途径。2006 年 8 月，开放大学在 26 个省拥有 37 个区域办事机构，招收的常规学生有 225000 人，其中一半学生由区级或地区级政府资助，另一半学生为自费。开放大学有广泛的网络，与各省大学有合作关系。（World Bank，2010）

参考资料

A. Dharma. *Indonesian basic curriculum. Current content and reform*. Paper Presented at the Roundtable Discussion in Retrac Governing Board Meeting at Institut Aminuddin Baki, Genting Highland, Malaysia, 27 August 2008.

Ministry of Education and Culture. *Education development in Indonesia. A country report*. Presented at the 45th session of the International Conference on Education, Geneva, 1996.

Ministry of Education and Culture. *Fifty years development of Indonesian education*. Jakarta, Office of Educational and Cultural Research and Development, MOEC, 1997.

Ministry of Education and Culture. *Education for all* 2000 assessment：*Country report of Indonesia*. (Under the co-ordination of Dr. Soedijarto). Jakarta, 1999.

Ministry of National Education. *National report on the development of education*: *Indonesia*. Presented at the 46th session of the International Conference on Education, Geneva, 2001.

Ministry of National Education. *The background report of Indonesia*. Prepared by the Directorate General of Out of School Education and Youth for the UNESCO/OECD Early Childhood Policy Review Project (ED/BAS/EIE/05/A). Paris, UNESCO/OECD, August 2004.

Ministry of National Education. *National report on the development of education*: *Indonesia*. *Quality Education for All Young People*: *Challenges*, *trends*, *and priorities in Indonesia*. Presented at the 47th session of the International Conference on Education, Geneva, 2004.

Ministry of National Education. *Country report*: *Indonesia*. *Indonesian Public Policies on Inclusive Education*. Presented at the 48th session of the International Conference on Education, Geneva, 2008.

Ministry of National Education. *Country paper*: *Status and major challenges of literacy in Indonesia*. Presented at the Eighth E-9 Ministerial Review Meeting on Education for All "Literacy for Development", Abuja, Nigeria, 21 – 24 June 2010.

Ministry of National Education. *EFA secretariat*. *EFA Mid-decade Assessment*: *Indonesia*. Jakarta, September 2007.

NUFFIC (Netherlands organization for international cooperation in higher education). *Country module*: *Indonesia*. *Evaluation of foreign degrees and qualifications in the Netherlands*. Second edition, International Recognition Department, The Hague, February 2011.

UNESCO Bangkok. *Secondary education regional information base*: *Country profile*, Indonesia. Bangkok, 2010.

UNESCO International Bureau of Education. "Indonesia: Goals and objectives of education". pp. 83 – 87 in *Globalization and living together*: *The challenges for educational content in Asia*. Final report of the sub-regional course on curriculum development, New Delhi, India, 9 – 17 March 1999, organized by the International

Bureau of Education and the Indian Ministry of Human Resource Development. Paris, Geneva, 2000.

UNESCO International Bureau of Education. *Indonesia curriculum reform situational analysis* 2002—2003. Geneva, 2003.

UNESCO Office Jakarta. *Early childhood care and education in Indonesia：Current practice and future policy directions.* Final report prepared by Bachrudin Musthafa, Indonesia University of Education, Bandung, October 2007.

World Bank. *Education in Indonesia：Managing the transition to decentralization.* Volume Ⅰ, Report No. 29506. Washington DC, August 2004.

World Bank. *Transforming Indonesia's teaching force. From pre-service training to retirement：Producing and maintaining a high-quality, efficient, and motivated workforce.* Volume Ⅱ, Report No. 53732-ID, World Bank Office Jakarta, April 2010.

网络资源

印度尼西亚国民教育标准委员会：http：//bsnp-indonesia. org/id
印度尼西亚课程建设中心：http：//www. puskur. net
印度尼西亚高等教育总司：http：//www. dikti. go. id
印度尼西亚国民教育部：http：//www. kemdiknas. go. id
印度尼西亚宗教事务部：http：//www. kemenag. go. id/eng
印度尼西亚妇女赋权和儿童保护部：http：//www. menegpp. go. id
印度尼西亚国家专业认证局：http：//www. bnsp. go. id
印度尼西亚国家标准化局：http：//www. bsn. go. id/bsn
更新的链接，请参考联合国教科文组织国际教育局网页：
http：//www. ibe. unesco. org/links. htm

老挝教育体制及现状

教育的原则与总体目标

老挝未来发展的总体目标是：通过使经济保持适度、稳步增长，摘掉老挝人民民主共和国最不发达国家的"帽子"；开发具备相关知识和能力的人力资源。必须努力抓好教育，培养思想进步、能力优秀和训练有素的人，他们将能在现代化进程中与其他友好国家一道，发掘和发挥国家潜力。老挝人民关于发展的基本思想和愿景，是将老挝人民民主共和国建设成为经济、文化、科技、生态全面发展的国家，使这些发展目标与社会经济发展目标相符。因此，应加大教育投资，重点用于满足社会经济领域的需求。需特别指出的是，人们将教育视为扶贫的一种主要干预手段。21 世纪教育的总体目标是教育老挝人民，使其成为好公民，忠于国家，忠于人民民主制度；强化国民教育体系，以提升学生们的学习成果；培养技能熟练的劳动者。（MOE，2000）

教育改革的目标是使年青一代具有科学的世界观、爱国主义精神、与全老挝各族人民以及全世界人民的团结感。应把年轻人培养成好公民，使他们：认同权利、利益和职责；能够保护和推广最优良的民族传统和文化；具有自立和自足意识；能把个人利益与公共利益结合起来；拥有一般知识、科技知识与职业技能；有良好的纪律，能够对工作和职责负责；有健康的身体、创造性的思维，以及健康的生活方式；随时能够献身于国家发展事业。（Khamphay Sisavanh，2001）

《国家社会经济发展规划 2006—2010 年》指出，教育至关重要，乃当务之急，是老挝扶贫战略的四大支柱之一。这包括培养一支知识广博，能够实施发展政策和项目，有能力运用现代科技成果造福老挝社会的劳动力大军。教育政策的一个主要目标是开发高素质人力资源，满足国家社会经济发展需要，并为扶贫事业做出贡献。为改善全民教育状况，需将重点集中于教育公平、教育质量、教育实用性与教育系统管理。

有关教育的法律和其他基本法规

据1999年颁布、2003年修订的《宪法》第19条，教育、文化和科学活动是提升知识水平、爱国主义精神、对人民民主的热爱、不同民族间的团结精神以及独立精神的途径。义务教育非常重要。国家允许按国家规定课程办学的私立学校存在。《宪法》第22条规定，国家应保证教育发展政策的实施，应实施义务初等教育计划，以便将老挝人民培养成具有革命精神、知识和能力的好公民。国家和社会应努力改善国民教育体系的质量，为全民接受教育创造机会和有利条件，特别是偏远地区的居民、少数民族居民、妇女、儿童和弱势群体。国家应促进和鼓励私营部门依法对国民教育体系投资，促进其发展。《宪法》第38条规定，老挝公民享有接受教育、提升自我的权利。

1996年《义务初等教育法令第138号/总理办公室/96》规定，初等教育是义务教育，对所有儿童免费。还规定，公立和私立机构都可以提供教育服务，前提是其教学与学习内容符合教育部批准的全国课程，并达到《普通教育体系条例》所规定的最低标准。

2001年7月17日颁布的第0922号、第0923号和第0924号法令对以下方面做出了规定：高等教育中学分制的使用、教学与学习的组织、课程结构与学习年限，以及与高等职业文凭、学士和硕士项目相关的其他事宜。

《教育法第3号》颁布于2000年4月8日，修订于2007年，其目的是满足国家社会经济发展要求。《教育法》重申，所有老挝公民均享有接受教育的权利，不受种族、出身、宗教信仰、性别与社会地位等方面的歧视。修订后的《教育法》规定，所有个人和组织均有义务对教育进行投资和捐助；修订后的《教育法》改变了初级中等教育的学习年限，将其从三年延长至四年。《教育法》还规定，政府有义务扩大中等教育，以便为老挝公民提高自身就业或深造所需的知识和能力创造条件；政府应根据劳动力市场和个人职业的需求，对扩大职业教育进行仔细规划；并且职业教育的发展须得到政府各有关部门的支持和贡献，须有国有企业和私有企业的参与。

教育系统的行政与管理

在行政区划上，老挝人民民主共和国分为首都万象和 16 个省，共有 142 个区，大约 10500 个村（2005 年的统计）。行政管理方面，该国于 1975 年实施中央集权，1986 年实行权力下放，后又于 1991 年重新实施中央集权。1986 年的权力下放规划不周，致使国家收入的产生和管理问题重重，因为在实施地方分权的情况下，富裕省份没有对贫困省份进行资助。重新实行中央集权使行政的战略规划功能与财政功能收归中央政府。1999 年，由于认识到建立完全中央集权体制的困难及其可能存在的缺点，中央政府在一般行政管理方面朝去集中化的方向转变。（MOE，2000，2008）

在中央层面，教育系统由教育部（Ministry of Education，MOE）管理。省教育厅负责各省辖区内的教育发展，包括师资供应、督导以及协调对学校的支持。区教育局负责各区的教育发展，并通过教育顾问为学校提供支持。在省教育厅和区教育局的指导下，村教育发展委员会负责在地方层面保证社区参与学校事务。教育的资金主要来自中央、省和区政府。

2000 年 3 月颁布的《去集中化法令》对省、区、村的具体作用与责任做了如下概述：省是发展的战略性单位，能够监督和引领各个领域的管理；区是规划和预算单位，负责制定计划和方案，监督并评估其实施情况；村是基本实施单位。

在教育领域，教育部与省教育厅及区教育局分担职责。各省教育厅负责经教育部授权的中等教育机构和职业教育机构。各区教育局负责其辖区内的学前、初等和非正规教育机构。社区通常主动支持初等和中等教育。某些情况下，这种支持甚至包括建设和维护学校设施、聘任教师以及支付与社区签订合同的教师的部分薪金。区教育局负责管理初等学校的考试和初级中等学校的录取工作；省教育厅负责监督初级中等学校的考试以及高级中等学校的录取工作。（普通）高中的考试由教育部在全国范围统一组织和评估。
（UNESCO Bangkok，2008）

根据 2007 年《教育法》，教育部的职能包括但不限于：研究和制定政策框架、战略规划、行动计划、教育发展计划，并提交政府批准；起草与教育有关的法律和法规；设计和制定各年级课程、教学工具和教学与学习材料；领导、监督、鼓励、指导、督导和评估教育工作。（ADB，2009）2009 年，老挝教育部包括 13 个司，每个司包括若干处、科、组或局。主要的司包括：初等与学前教育司、中等教育司、职业技术教育司、教师教育司、高等教育司、大学司、非正规教育司、私立教育司、教育督导司。教育科学研究所重组于 2007 年，现隶属于教育部，负责课程的制定与研究。该所还鼓励各省、区参与教科书编写过程。最近，教育部内部还建立了教育标准与质量保障中心，该中心负责加强有关教育的知识基础，并为正在进行的教育行动、做法和投资提供建议。教育部还设有全纳教育中心、战略研究与教育分析中心（设立于 2009 年）、教育统计与信息技术中心。教育印刷厂是教育部附属的一家外部机构。

除教育部之外，农业与林业部、劳动与社会福利部也在其专业领域开办技术与职业培训机构。此外还有老挝革命青年联合会和老挝妇女联合会下属的培训中心。其他部，如工业与商业部、运输部、公路与交通部、卫生部、信息与文化部以及财政部，也提供培训课程。劳动与社会福利部为残疾人提供职业培训与就业机会，照顾战争受害者。全国残疾人委员会是一个跨部组织，由劳动与社会福利部部长领导；其成员包括卫生部副部长、教育部副部长、外交部副部长，以及来自有关各部的代表。该委员会的职能是代表和保护残疾人的合法权利、收集数据、制定政策或提出政策建议，提高公众关爱残疾人的意识，鼓励公众帮助残疾人。

根据《职业技术教育与培训总体规划 2008—2015 年》，全国培训委员会将负责管理全国职业标准目录、资格体系分析以及区域培训委员会。劳动与社会福利部将负责建立技能发展资金的筹资体系，负责劳动力市场分析及跟踪研究、技能测试与经验认证以及就业咨询。

教育系统的结构与组织

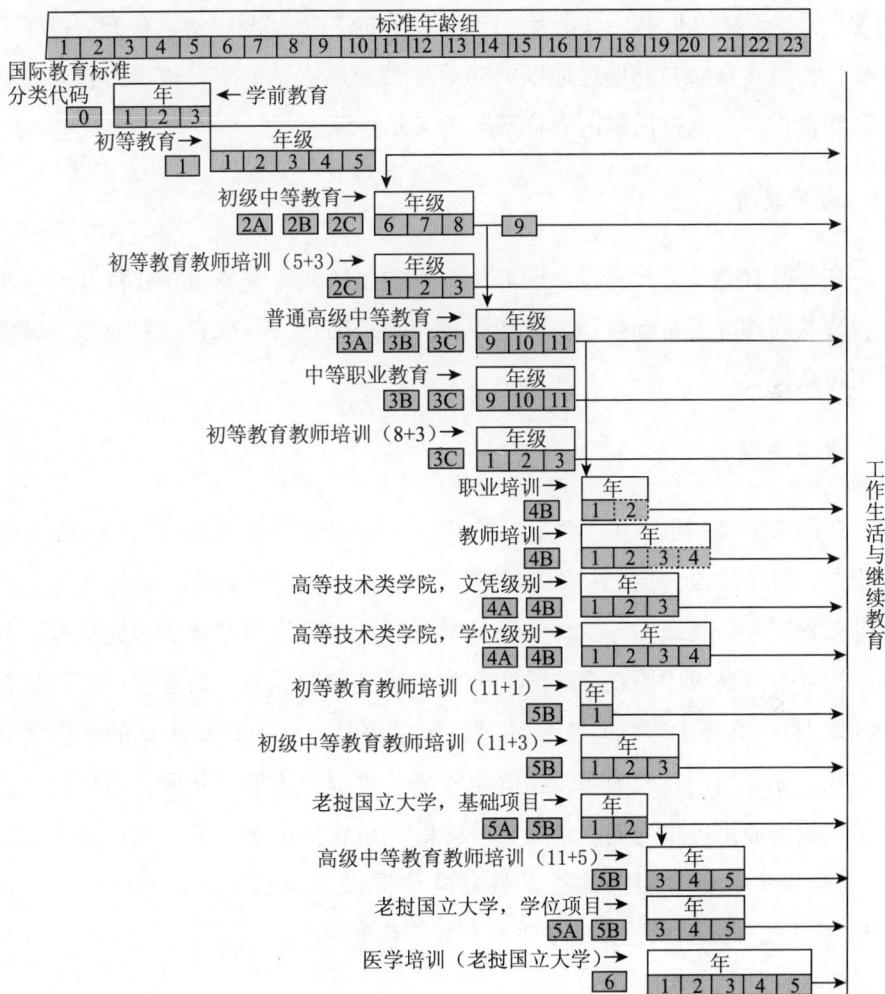

图4-1 老挝教育系统的结构

来源：MOE，2008。

学前教育

根据 2007 年的《教育法》，学前教育由托儿所和幼儿园提供。托儿所面向 3 个月—3 岁的儿童，幼儿园面向 3—5 岁的儿童。2002 年，政府启动了一个项目，旨在在农村和偏远地区的初等学校中建立学前班，该项目目前正在全国积极推广。老挝的学前教育不属于义务教育。

初等教育

初等教育是义务教育，为期五年。入学年龄为 6 岁。初等教育和初级中等教育共同构成了基础教育。在初等教育末，通过初等教育学习成果考试的学生将获得证书。

中等教育

在原来的体制下，中等教育共六年，分初级中等教育和高级中等教育两个阶段，每个阶段为期三年。自 2009 年 10 月起，中等教育的结构变为初级中等教育四年，高级中等教育三年。所有通过初级中等教育学习成果考试的学生均可升入高级中等教育阶段（分为普通类和职业类，后者包括初等教育教师培训）。高级中等教育末，通过高级中等教育学习成果考试的学生可获得文凭。职业培训院校为初级中等学校毕业生提供为期三年的学习项目，为初等学校毕业生提供为期四年的学习项目（后者仅限于信息与文化部下属院校）。高级中等教育层次的技术教育院校提供为期三年或四年的项目。在 2007 年《教育法》所建立的中等教育新结构框架下，国家计划在高级中等教育中设置职业教育类别。

高等教育

高等教育由老挝国立大学、其他三所大学、教师培训学院以及私立高等教育院校提供。其课程包括学术类、专业类和技术类。高等教育文凭项目为期三年。在大学层次，学士学位项目为期五到七年，包括一或两年的基础/一般学习和一个必修阶段。此外还有专业类和技术类项目，为期三到五年不等。

硕士学位项目为期至少一年半到两年，博士学位项目为期至少三年。

在各个学习项目中，一学年有 33 个工作周。一学年分两个学期，每学期有 16—17 周。

教育过程

老挝教育部对 1994/95 年起开始在全国实施的课程进行了整合，目的是克服课程负担带来的若干问题。基于内容的方法与基于能力的方法结合于课程设计过程中。课程中的教育目标包括认知、精神运动、审美，涵盖五个支柱性教育领域：道德、智力、劳动、体育、审美。相应主题和内容根据学习目标确定。教育科学研究所（原国家教育科学研究所）设计的课程经全国课程咨询委员会讨论和审查，该委员会主席为教育部副部长，成员包括来自教育部各技术部门的代表、其他部的官员以及群众组织代表。

为有效管理和实施课程，老挝举办了全国性研讨班，学员为从校级到省级的地方教育管理者。课程通过和公布之后，即开始编写、修订、采用、印刷和在全国推广普通教育各年级各科教科书。课程实施前，为来自三个地理区域的教师培训人员举办为期十天的介绍性研讨班。接下来，这些教师培训人员在各自省份为教育咨询人员和教师举办为期十天的研讨班。（Khamphay Sisavanh，2002）

根据"国家教育体制改革战略 2006—2015 年"以及"全民教育国家行动计划 2003—2015 年"所设定的将初级中等教育延长一年的目标，老挝在 2007 年建立了课程改革委员会。该委员会开始起草目标和改革内容，按各个科目组织的下级委员会也根据该委员会的策略开始制定具体目标和课程内容。这项改革 2007 年从六年级（初级中等教育的第一年）开始进行。（UNESCO Bangkok，2008）

在"教育领域发展框架 2009—2015 年"中，制定完整、相关的全纳教育课程是教育改革进程的关键，该进程包括幼儿教育入学准备课程、非正规教育课程、地方性课程以及职业技能学习（例如为职业培训和技术教育设立新的教育培训标准）。当务之急是保证一到十二年级课程质量与国际标准一致，学习结果明确。为适应 K－12 课程框架提议，将修改依照学生学习结果而制定的议定教育标准。K－12 课程框架将于 2009—2015 年制定并批准；它将按科目和年级确定教育标准。改进的一到九年级课程框架将以全纳课程为基础，为地方性课程预留 20% 的内容。还须制定一个新的教师教育课程（面向十二年级毕业生）。新教师教育课程于 2010—2012 年制定，旨在反映新的学校组织结构。（MOE，2009）

学前教育

如前所述，学前教育由托儿所和幼儿园提供。托儿所面向 3 个月—3 岁的儿童，幼儿园面向 3—5 岁的儿童。学前教育旨在保证儿童的生理和情感成长，使他们学会说、写、读、听、观察、绘画的基本知识以及基本的社会技能和行为。（ADB，2009）

教育部初等与学前教育司下属的学前教育处已制定出一套入学准备能力标准，用于测试和评估幼儿园和学前班儿童的发展以及他们的初等教育入学准备程度。入学准备能力标准已于 2007—2008 学年试行，于 2008—2009 学年在全国实施。（MOE，2008）

据估计，2005—2006 学年，学前阶段毛入学率为 10.6%。学前项目招收的所有儿童中 25% 以上都在首都万象（当地毛入学率为 30%），近 29% 的儿童进入私立教育部门（在首都万象为 74%）。同一年，全国学前教育机构招收儿童总数为 46237 人（其中女生 23471 人），教师总数为 2882 人（其中女教师 2865 人）；儿童与教师平均比为 17.1∶1。具备必需资质的托儿所或幼儿园教师的比例为 83%。（MOE，2008）

初等教育

初等教育的目标包括：对儿童进行全面培养，使之具有爱国主义精神，热爱人民民主制度，承认并维护国家的文化多样性。初等教育能够增加儿童的知识和技能，使其为继续教育做好准备。初等教育培养儿童在一般职业技能方面的基本能力，以便改善当地的生活条件。初等教育还为儿童在社会中生存做好准备，方式包括：培养儿童的爱国主义精神；使他们热爱家乡，热爱村庄，热爱家庭，热爱学校；尊敬领导，尊敬父母，尊敬长辈与朋友；在学习中有耐心；吸取有关自然、社会与人类的基本知识。（MOE，2008）

初等教育 2002 学年课程表如表 4 - 1 所示。

表 4 - 1   老挝初等教育 2002 学年课程表

单位：课时

科目	各年级全年课时数				
	一年级	二年级	三年级	四年级	五年级
核心课程					
老挝语	396	330	264	264	264
数学	99	132	165	198	198
我们周围的世界	66	66	99	99	99
绘画	33	33	33	33	33
艺术	33	33	33	33	33
手工	33	66	66	66	66
体育	66	66	66	66	66
联课活动					
升降旗致敬	33	33	33	33	33
学校活动	132	132	132	132	132
集会	33	33	33	33	33
全年总课时数	924	924	924	957	957

来源：Khamphay Sisavanh，2002。一学年有 33 周。一到三年级每节课 35 分钟，四到五年级每节课 40 分钟。"我们周围的世界"是自然科学与社会科学的综合课，内容与以下方面有关：道德教育、公民教育、历史、地理、生物、物理、卫生教育、环境研究、艾滋病预防、药物滥用预防。学校活动包括：环境研究、体育、艺术表演、预防药物滥用与艾滋病所需的生活技能。原则上，当地政府和学校可根据当地情况和需要，对 20% 的官方规定内容进行变更。

教师们通过月考、年中和年底考试以及小测验评估学生的学习成绩，其中小测验的方式有在黑板上做练习及其他多种方法。一到四年级的考试由校长和老师安排。初等教育结束时，学生参加初等教育学习成果考试。区教育局负责命制正规教育和非正规教育的初等教育毕业考试试题，负责组织考试，负责为合格学生颁发证书。2005—2006学年，学生升入初级中等教育阶段的比例为77.6%。男女生总体升学率各省差异很大，色功省最低，不到65%，万象省最高，接近90%，其次是首都万象，接近87%。(MOE, 2008)

无初等学校的村庄大多位于山区（高地）。此外，这些地区的村庄中许多初等学校不完整（例如不提供完整的五年初等教育）或存在复式班（多个年级一起上课）。随着孩子们年龄增长和升学，他们之间的差距在扩大，造成农村人口与城镇人口之间在受教育程度方面差距巨大。非贫困的老族、泰族城镇年轻人升入初级中等教育阶段的比例为30.6%，而贫困的其他民族农村年轻人的升学比例只有3.3%。一般而言，在设备方面，城镇居民所上的学校比农村居民所上的学校条件好。前者有电力供应，老师和校长有专门办公室的可能性更大。高地和低地学校差异也十分巨大，后者的学校基础设施要差得多。尽管官方规定的初等学校入学年龄是6岁，但多数儿童9岁或10岁才开始初等教育，一直上到十六七岁甚至十八九岁。辍学现象极为普遍，这严重妨碍了学生们学业上的进步。学生们升学很慢；据统计，培养一名初等学校毕业生平均要花十年。女孩的超龄入学现象最为严重。在入学方面，贫困和非贫困儿童也存在很大差异，前者辍学的可能性更大。在农村地区，仅有70%的男孩和不到60%的女孩在五年级毕业后升学。贫困女孩在五年级后继续上学的概率最低。(World Bank, MOE, 2007)

实际观察到的课堂行为表明，学校的主要授课方法是以教师讲课为主。教师将上课内容抄到黑板上，然后让学生背诵和记忆。小组活动很少见，教师往往通过讲课和提问主导课堂。学生大多是授课的被动接受者，即使有一些机会做抄写练习，但实用练习或知识运用的时间相对较少。(World Bank, MOE, 2007)

2004—2005学年，一年级学生平均辍学率为13%，二年级为6.8%，三年级为7.7%，四年级为7.2%，五年级为9.8%。一年级辍学的学生中一部分人后来可能以新生身份重新入学。在一、二、四年级，女生的辍学率比男生高，且不同省份之间差异很大，辍学率最高的省份和最低的省份相差14个百分点，乌多姆赛省辍学率最高，为17.1%，沙耶武里省最低，为3.1%。

失学儿童的数量依然很大。以 10—18 岁年龄组为例，据统计，有 8%—9%
的男孩和 14%—18% 的女孩从未上过学。在最贫困地区，或者对老族、泰族
以外的其他民族的儿童来说，辍学比例还要高很多。教育部数据显示，
2005—2006 学年，农村地区 40% 的校舍为临时建筑，具有完善供水和卫生设
施的初等学校不到 20%。（MOE，2008）

据老挝教育部统计，2009—2010 学年，全国共有 8968 所初等学校；约
一半（57%）是完全学校，提供完整的初等教育课程。其余为不完全学校，
大部分位于农村和偏远地区，这使当地居民在入学和受教育程度方面处于劣
势。老挝教育部出台了一项政策，在条件允许的地方，将不完全学校升级为
完全学校。初等学校共有教室约 32000 间，大约 8600 间（占 27%）用于复
式教学。复式班在农村地区最为常见；这些班面临师资方面的困难，教师们
没有受过适当训练来应对学生能力不一的情况，他们没有能力让自己的教学
适应不同年级的需要。同年，初等学校学生人数约为 920000 人，生师比保持
稳定，约为 31∶1。然而，在农村和偏远地区，这一比例似乎更高，例如在乌
多姆赛省和沙拉湾省，这一比例达到 40∶1。

2009—2010 学年，老挝全国共有初等教育教师 31782 人，其中约 51%
（16250 人）为女教师。约 30000 人为正式教职工，9000 人不具备教师资质，
即没有完成教师教育"8＋3"项目（即原先体系中完整的初级中等教育加上
三年的培训），没有达到教学技能最低标准或具备教学的最低资质。无资质
教师大多在偏远地区任教，他们多数为年轻人，缺乏经验。国家每年都会组
织在职进修项目，提升教师们的资质。然而，由于多种原因，能参加培训的
教师数量仍然有限。2008—2009 学年，大约 2280 名教师从"5＋3"资质
（完整的初等教育加上三年的培训）升级为"8＋3"资质。

2008—2009 学年，初等教育净入学率为 92%。自 1996 年以来，初等教
育阶段的性别差距已下降了大约 7.5 个百分点（从 21.6% 降至 14.2%）。即
便如此，性别差距依然很大。在初等教育阶段，女孩的入学率明显落后于男
孩，初等教育结束后，即初级中等教育阶段入学时（六年级），女孩入学率
落后于男孩 10 个百分点。民族之间的教育差距还缺少完整数据。年度学校普
查表明，初等教育平均留级率为 15.9%：一年级最高（为 30.9%），二年级

下降至15.1%，三年级为10%，四年级为6%，五年级为3.6%；丰沙里、博乔、沙湾拿吉、色功等省的平均留级率高于20%。色功省的一年级留级率最高，为46.8%；二到四年级，博乔省的留级率最高（分别为21.6%、15.4%和8.7%）；丰沙里省的五年级留级率最高（为10%）。（MOE-ES-QAC，2011）

中等教育

中等教育的目的是增进学生的知识、生活技能和才干。其重点在于使学生准确使用老挝语，并获得数学、自然科学、社会科学、法律、信息系统、国际语言、技术和职业技能方面的基本知识。（MOE，2008）

有三类学校提供中等教育：初级中等学校（原有体制下为六到八年级，新体制下为六到九年级）、高级中等学校（九到十一年级）、完全中等学校。完全中等学校提供初级中等教育和高级中等教育（六到十一年级，新体制下为六到十二年级）。在新体制下，也有初等和初级中等组合学校（涵盖一到九年级，或称基础教育）。所有提供普通中等教育的学校均由教育部管辖。（UNESCO Bangkok，2008）

初级和高级（普通）中等教育2002学年课程表如表4－2所示。

表4－2　老挝初级和高级（普通）中等教育2002学年课程表

单位：课时

科目	各年级全年课时数					
	初级中等教育阶段			高级中等教育阶段		
	六年级	七年级	八年级	九年级	十年级	十一年级
核心课程						
老挝语	198	165	132	66	33	33
老挝文学	—	—	—	66	99	99
数学	198	198	198	198	198	198
绘画	33	—	—	—	—	—
艺术	33	33	—	—	—	—

续表

科目	各年级全年课时数					
	初级中等教育阶段			高级中等教育阶段		
	六年级	七年级	八年级	九年级	十年级	十一年级
体育	66	66	66	66	66	66
社会科学						
历史	33	66	66	66	66	66
地理	33	66	66	66	66	66
公民教育	33	33	33	66	66	66
自然科学	99	165	231			
生物	—	—	—	66	66	66
物理	—	—	—	99	99	132
化学	—	—	—	66	66	66
外语	99	99	99	99	99	99
技术学习	66	66	66	66	66	33
联课活动						
升降旗致敬	33	33	33	33	33	33
学习活动	132	132	132	132	132	132
集会	33	33	33	33	33	33
全年总课时数	1089	1155	1155	1188	1188	1188

来源：Khamphay Sisavanh，2002。一学年有 33 周。每节课 45 分钟。

初级中等教育和高级中等教育阶段，各个学校都会举行月考和学期考试，评估学生的学习情况。升级与否主要依月考和学期考试的累计考试成绩而定。因此，原则上，每所学校负责评估自己的学生。学生能否从初级中等或高级中等教育阶段毕业分别依八年级（原有体制下初级中等教育的最后一年）或十一年级（高级中等教育的最后一年）末的考试成绩而定。这两项考试的成绩被用作对学生的离校评估，同时也是升入下一阶段教育所必需的。初级中等教育学习成果考试由各省教育厅负责实施。高级中等教育阶段末的考试由教育部在全国范围实施和评估。

　　尽管法律规定，初级和高级中等教育均免费，但学校有权提高注册费以及为特定目的而收取的费用。注册费用于学校运作和维护，包括小规模修缮，某些情况下用作教师补贴，因为来自教育部的经常性拨款不包括任何用于学校运作和管理的款项。此外还存在一些机制，为劣势地区的民族提供特殊援助。（UNESCO Bangkok，2008）

　　中等层次职业技术教育院校共分两类：职业培训院校与技术教育院校。职业培训院校由若干政府机构管理，包括教育部、农林部、财政部、交通部、文化与卫生部。2005—2006学年，老挝全国共有12所职业培训院校，为初级中等学校毕业生提供为期三年的项目，为初等学校毕业生提供为期四年的项目（后者仅限于信息与文化部下属院校）。职业培训院校招生总数为2585人，其中女生831人。技术教育院校为初级中等学校毕业生提供为期三年或四年的高级中等教育层次的项目。2005—2006学年，全国共有17所技术教育院校，招生总数为10219人，其中女生3403人。在当前的改革中（"国家教育体制改革战略2006—2015年"），学生将能在职业技术教育和普通教育之间转学。（UNESCO Bangkok，2008）

　　2007年6月，老挝总理批准了《职业技术教育与培训发展战略规划2006—2020年》。此外还制定了一个总体规划，目的是确定和规划各种活动，包括预算问题。为设计职业技术教育与培训发展总体规划，多个政府部门成立了一个跨部团队。职业技术教育与培训战略总体规划以三个重要概念为基础，这三个概念构成了教育领域发展框架的基础，即公平入学、质量与实用性、管理与管辖。多个院校和组织提供一系列正规与非正规课程、证书课程、文凭课程。部分课程为短期课程，为期一周到一年不等。其他课程是技能培养课程，由劳动与社会福利部提供。雇主、培训机构、学生和家长都没有任何可靠方式来评估任何特定证书的价值。教育部管理的培训项目包括：短期课程（为期六个月以内）；为熟练工人开设的课程（六个月到三年不等）；证书课程（两到三年）；中等教育后层次的文凭课程（两年或三年）。培训项目有全日制、非全日制，抑或可能包含一些工作经历的成分（双重培训课程）。众所周知，教师工资低，因此教师有可能延长规定授课时间（一周30—40小时）。2007年，教育部下属职业技术教育与培训学校和学院共18所，提供

58 个专业学科和 33 个不同研究领域的培训;10% 的学生是通过名额制度（为来自农村及其他落后群体的学生留出招生名额的招生制度，相当于政策照顾或政策倾斜）招收的，60% 的学生通过全国性考试招收。多数学生学习的是会计专业。多数学校重点提供高等文凭培训项目（80% 的学生在高等文凭项目学习）。许多职业技术教育与培训教职人员的受教育程度相对较低。2007 年，教育部管理的职业技术教育与培训教职人员当中，2 人为博士学位获得者，29 人为硕士学位获得者，160 人为学士学位获得者，793 人仅取得高等文凭或更低层次的文凭。多数教师为年轻教师，许多人缺乏实际工作经验。

总体上，2007 年，老挝全国共有 27 个领域的 50 种注册职业技术教育与培训课程，涵盖四个主要领域（农业、商业、工业、手工业）。共有 47 所公立、私立院校和 50 多家培训中心提供短期课程；有 15 个司、10 个部和两个群众性组织参与职业教育与培训。职业技术教育与培训大部分由教育部下属院校实施，但其他许多机构也提供培训，这些机构包括：各省教育厅下属的学校、其他部下属的学校、劳动与社会福利部下属的培训中心、老挝革命青年联合会、老挝妇女联合会、社区学习中心、私有部门学校、公司培训中心以及非政府组织。

根据《职业技术教育与培训战略和总体规划》，老挝将鼓励职业技术教育与培训机构为不同目标群体提供课程，这些群体包括刚进入劳动力市场的毕业生、现有工人、年轻人、成年人和弱势群体。教育培训机构一直在响应社会需求，开设商业、计算、英语方面的培训，以及学士学位层次的高级课程。然而，尽管一些领域劳动力市场需求大，但学生们参加这些领域的培训兴趣不大，这些领域包括：机械设计、建筑、采矿、护理、生产规划管理。许多就业领域急缺有技能的劳动者，同时其他领域又存在劳动力供应过剩的状况。职业技术教育与培训机构将延伸到所有省份，此外，还将为多种专门领域创建"优才中心"，如护理、汽车设计、服装生产和农业等领域。为确保优化使用资源（包括设备资源和人力资源），老挝将逐步实施综合职业教育与培训理念。通过这种方法，各种机构将具有更大的灵活性，为不同类型的学生提供一系列课程。

全国资质或认证框架有可能是保证培训质量，紧跟地区和国际标准升级认证体系，并为融入国际社会做好准备的第一步。能力标准与某种被选用的全国资质或认证体系有直接联系。国家完全可以制定自己的标准，不过，采用别国制定的标准，并根据老挝各行各业的需要进行调整，将大大节约成本。国际劳工组织已为若干产业制定出"地区示范能力标准"，涵盖制造业、旅游业和护理业。国际劳工组织也在计划制定其他行业的能力标准，涵盖建筑业、农业和一系列其他领域。随着地区合作的发展，其他国家制定的各种能力标准也可以利用。为支持国家战略和规划，需要开展全国劳动力市场分析；这可能包括具体调查（按需进行）、劳动力市场年度评估、当地技能需求分析以及各种同行业协会密切合作的固定观察站。

《职业技术教育与培训战略和总体规划》设想，根据当地劳动力市场评估，通过不同行业、部门、当地行业工作组之间的合作，创立专业学科和课程。学校可以承担一部分在当地开展调查的职责。职业教育类科目将逐渐纳入普通教育课程。农业与林业部的总体规划重点在于通过改进课程、基于能力的培训以及改进生产设备，加强现有四所农业学校的建设。劳动与社会福利部的总体规划包含一些重要内容：技能标准的培训与评估战略、劳动力市场信息以及培训经费的使用，以便与职业技术教育与培训总体规划衔接。未来将有必要加强各部与全国培训委员会内部其他利益攸关者之间的协调。（MOE，2008）

2005—2006 学年，初级中等教育毛入学率为 52%（男生为 57%，女生为 46%），净入学率为 28%。成功升入八年级的学生平均比例为 75.8%（男生为 76.5%，女生为 75.3%）。中等教育的平均留级率较低：2005—2006 学年，初级中等教育的平均留级率为 3%，高级中等教育的平均留级率为 2.2%。同年，学生升入高级中等教育阶段的升学率为 76.5%。高级中等教育的毛入学率为 36.7%（女生为 30.6%，男生为 42.6%）。初级中等教育的平均生师比为 23:1，高级中等教育的生师比为 28:3。初级中等教育的班级平均人数为 45.7 人，高级中等教育的班级平均人数为 53.4 人。（MOE，2008）

2008—2009 学年，初级中等教育阶段毛入学率大约为 63%。同年，高级中等教育毛入学率为 37%。初级中等教育阶段，与 2003 年相比，女生的入学率增加 5 个百分点以上，增加到 2008—2009 学年的接近 58%；相比之下，同一学年，男生的入学率增加了 2 个百分点，增加到 67%。（MOE-ESQAC，2011）根据教育部数据，2009 年全国共有 722 所初级中等学校，在校学生 264600 人，教师 17600 人；高级中等教育阶段招生总数为 157300 人。

在全国范围内评估学习成果

近年，老挝教育部内部建立了教育标准与质量保障中心，该中心负责加强有关教育的知识基础，并为正在进行的教育行动、做法和投资提供建议。在"国际计划"组织的支持下，教育标准与质量保障中心已进行了一项研究，样本是老挝人民民主共和国北部博乔省两个相对偏远地区的 30 所学校（共 676 名三年级学生）。该研究依据课程大纲考查了三年级学生的学习成绩，涉及的科目有数学、老挝语、"我们周围的世界"。测试和访谈对象既有教师，也有学生。此外研究者还收集了有关学校、教师和学生的背景变量（如性别、所属民族—语族）的信息。所有三门测试的平均分为 42 分（满分为 100 分）。数学测试方面，超过 78% 的考生分数为 50 分或更低。"我们周围的世界"方面，54% 的学生分数为 50 分或更低。老挝语方面，64% 的学生分数为 50 分或更低，4.6% 的学生老挝语分数为 0 分。测试表明，数学是最难的科目。用老挝语沟通的能力明显影响到"我们周围的世界"和老挝语的测试成绩。一般而言，在"我们周围的世界"和老挝语方面，老族和泰族女孩比其他民族的女孩及老族和泰族的男孩表现更好。但在数学方面，苗族和瑶族的男孩比其他民族的学生成绩更高。老挝语的测试结果比较复杂。不出所料，老、泰民族—语族的学生在听力理解方面表现优异。写作方面的差异要小得多。各民族学生在阅读理解方面表现都比较差，样本整体的平均分仅为 24 分。

教师们也参加了同样的测试。尽管教师的分数比学生高出很多，但教师觉得难的题目与学生觉得难的题目有着显著的相关性，尤其是在数学和老挝语测试中。这两种测试中，教师们的分数差异很大。教师的数学平均分为 90 分左右，老挝语平均分为 85 分。一般情况下，教师们努力用教学材料为教学与学习过程提供支持。然而，许多教师无法把握课程目标；有些教师甚至从未看过课程大纲，不知课程大纲为何物。许多教师在教老、泰民族—语族群体之外的人学习老挝语方面遇到困难。教师通常通过月考和小测验评估学生的学习成果，但很少有教师给学生布置家庭作业。教师一般对以孩子为中心的学习或积极学习给予口头支持，但并不理解这一概念，许多教师感到这很难实施。教学班常常缺乏教学材料、教科书及教师指南。复式班学生的分数往往比单年级班学生分数低。有时，复式班的学生人数比目标生师比多得多，教师们在掌控教学与学习活动方面也存在困难。

这项研究参考了教育科学研究所先前工作中的发现，教育科学研究所在2007年选择了若干省份对五年级学生的学习成绩进行了测试。该研究测试了学生们三门核心课程科目的成绩，包括数学、老挝语和"我们周围的世界"。结果显示，五年级学生在老挝语和"我们周围的世界"方面表现良好，但他们的数学平均分仅为六级水平中的水平3（接近运用层次）。结果显示，不同省份、社区以及不同家庭背景的学生之间存在成绩差异。

教育标准与质量保障中心的研究建议，在全国建立学校表现监督机制或质量保证程序。教育部初等与学前教育司和教育标准与质量保障中心正在制定初等教育阶段的教育质量标准。应明确建立质量保证机制，如学校自我评估、区、省及教育部内部评估，以及某种宏观发展规划，并向学校公布。应根据现有的基本能力项目，制定每个年级的学习成果标准。也应审查初等教育阶段全国性考试，以保证课程实施的质量，并提高儿童的成绩。（MOE-ES-QAC，2011）

教育科学研究所开展的五年级评估研究对一个有代表性的学校样本进行了测试，测试科目涵盖老挝语、数学和"我们周围的世界"。所有测试题目都以五年级课程为依据。结果显示，大部分（78.5%）五年级学生的老挝语识字能力为基础水平（水平3和水平4）。换言之，他们掌握了国际基准所谓的运用技能。数学技能方面，学生表现往往较差，水平2的学生比例最高（49.1%），其次是水平3（19.7%）和水平1（16.3%）。这些结果表明，学生的数学能力水平较低；多数学生的能力水平可被描述为具有接近运用的技能。"我们周围的世界"方面，多数学生表现出从中等到较高的技能水平。36%的学生为水平5，19.2%的学生为水平4，22.8%的学生为水平3。在这种情况下，可以认为，学生们在该科目包含的自然科学和社会科学方面，达到了运用水平或某种具备独立学习能力的水平。这些全国平均值掩盖了不同地区之间的一些显著差距。与城镇学生相比，农村学生在老挝语方面更可能为水平3，在数学方面更可能为水平1和水平2。具有较高社会经济背景的学生的分数远高于较低社会经济背景的学生的分数。（World Bank，MOE，2007）

教职人员

初等学校教师培训有多条路径：（1）"5＋4"模式，这种资质要求完成初等教育（五年项目）外加四年的教师教育与培训，这主要针对来自偏远社区和民族社区的教师培养对象；（2）"8＋3"模式，这种资质要求完成初级中等教育（共八年的学校教育，或者根据原有体制完成初级中等教育）外加三年的教师教育与培训，目前这是最低资质标准；（3）"11＋1"模式，这种资质要求完成高级中等教育（共十一年的学校教育）外加一年的教师教育与培训。

初级和高级中等学校教师须完成十一年的正规学校教育，随后再分别接受三年的初级中等学校教师岗前培训和四年的高级中等学校教师岗前培训。目前，有五所教师培训学院提供三年的项目，涵盖下列七种课程：自然科学、社会科学、英语、法语、老挝语、数学、科学。四到五年的培训项目由老挝国立大学教育系提供。作为教师岗前培训的一部分，学生们须完成三个月的实践性培训。此外，有三所教师培训学校、两所另外的机构，负责培训各种层次的体育和艺术教师，还有一所机构为僧侣学校培训中等学校教师。各省均有在职教师进修中心（2007年共有17个中心）。然而目前，仅初等学校教师培训实现了制度化。中等学校教师的培训课在捐赠项目之下以临时方式组织。（UNESCO Bangkok，2008；MOE，2008）

教师培训学院培养中等学校教师（培训模式为"11＋3"），颁发高级证书。教师培训学校培养学前班和初等学校教师（培训模式为"11＋1"、"8＋3"、"5＋4"）。学员毕业获得中级证书。另外，老挝国立大学教育系为高级中等学校教师提供一种学位层次的项目。八所教师培训院校中的教师（总计520名）有半数拥有学士学位，三分之一具有"11＋3"资质。平均来看，男教师具备的资质比女教师高。有趣的是，平均来看，老教师比年轻教师具备的资质高，这或许表明，近年来教师招聘标准有所降低，或者年轻劳动者有更吸引人的就业机会可选。（World Bank，MOE，2007）。自2008—2009学年以来，"11＋1"项目已升级为"11＋2"项目。多数幼儿园教师和学前班教师都在教师培训院校经历了一年的岗前培训。学前教师岗前培训体系有两种：一年的岗前培训（"11＋1"），结业颁发4级证书（中等教育后、非高等教育）；30周的在职培训〔在"经验、语言、图画、符号"（ELPS）项目中〕，相当于证书层次。（MOE，2008）

希望进入教师培训院校培训的学员可通过四种不同途径进入正式项目：名额制度、考试制度、Nangobay制度①、非名额制度。通过名额制度进入正式课程学习的学员须经过复杂的申请过程；他们免交学费，还可领到定期生活津贴。经考试入学的学员是根据其教师教育院校招生考试分数择优录取的。他们享有与名额生相似的优待。通过Nangobay制度进来的学员必须提交一封申请信，才会被看作这一类别的学员。这条道路是为教师子女、全国英雄子女、领导人子女和退休人员子女预留的。非名额学员是指没有通过教师教育院校考试，但以自费生身份被教师培训院校录取的学员。在一些教师培训院校，非名额学员与上正式课程的其他学员分开上课。2005—2006学年，教师培训院校招生人数为15738人，其中三分之二的学员学习正式课程，三分之一学习特殊课程。正式课程是正式教师教育项目的一部分，培养学前班教师、初等学校教师和初级中等学校教师。特殊课程在晚间为自费生开设。这些课程以"11＋1"和"8＋3"教师培训课程为基础，但学生毕业后很少当教师。这些课程通常注重提高英语语言技能，而不是教学法技能。参加特殊课程的许多学员由其雇主资助，完成学业时，他们通常会享受加薪待遇。在其正式课程中，教师培训院校提供11种不同的岗前项目，学员结业获得不同的证书。每个项目均有各种不同的最低要求，比如学员入学前必须接受多少年的

---

① Nangobay制度是老挝教师教育申请入学的途径之一，详见后文。

教育，以及他们所获得证书的类别。这些项目是根据受训人员接受正规学校教育的年限为他们量身定做的，这表明国家公开承认中等学校毕业生非常紧缺。2004—2005 学年，从招生人数来讲，规模最大的项目是"11 + 3C"（结业获得初级中等学校英语教学资格），其次是"11 + 1Z"（结业获得初等学校教学资格），以及"11 + 3B"（结业获得初级中等学校社会科学教学资格）。（MOE，2008）

2004—2005 学年，老挝有各层次教师（从学前教育教师到高等教育教师）共计48113 人。其中约一半（46%）是女教师。多数教师（57%）是初等学校教师，30%是初级和高级中等学校教师，6%是学前班教师。根据教育科学研究所 2007 年开展的五年级评估研究，老挝初等学校教师平均年龄为34 岁。61%的教师为男教师，39%为女教师。农村地区初等学校有男教师的可能性比城镇地区学校大。所有教师中约一半在其所在村庄任教。初级中等学校教师年龄比初等学校教师稍大（36 岁）。其中略超半数的教师（54%）为男教师。教师资质按照正规学校教育年限和教师培训时间综合确定。合格教师一般根据教师培训时长确定。在非贫困地区，仅有11.2%的初等学校教师未受过培训，最贫困地区有24.6%的初等学校教师未受过培训。贫困村庄比例最高的省份（华潘省和丰沙里省）未受过培训教师的百分比最高（分别为38.5%和33.2%）。多数初等学校教师获得了"8 + 3"证书或低于此年限要求的证书。仅有四分之一的初等学校教师具有"11 + 1"证书或更高级别的证书。大部分初级中等学校教师（86.8%）具有正式教学证书。（MOE，2008）

教师的配置由教育部决定，教师由中央政府分配。原则上，一个班级学生数达到 33 名时，教育部要给班级所在学校再安排一名教职人员。在实践中，不同省份和各个学校之间的教师配置并不公平，造成有些学校教师过剩，有些学校教师严重匮乏。农村和偏远地区很大程度上依靠当地教师来充实当地学校。教师的主要类别是"配额"类教师。这些教师按公务员身份聘用，工资按照公务工资制度发放。合同制教师是指无论其资质如何，受聘于公立学校但不在公务体制之内的教师。私立学校教师也被视为合同制教师，直接由社区聘任的教师也是如此。教师工资主要由资质、职务（教师类型和级别）和教学经验年限决定。教师的工资较低（初等学校教师每月平均 39 美元，初级中等学校教师每月平均 45 美元），远低于人均国内生产总值，并且自 1993—1994 学年以来，实际价值已降低不少。这笔工资中大约 85% 是基本工资，15% 是奖金、补助和家庭津贴。在农村和偏远地区，除工资外，教师会收到村民或村官的实物捐赠，例如大米和住房。没有村里的支持，教师或许会因长期拖欠工资而面临生存困难。一般而言，初等学校教师每周工作 36 小时。除在校教课时间，初等学校教师在家备课和批改家庭作业的时间平均为每周 7 小时。此外教师们还额外花一定的时间与家长会面。家长会平均每年举行四次。（MOE，2008）

参考资料

Asian Development Bank. Lao PDR：*Sector-wide approach in education sectordevelopment*. (Prepared by Cambridge Education Ltd and Burapha Development-Consultants Co. Ltd for the Ministry of Education of Lao PDR). Project Number：35312, October 2009.

Khamphay Sisavanh. *Educational reform in Lao PDR*. Paper presented at the "First International Forum on Education Reform：Experiences in selected countries", Bangkok, 30 July – 2 August 2001.

Khamphay Sisavanh. *Analysis of national curriculum for basic education in Lao PDR*. (Draft situation analysis produced as part of the project IBE-UNESCO Bangkok "Basic education in South East Asia"). Paper discussed at the sub-regional workshop "Building capacities of curriculum specialists for educational reform". Vientiane, Lao PDR, 9 – 13 September 2002.

Ministry of Education. *The education strategic vision up to the year* 2020. Vientiane, 2000.

Ministry of Education. *Master plan. Development of TVET from* 2008 *until* 2015. Vientiane, 2008.

Ministry of Education. *The development of education. National report*：*Lao*

People's Democratic Republic. Presented at the 48th session of the International Conference on Education, Geneva, 2008.

Ministry of Education. *National education system reform strategy (NESRS)* 2006—2015. Vientiane, April 2008.

Ministry of Education. *Education for all mid-decade assessment*. Vientiane, October 2008.

Ministry of Education. *Education sector development framework* 2009—2015. Vientiane, April 2009.

Ministry of Education. *Education quality assurance strategic plan for* 2011—2020. Vientiane, May 2010.

Ministry of Education. Department of General Education. *Education for all. National plan of action* 2003—2015. Prepared with technical and financial support from UNESCO Bangkok, Bangkok, 2005.

Ministry of Education. Department of Non-formal Education. *Lao PDR country report on adult learning and education*. October 2008.

Ministry of Education. Department of Private Education Management. *The current situation of higher education in Lao PDR*. Vientiane, September 2008.

Ministry of Education. Educational Standards and Quality Assurance Center. *Research report on teaching practice and learning outcomes in grade 3 in Bokeo Province*. Supported by Plan International, Vientiane, February 2011.

UNESCO Bangkok. *Secondary education regional information base: Countryprofile Lao PDR*. Bangkok, 2008.

UNESCO Bangkok. *Secondary teachers in Lao PDR: Priorities and prospects*. (Prepared by K. Gannicot and C. Tibi). Secondary Teacher Policy Research in Asia, Bangkok, 2009.

UNESCO. *UNESCO National education support strategy (UNESS)* – Lao PDR, 2008—2013. Draft, May 2008.

UNICEF Vientiane Office. *School of quality in Lao PDR: An evaluation* 2009. Vientiane, December 2009.

World Bank and Ministry of Education. *Teaching in Lao PDR*. (Prepared by

L. Benveniste, J. Marshall and L. Santibañez), Human Development Sector, East Asia and the Pacific Region, Washington DC, 2007.

网络资源

老挝教育部：http：//www. moe. gov. la

更新的链接，请参考联合国教科文组织国际教育局网页：

http：//www. ibe. unesco. org/links. htm

马来西亚教育体制及现状

教育的原则与总体目标

马来西亚的国家意识形态——《国家原则》（*Rukunegara*）（1969年）为所有政治、经济、社会、文化政策（包括有关教育的政策）指明了方向。《国家原则》的理想是民族团结、民主、正义、公平、自由、多样性和进步。指导原则是信仰神、效忠国王和国家、坚持宪法、法治、善行和美德。

1988年制定的《国家教育思想》规定："马来西亚的教育就是要不断努力，全面、完整地进一步发掘个人潜能，使他们在坚定地信仰神、虔诚地皈依神的基础上，成为智力、精神、情感、体格平衡协调发展的人。这种努力的目的是培养有知识，有能力，有崇高道德标准，有责任感，能够实现高度个人幸福，并能为家庭、社会乃至国家的进步做出贡献的马来西亚公民。"（参见1996年《教育法案》及其后的历次修正案）

学校课程是根据国家教育思想的根本原则和目标制定的。课程鼓励个人平衡、全面发展，训练有素，技能娴熟，珍视全国人民对团结的渴求。具体地说，教育活动和项目旨在实现以下目标：

• 以全面、完整的方式向学生传授基本的智力、情感、精神技能，培养智力、体格、情感、精神平衡发展并能学以致用的人；

• 通过培育共同理念、价值、目标和忠诚，培养国家意识，从而在多民族社会中塑造民族团结和国家认同；

• 培养具备经济发展和国家发展所需技能的人才；

• 向学生传授应有的道德价值观，促进个性和审美能力的发展，增强责任感和纪律性，不断使他们为国家建设做出有效贡献。

在教育机会方面，以及学生在任何教育机构接受资助方面，不存在任何歧视。教育公平和权利是《联邦宪法》规定的基本自由。

有关教育的法律和其他基本法规

若干政策文件对教育体系的基本原则进行了阐述。尤其是，有两份报告的建议成为 1961 年《教育法案》和其后的 1996 年《教育法案》的基本内容（这两份报告指的是 1956 年的 Razak 报告和 1960 年的 Rahman Talib 报告）。尽管 1996 年《教育法案》（1961 年《教育法案》随之废止）的重点是学前教育、初等教育、中等教育和中等后教育，但它涵盖各个教育层次。该法案还规定，国民教育体系中的所有教育机构都必须使用国语（马来语）作为授课语言，国民型学校或教育部指定的其他教育机构除外。《教育法案》要求除指定学校以外的所有学校采用全国课程，使学生做好参加普通公共考试的准备。

《1984 年儿童保育法案》（308 法案）涉及面向 4 岁以下儿童的所有幼儿早期保育与教育项目。除了为儿童提供保育与教育的目的之外，该法案还涵盖注册、幼儿早期保育中心监督和检查、保护儿童利益与安全、防范任何形式的虐待或疏忽等问题。该法案最近一次修订的结果是形成了《2007 年幼儿早期保育中心法案（修正案）》。修正后的法案旨在规范和促进幼儿早期保育产业发展（幼儿早期保育中心大部分属私营）。幼儿早期保育中心注册有效期已从 12 个月延长至 60 个月，这意味着幼儿早期保育中心不必每年都去更新它们的营业执照。

《大学和大学学院法案》（1971 年）就建立和管理公立大学做出了规定。《大学和大学学院法案修正案》（1996 年）在管理、财政和以实现优质教育为目的的项目决定权方面给予公立大学更大的自主权。

《私立高等教育机构法案》（1996 年）首次就建立私立大学和大学学院、外国大学分校以及将现有学院升格为大学做出规定。

《国家高等教育委员会法案》（1996年）规定，建立国家高等教育委员会，负责高等教育领域的政策决策并协调高等教育发展。

《国家认证委员会法案》（1996年）规定，建立国家认证委员会，以保证公立、私立高等教育机构保持学术高标准和高质量。

《国家高等教育基金委员会法案》（1997年）规定，建立一个基金委员会，为本国高等教育机构的学生提供资助（助学贷款）。

《2001年儿童法案》（611法案）规定，每位儿童不论其任何差别，如种族、肤色、性别、语言、宗教信仰、出身、生理、心理、情感障碍或任何状况，在任何情况下均享有受保护和受援助的权利。

《2006年全国技能培养法案》（652法案）规定，建立全国技能培养委员会并制定全国职业技能标准，作为技能熟练程度的衡量标准，根据熟练程度颁发技能资格证（证书、文凭、高级文凭），该标准也可用于为技能培训项目制定全国大纲。

根据2003年1月1日生效的《2002年教育法案修正案》（A1152法案）第29A（1）节，政府已将初等教育列为义务教育，所有6岁儿童必须接受。没有送子女上学的父母将面临最高六个月徒刑或5000令吉①罚款或二者并罚。中等教育尚不属于义务教育。教育向所有儿童免费。

教育系统的行政与管理

马来西亚教育部由四个不同级别组成：联邦级、州级、区级、校级。教育片区与行政片区并非对应关系，因为教育片区是根据教育需求而非行政需求划分的。

在联邦级别，马来西亚教育部根据国家的远景和目标，将国民教育政策转化为教育计划、教育项目和教育工程。它还负责为教育项目的实施和管理制定指导方针。

学校督导司是马来西亚教育部的一个机构，负责监督课程实施，并保障

---

① 马来西亚货币单位。

教学与学习质量。学校督导司定期对学校和教育机构进行详细、细致、专业的督导，以保证教学质量和高标准教育。

课程开发中心成立于 1973 年，是马来西亚教育部教育政策研究司规划处教育发展科的一个单位。2008 年 6 月，随着教育部结构调整，课程开发中心更名为课程开发处，隶属于政策与教育发展司，该司是教育部三大司之一，由教育副总监领导。除课程开发处之外，政策与教育发展司还下设教育规划与研究处、马来西亚考试委员会、教育技术处、教科书处、国家图书委员会。课程开发处的职能是：制定和开发国家教育课程，使课程向国际化方向发展；规划、制定和实施课程推广；规划和监督课程实施；制定教学与学习模块，并根据预定层次的国民教育课程编写教师参考书；规划和实施与课程有关的研究和建设；提供与课程实施和教育部各部门编写教学材料有关的建议和专门知识；协调和组织高级别会议，审批政策，并在部级、州级和区级实施课程。

全国层面的决策由一系列委员会负责。教育规划委员会是马来西亚教育部内部的最高决策机构，负责制定、协调和实施大政方针。此外还有六个指导委员会，如中央课程委员会、发展委员会、财政委员会、职员发展与培训委员会，它们分别有其职责范围。

教育规划委员会主席由教育部部长担任，该委员会秘书处是教育规划与研究处。作为教育部的主要规划机构，教育规划与研究处负责教育规划、研究、评估、政策分析以及教育政策及其实施有关事宜的协调。

2004 年 3 月，马来西亚组建了高等教育部，设立该部的核心目的是：为高等教育制定一个战略性系统规划；加强本国高等教育管理；扩大高等教育规模、增加高等教育机会和提高高等教育入读率；提高本国高等教育质量，使之与国际标准具有可比性；促进本国高等教育国际化。马来西亚认证局隶属于高等教育部，该局负责管理马来西亚认证框架，该框架是所有教育和培训机构在全国范围内提供的一个统一认证系统，这些机构包括公私领域、用人单位培训以及终身学习经历领域的学院、大学、职业教育机构、专业组织和其他高等教育机构。

2004 年 4 月，马来西亚妇女、家庭和社区发展部受托负责社区发展与福利。该部管理四个机构，即妇女发展司、马来西亚社会福利司、国家人口与家庭发展委员会、马来西亚社会研究所。社会福利司是负责幼儿早期保育中心和看护中心注册执照的最高机构；颁发执照之前，需要其他专门机构，如当地政府、消防部门和卫生部门审批。除教育部外，农村和区域发展部以及民族团结司也开办学前教育机构。

14 个州设有州教育厅（马来西亚联邦由 13 个州和 3 个联邦直辖区组成）。州教育厅由厅长领导，厅长负责教育项目、教育工程和教育活动的实施与开展。州教育厅的主要行政职能如下：（1）在人员和人事建设、财政和设施建设方面组织和协调本州学校的管理；（2）监督教育项目；（3）制定和实施州教育发展规划；（4）定期为教育部提供反馈信息，必要时，提供关于国民教育政策执行情况的信息。

在除玻璃市州、马六甲州和联邦直辖区之外的其他各州，另设有区级教育行政单位。区教育局是州教育厅的延伸，是学校和州教育厅之间的纽带。它帮助州教育厅监督本地区学校的教育项目、教育工程和教育活动的实施与开展。沙巴州和沙捞越州有另外的教育行政单位，在沙巴州称作"居住地教育局"，在沙捞越州称作"部门教育局"。

每所小学和中学均由校长领导。中小学校长负责在专业和行政方面领导学校。在所有政府资助的中小学和一些归政府所有的中小学均设有管理委员会。此外，每所学校都有家长—教师协会。校董事会和家长—教师协会提供学校管理方面的支持，并帮助发展学校和社区之间的合作。

马来西亚教育委员会是隶属于教育部的法定机构，该委员会是根据《考试委员会第 225 号法案》于 1980 年 2 月建立的。马来西亚教育委员会举行马来西亚大学英语考试和马来西亚高级中等学校证书考试（学生完成十三年级或中等教育六年级①学业时参加）；1982 年，后者取代剑桥大学本地考试委员会举办的高等学校毕业考试。初等、初级中等和高级中等教育毕业考试由教育部考试委员会举办。

其他机构也有同类项目，这在提供教育和培训、满足国家发展和人力需

---

① 六年级指的是中等教育的第六学年。

求方面对教育部的工作形成了补充。各部和政府机构也为年轻人和成年人提供正规、非正规培训，以使他们获得专门技能和职业本领。人力资源部开办产业培训学院，提供初级、中级、高级技能培训项目；这些项目包括学徒项目（机械、电气、建筑和印刷行业），以及旨在提高技能和培训教员的项目。青年和体育部提供技术和商业培训项目以及在职青年培训。国家电力委员会开办电气和机械设计方面的培训项目。此外还建立了原住民委托理事会，隶属于企业家和合作发展部，以便为原住民提供职业培训机会。原住民委托理事会开办青少年科学学院（中学层次），尤其是在农村地区。

教育系统的结构与组织

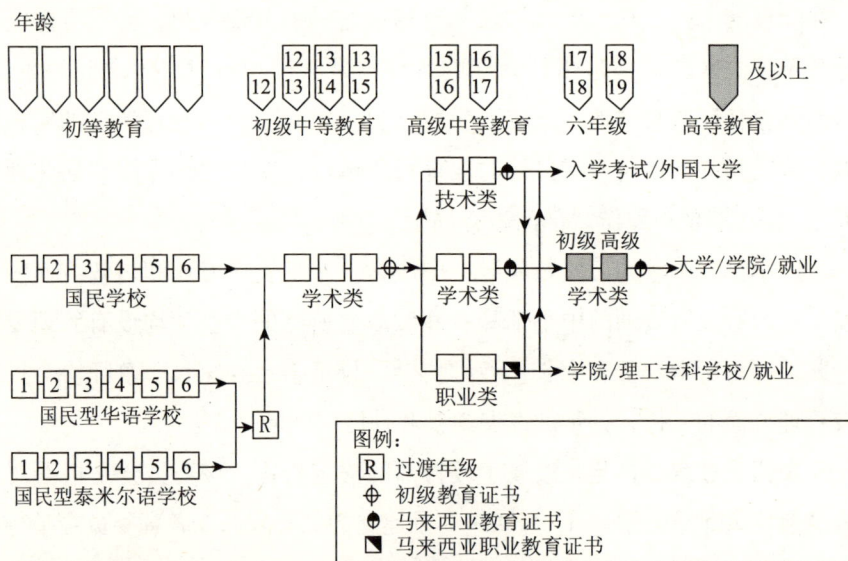

图 5 – 1 马来西亚教育系统的结构

学前教育

幼儿早期保育与教育的对象是0—6岁儿童。幼儿早期保育中心、托儿所和面向0—4岁儿童的项目由妇女、家庭和社区发展部负责协调。学前教育（幼儿园）面向4—6岁儿童，由若干政府机构、私人团体和志愿组织提供。

学前教育中心在教育部登记注册。幼儿园一般收费。

初等教育

初等教育为期六年（但学习时间可以为五到七年），入学年龄为 6 岁。初等教育分为两个阶段，每个阶段各三年。初等学校有两类，即以国语为授课语言的国民学校和以汉语普通话或泰米尔语为授课语言的国民型学校。初等学校毕业时，学生参加初等学校评估考试（Ujian Penilaian Sekolah Rendah，UPSR），若成绩合格，他们将获得初等学校证书，凭证书他们可升入初级中等教育。初等教育免费，根据 2002 年《教育法案修正案》，初等教育是义务教育。

中等教育

中等教育由两个阶段组成。初级中等教育为期三年（华人和泰米尔人学生学制四年，附加的一年是为了帮助他们达到足够的马来语熟练程度，马来语是中等学校的主要授课语言）。学生完成三年的初级中等教育时，参加初级中等评估考试，如成绩合格，将获得初级中等教育证书，这将使他们有资格升入高级中等教育阶段。高级中等教育为期两年，提供高级中等教育的学校有学术类学校、技术—职业类学校和宗教（伊斯兰教）学校。完成为期两年的该阶段教育时，学术类和技术类学校的学生参加马来西亚教育证书考试，职业类学校的学生参加马来西亚教育证书（职业类）考试。中等后教育项目为期一年，该项目能使学生做好准备，参加马来西亚考试委员会举办的马来西亚高级中等学校证书（相当于完成十三年级或中等教育六年级）考试，以及某些地方大学举办的入学考试。大学入学考试课程能使学生达到某些大学和学院的特定入学条件，而六年级项目的设计宗旨是使学生达到所有大学和学院的入学条件。公立学校的中等教育免费。

高等教育

高等教育机构包括社区学院和大学学院、理工专科学院和大学。项目分证书、文凭、学位三种类型，学科门类多样。职业或专业项目（包括教师培训学院提供的项目）为期一到两年，学习期满颁发证书；学习期满颁发文凭的项目为期两到三年。在大学层次，学士学位项目为期三到四年（医学和牙科项目为期五年）。学生取得学士学位之后，如欲取得硕士学位或某种高级文凭或专家文凭，还需另外学习一到两年。博士学位项目为期至少三年。

学年从每年 1 月初开始，到 11 月结束。每年上课天数至少为 190 天。

教育过程

1983 年、1995 年和 1999 年的课程改革以及教育技术应用的增多使教育质量得到改善。在课程设计方面，最近的课程修订将基于内容的方法和基于结果的方法结合起来使用。更具体地说，最近的修订专注于新科目的引进、基于结果的学习、以学生为中心的教育变革，以及将新元素引入到现有的一系列科目中。它还促进初等和中等教育阶段中信息技术的使用。马来西亚全国课程的根本原则是将综合的方式运用到以知识、技能和积极态度为目标的课程设计中的普通教育。根据 1996 年《教育法案》及其后的历次修正案，教育部规定的供所有学校采用的全国课程应对学生在其各自的学校教育结束时应该获得的知识、技能和价值观予以明确，应包含《科目表》中列出的核心科目以及可能规定的其他科目。（第 18.2 节）

全国课程由中央教育主管部门即教育部制定。负责学校课程设计和开发的主要有三个部门：课程开发中心（2008 年以后称作课程开发处，隶属于教育部政策与教育发展司，负责从学前教育机构到高级中等学校的课程设计）、职业技术教育司、宗教与道德教育司。

所有关于政策的事宜均需经中央课程委员会批准，该委员会的组成人员为部级主要机构的领导。例如，一个新科目大纲在实施之前需要由该委员会讨论和批准。已获批准的课程项目由课程实施委员会讨论，该委员会由马来西亚 14 个州的教育干事以及教育部各机构的代表组成。

课程开发按周期式模式进行，开始是需求分析，随后是规划、开发、试点、推广、实施和评估，然后回到需求确认。从规划到实施，时间通常约为

30 个月，目的是为编写、发行教科书和推出考试留足时间。

为进行 1999 年课程修订，马来西亚教育部确定了课程的优点和缺点，以及内容、技能、价值观和态度、教与学过程、教育与评估方面的问题。通过对这些方面进行调查摸底，教育部对课程做了调整，涉及上述问题是否应该保留、删除、减少、增加或重新分配。调查摸底工作涉及纵向和横向合并。纵向合并的例子可以是确定一个主题，然后在中等学校教育各个层次去考察它。横向合并即考察一个主题，并确保该主题与其他有关主题一起加以考察。

课程修订的结果是制定了基于内容与结果的学校课程。基于内容的方法列出了学生应学习的科目领域的话题或主题，基于结果的方法列出了他们应掌握的能力和技能。

课程的基本特征是强调各科目领域之间以及全科范围内的相关性和统一性。的确，教育的具体方面，如道德价值观、爱国主义、科学技术、语言、环境教育、学习技能等，融汇贯穿于各学科之中，目的是加强这些需要进一步强调的方面的教育。此外，修订后的课程鼓励使用基于活动的、以学生为中心的教育方式，以支持和促进批判性、创造性思维能力的发展。这些能力包括解决问题、分析性决策、高水平问题、探究和发现，以及自定进度和方向的学习。

课程开发的困难包括决定课程范围、寻找具备足够课程开发专业技能和经验的人，以及跨越规划与实施之间的鸿沟。除此之外，学校环境的差异可能会给课程由中央统一制定这一目标带来挑战，教师们也会抵触变化。并且，课堂教学的指挥棒往往是试卷和任务的风格与形式，而非课程目标。最后，分级式的课程推广也存在缺点，造成信息的稀释，进而造成误解和困惑。

若干因素促进了课程改革提议的实施，包括研究发现、公众意见、世界趋势、社会和经济需求以及政治压力。课程改革提议还受到其他因素的进一步推动，如：政府通过增加教育预算，不断扩大教育和培训规模，改善教育和培训质量；基本的基础设施和培训方面的便利；公众对开展教育改革，满足文化、社会和经济发展需求的认识和支持。

课程实施不可能完美，因为在此过程中有一系列制约因素。这些因素可能包括教师的资质、动力、态度、技能，课程实施的内容，沟通的清楚程度，还可能包括学生的学习态度和动力。其他制约因素可能跟学校有关，如班级规模、管理、设施以及学校的综合性。课程语言、学习材料和教学辅助设施的不足也可能妨碍课程实施。

自 2008 年起，马来西亚教育部在全国选取了 50 所初等学校，开始对新的模块式和主题式课程和校本评估进行试点。目前的初等学校课程和评估改革是为了通过促进学生们的学习，使他们获得思维、沟通、创业精神、创新和创造性等方面的新技能，从而确保学校教育符合当前和未来的需求。为实现这些目标，课程内容和形式有六个方面的核心推动力，即沟通、学生的幸福、体格与审美、人文、科学技术素养，以及心灵、价值观和态度。（Khair Mohamad Yusof，2008）

2010 年 10 月，马来西亚教育部发布了《关于自 2011 年起在阶段一（一到三年级）实施新的〈初等学校标准课程〉的通知》。新课程在 20 世纪 90 年代末出台的《初等学校综合课程》的基础上进行了改进。

学前教育

如前所述，幼儿早期保育与教育的对象分为两个年龄组，即 0—4 岁儿童和 4—6 岁儿童。幼儿早期保育中心、托儿所以及面向 0—4 岁儿童的项目由妇女、家庭和社区发展部协调。学前教育（幼儿园）面向 4—6 岁儿童，由若干政府机构（教育部、农村和区域发展部、民族团结司）、私立机构和志愿者组织提供。所有学前教育中心均在教育部注册登记。幼儿园一般收费。

按其定义，立法机关批准的幼儿早期保育中心是来自一个以上家庭的四个以上 4 岁以下儿童接受有偿保育的场所。幼儿早期保育中心分为四大类：（1）政府所有的幼儿早期保育中心（自 2006 年起，称作 Taska dalam komuni-ti）；（2）工作地幼儿早期保育中心；（3）设在机构的有 10 名或更多儿童的幼儿早期保育中心；（4）家庭开办的少于 10 名儿童的幼儿早期保育中心。所有幼儿早期保育中心均须在妇女、家庭和社区发展部下属的社会福利司登记注册。该部负责本国幼儿早期保育中心的建立和审批，而社会福利司是幼儿早期保育与教育项目的主要规范者和协调者。

马来西亚妇女、家庭和社区发展部一直在城乡地区建立社区幼儿早期保育中心，目标是为当地社区提供更方便、更经济的优质幼儿早期保育服务。这些中心使用妇女、家庭和社区发展部制定的课程，依靠当地社区、家长、儿童、政府机构以及私立机构的积极参与。

Permata 幼儿早期保育与教育项目于 2006 年推出。Permata 幼儿早期保育与教育中心的宗旨是根据当地社区的需要，为 5 岁以下儿童提供综合的优质保育和早教服务。该项目采用以社区为基础的综合方式，各中心提供幼儿早期保育服务、延伸项目、育儿课程、咨询、保健服务，以帮助当地社区养成健康的生活方式。中心的设施包括社区资源中心和图书馆，有些中心可能还提供言语矫正师和营养师服务。

为提升幼儿早期保育服务提供者的素质，妇女、家庭和社区发展部在 2007 年任命了一个专家委员会，来根据国家职业技能标准推出一种证书。该举措与人力资源部技能发展司合作实施。根据国家职业技能标准设置的幼儿早期保育领域四种资质级别是：幼儿早期保育服务提供者（SKM，马来西亚技能证书 2 级）；高级幼儿早期保育服务提供者（SKM 3 级）；幼儿早期保育中心指导者（DKM，马来西亚技能文凭 4 级）；幼儿早期保育管理者（DLKM，马来西亚技能高级文凭 5 级）。SKM 1—3 级证书与中等或中等后教育相对应；SKM 或 DKM 4 级证书与特定类别的高等教育相对应，学员完成此类高等教育时，会授予其一份证书，但该证书并不等同于大学本科文凭；DLKM 5—8 级证书对应的是授予大学本科学位或研究生学位的高等教育。

幼儿园面向 4—6 岁儿童。学前教育由教育部、农村和区域发展部、民族团结司等政府机构以及私有部门提供。《教育法案》（1996 年）已将学前教育列为全国学校体系的一部分。所有幼儿园均须遵守教育部发布的课程指导方针。

最先建立学前学校的是农村和区域发展部，该部设立于 20 世纪 70 年代。2007 年，该部建立的学前学校达 8307 所，通常被称作"整洁"（Kemas）学前学校，这些学校位于农村地区或城市郊区，是根据当地政府的要求建立的，2007 年招生总数为 198275 名儿童。上课地点有社区会堂（租借而来或免费提供）、住宅区、私人房屋、店铺（租借）或者是农村和区域发展部所建校舍。

城市地区建有"团结"（Perpaduan）学前学校，归民族团结司管理，这些学校实施"友好社区计划"。每个学前班有一个学前学校协调委员会，由社区成员组成，这些成员就学前学校的办学提供建议，并为家长组织各种活动。上课地点有社区会堂（租借或免费）、住宅区、私人房屋、店铺（租借）或该司所建校舍。按规定，团结学前学校每次招生至少为 20 名儿童，最多为 35 名儿童。2007 年，共有 1496 所团结学前学校，招生总数为 38952 名儿童。

1992 年，马来西亚教育部开始通过一个试点项目建立学前学校，作为现有初等学校的附属学校。1993 年，这一行动推广到全国。2007 年，全国共有大约 5905 所归教育部管理的学前学校，招生总数为 147625 名儿童。学前教育的其他提供者包括国家宗教局和马来西亚伊斯兰青年运动（Angkatan Belia Islam Malaysia，ABIM）。

2003 年，马来西亚教育部颁布了全国学前学校课程，所有公立、私立学前学校都必须采用该课程。全国学前学校课程根据《国家原则》和《国家教育思想》制定，目标是培养孩子的社交、智力、身体和精神等方面的技能以及审美价值观（创造力和欣赏力）。私立学前学校如另外实施任何课程，必须经教育部允许。在全部经过注册的学前学校，没有授课语言方面的限制，但马来语必须作为一门科目教授。公立学前学校的开班要求是每个班至少有 10 名 4—6 岁的儿童。

有特殊需求的儿童的学前教育由教育部和妇女、家庭和社区发展部负责（教育部负责面向儿童的特殊学校和特殊综合初等学校项目，妇女、家庭和社区发展部负责实施其他特殊项目）。2000 年，现有特殊学校自行启动了一个面向 4—6 岁儿童的早期干预项目。2003 年，教育部批准将 28 所特殊学校的上述早期干预项目转变为针对有特殊需求儿童的学前学校项目。这 28 个项目中，有 22 个面向有听觉障碍的儿童，5 个面向有视觉障碍的儿童，1 个面向无学习能力的儿童。妇女、家庭和社区发展部社会福利司开办了面向重残儿童的项目，目的是根据国家福利政策和国家社会政策改善他们的生活质量。此外，还为帮助开展这些面向 4 岁以下儿童的特殊项目的非政府组织特别授权。（MOE-CDC，2008）

学前学校项目的基础是一种课程，该课程适合 4—6 岁儿童，符合他们的发育阶段、兴趣和独特需求。该课程是动态的，以儿童为中心，能够适应每个班级表现出来的学生多样性。基本上，学前学校课程的原则是：（1）理解儿童的特点（他们活泼、好奇，需要爱、关注和安全）；（2）目的是让儿童接触丰富的、具有刺激性的环境；（3）该项目提供多种多样的支持材料，如具体的、印刷的、多种感官的、互动的和使用者友好型的材料。

学前教育的一般目标是使儿童：

- 养成对国家的爱；
- 举止得体，践行道德价值观；
- 掌握基本沟通技巧；
- 尊重国语；
- 掌握基本的英语能力；
- 认识到体育活动是健康的基础；
- 身体得到发展，实践健康和安全措施；
- 通过询问，以及运用所有感官，培养批判思维技能。

上述目标通过各个学习领域实现。这些学习领域有：语言与沟通、认知发展、社交—情感发展、精神与道德发展、身体发展、审美和创造性发展。全国学前学校课程提出了供学前学校使用的三种主要教学与学习方法，即玩中学、主题式方法和综合方法。推荐授课时长为每天三个半小时，每周上五天课。建议时间表如下：（1）课堂活动90分钟（在教室内外）；（2）小组活动60分钟；（3）自由活动30分钟；（4）小憩/便餐/休息30分钟。全国学前学校课程规定，所有以马来语为授课语言的学前学校每周至少须开设两小时英语课，如班级中有五个或更多穆斯林学生，则还须开设两小时的伊斯兰研究课，如有五个或更多非穆斯林学生，则还须开设两小时的道德教育课。而不以马来语为授课语言的学前学校每周须开设至少两小时的马来语课和一小时的英语课。伊斯兰研究的情况也适用于这些学前学校。

非正式和经常性儿童表现评估是学前学校项目的一部分。开展评估的途径有多种，包括观察、儿童的作业计划和学习档案。儿童的个人进步和发展记录在学生档案里。

　　若干高等教育机构致力于提供幼教方面的培训，以满足幼儿早期保育中心和幼儿园不断增长的需求。对幼儿教育学术资质的需求，尤其是文凭层次的需求在不断增加。文凭项目一般包括理论与实践内容，这些内容使早教专业人员对婴儿、幼儿和年龄小于8岁的学前阶段儿童有效地开展工作。受训人员获得来自学校的第一手经验；他们必须经历实践课和实习期，以使自己具备学前学校教师所需的最佳知识。这些机构提供的项目的质量由马来西亚资质局保证。马来西亚资质局要求，要取得文凭，需完成一个至少有90学分的项目；要取得学士学位，需完成一个至少有120学分的项目。文凭项目的毕业生应该能够：促进幼儿成长和学习；形成家庭和社区领导才能；通过观察、记录和评估，支持幼儿和家庭；为所有儿童设计、实施和评价能促进积极发展和学习的经验；认识到自己是早教专业领域的一员并专业地开展工作。学前培训课程由学前教育专家制定。课程内容包括普通幼儿教育理论和实践。该课程考虑了全国学前课程的要求。课程经过了反复讨论，进行完善，然后再将其提交给一个委员会审核通过后才被培训机构采用。

　　所有在教育部开办的学前学校任教的教师均要接受培训，并且至少有一个教学方面的文凭（通常是一个为期三年的项目）。他们中的许多人有学前教育方面的一个学位或硕士学位。在整洁学前学校任教的教师须接受六个月的培训，在团结学前学校任教的教师须接受三周的培训，培训由它们所对应的部（司）举办。不过，自2007年开始，整洁学前学校和团结学前学校协同努力，与教育部教师培训处合作，为他们的教师提供至少为文凭层次的课程。据统计，90%的教育部学前学校教师拥有文凭，另有7.6%拥有学士学位。

　　根据马来西亚国家统计数据，2005年的毛入学率显示，在0—4岁年龄组中，仅有1.8%的儿童到幼儿早期保育中心就读。该数据可能并没有反映马来西亚的真实情况，因为很多幼儿早期保育中心并没有注册（法律规定，如果少于10名儿童，幼儿早期保育中心不需要注册）。截至2007年2月，仅有1831所幼儿早期保育中心注册，接受其教育的儿童总计34100名。

　　据统计，4—6岁儿童幼教（一般称作学前教育）方面，2005年的总体毛入学率为67.4%（女孩为68.3%，男孩为66.5%）。2005年，43%的儿童被私立学前学校录取。私立学前学校较为普遍的地区有纳闽（70%）、柔佛州（69%）、雪兰莪州（68%）、沙捞越州（68%）、森美兰州（67%）、吉隆坡（66%）、霹雳州（66%）。（MOE-CDC, 2008）

2005 年，近 630000 名 4—6 岁儿童被公立或私立学前学校录取。（MOE, 2008）

初等教育

初等教育旨在保证儿童潜力的全面、均衡和完整发展（儿童潜力包括智力、精神、情感和身体方面），以培养具有崇高道德标准的平衡协调发展的人。初等教育必须使学生能够：

- 掌握马来语（马来语是国语，也是马来西亚的官方语言）；
- 掌握授课媒介中的基本语言技巧（听、说、读、写）；
- 掌握算术技能，并在日常生活中使用；
- 掌握学习技能；
- 说、读、写、理解作为第二语言的英语；
- 寻求和获取知识；
- 培养领导才能和自信心；
- 形成对人及其环境的认识；
- 掌握科学技术技能；
- 对慈善工作以及符合民族文化的文化娱乐活动感兴趣，理解这些工作和活动，并参与其中；
- 照顾自己的健康；
- 获得阅读、背诵和理解《古兰经》选段的意义的技能（穆斯林学生）；
- 加强 Aqidah（对神的信仰）的基础，按宗教规定进行向安拉祈祷的仪式，并时时践行高尚的价值观；
- 爱国；
- 培养才干和创造力；
- 举止得体，践行高尚价值观。

初等学校有两类：国民初等学校和国民型初等学校。国民学校的授课语言是马来语。国民型学校使用华语、泰米尔语作为授课语言，不过马来语是必修科目。在所有学校，英语作为第二语言教授。从一到六年级是自动升级，但也有不断进行的校内评估。评估结果用于考察学生在掌握基本技能方面的进步，并用于规划学校改进策略。初等教育为期六年，但学生可用五到七年时间完成。在初等教育六年级末，学生参加一个共同的公共考试，即初等学校评估考试。马来西亚初等教育的辍学率极低，可忽略不计。

初等学校课程强调读、写、算的基本技能，该课程自 1983 年起分阶段实行。到 1988 年，该课程在初等学校阶段的所有班级全面实施。该课程系参考国家发展规划，根据国家教育目标和国家教育思想制定而成。

《初等学校综合课程》强调读、写、算的掌握、巩固与应用，强调获得复杂技能与知识、就业前技能，以及个性、态度和价值观的发展。《初等学校综合课程》由三个领域组成：沟通、人与环境、自我发展。这些领域又分为六个部分：基本技能，人文与环境，艺术与娱乐，心灵、价值观与态度，生活技能，以及课外活动。

第一个领域，即沟通，由基本技能内容组成，重点强调语言技能（听、说、读、写）和基本数学运算。该领域确定的科目有语言（马来语、英语、华语、泰米尔语）和数学。

第二个领域，即人与环境，由两部分内容组成：第一部分是人文，第二部分是心灵、价值观与态度。人文内容包括自四年级起开设的科学与当地研究，而心灵、价值观与态度这部分内容由两个科目组成：伊斯兰宗教教育（面向穆斯林）和道德教育（面向非穆斯林）。

第三个领域是个人的自我发展。该领域包括：艺术与娱乐，其重点是个人的身体和审美发展；生活技能和课外活动。艺术与娱乐方面的科目有音乐、艺术、健康和体育教育。健康的内容包含在体育之中。生活技能作为学科开设，它包含手工艺、商业和创业精神以及家庭生活等内容。该科目自四年级开始开设。课外活动作为正式教学过程的延伸，可归为童子军、社团、俱乐部和运动会等几类。

《初等学校综合课程》分为两个阶段，每个阶段三年。阶段一（一到三年级）强调读、写和数学的基础。阶段二（四到六年级）注重巩固和运用基本技能以及获取知识。

根据国民和国民型（华语和泰米尔语）学校所教授的科目，每个阶段的时间分配如表5–1和表5–2所示。

表5–1 根据1999年修订的《初等学校综合课程》制定的马来西亚初等教育（国民学校）周课程表

单位：分钟

科目	各科每周时间					
	阶段一			阶段二		
	一年级	二年级	三年级	四年级	五年级	六年级
马来语	450	450	450	300	300	300
英语	240	240	240	210	210	210
数学	210	210	210	210	210	210
科学	—	—	—	120	120	120
伊斯兰教育或道德教育	180	180	180	180	180	180
音乐教育	60	60	60	60	60	60
健康教育	30	30	30	30	30	30
体育	30	30	30	30	30	30
艺术教育	60	60	60	60	60	60
生活技能	—	—	—	60	60	60
当地研究	—	—	—	60	60	60
集会	30	30	30	30	30	30
每周总时间	1290	1290	1290	1350	1350	1350

来源：MOE，2001。每节课通常为30分钟。

注："当地研究"科目围绕三个研究领域组织：家和家庭、社区、学校；地方、地区和州；国家。其目的是使学生能够考察和讨论人与环境之间的互动，以及国家的社会经济发展，为的是灌输对国家成就的认识、自豪感和欣赏，并培养忠诚感和爱国精神。

"生活技能"科目包括下列内容：控制技能、商业和创业精神、家庭生活。

表 5-2　根据 1999 年修订的《初等学校综合课程》制定的马来西亚
初等教育（国民型学校，华语和泰米尔语）周课程表

单位：分钟

科目	各科每周时间					
	阶段一			阶段二		
	一年级	二年级	三年级	四年级	五年级	六年级
马来语	270	270	270	150	150	150
华语或泰米尔语	450	450	450	300	300	300
英语	—	—	—	90	90	90
数学	210	210	210	210	210	210
科学	—	—	—	150	150	150
伊斯兰教育或道德教育*	150	150	150	150	150	150
音乐教育	60	60	60	60	60	60
健康教育	30	30	30	30	30	30
体育	30	30	30	30	30	30
艺术教育	60	60	60	60	60	60
生活技能	—	—	—	60	60	60
当地研究	—	—	—	120	120	120
集会	30	30	30	30	30	30
每周总时间	1290	1290	1290	1440	1440	1440

来源：MOE，2001。每节课通常为 30 分钟。

*在阶段一，面向穆斯林的伊斯兰教育每周时间为 210 分钟。

　　如前所述，2010 年 10 月，马来西亚教育部发布了《关于自 2011 年起在阶段一（一到三年级）实施新的〈初等学校标准课程〉的通知》。此后，国民和国民型学校周课程表如表 5-3 所示。

表5-3　马来西亚初等教育阶段一（一到三年级）根据新的
《2010年初等学校标准课程》制定的周课程表

单位：分钟

模块	各科每周时间		
	国民学校	华语学校	泰米尔语学校
核心模块			
马来语	360	300	300
英语	300	150	150
华语	—	360	—
泰米尔语	—	—	360
数学	180	180	180
伊斯兰教育或道德教育	180	120	120
体育	60	60	60
健康教育	30	30	30
主题模块			
视觉艺术	60	60	60
音乐	30	30	30
科学技术	60	60	60
选修模块			
其他语言（阿拉伯语或其他国语）	90	—	—
集会	30	30	30
每周总时间	1380	1380	1380

来源：2010年10月14日马来西亚教育部通知。

正式评估分两种。一种是初等学校评估考试。这种评估主要在认知层面开展，重点是读、写和数学的基本技能。在初等学校评估考试中评估的科目有：马来语（或华语或泰米尔语）、英语、科学、数学。不过，除这些科目外，马来学生还须经过一个名为 PAPA（Penilaian Asas Fardu Ain）的宗教教育评估，该评估在教学过程中开展。学生的 PAPA 成绩记录在初等学校评估考试成绩单中。

第二种评估被称作 PTS（Penilaian Tahap Satu）或水平一评估。PTS 推出于 1996 年。该评估是一个能力考试，能够选拔出掌握基本知识和技能并且具有较高学习潜力的三年级学生，直接升入五年级。这符合教育政策，教育政策规定，完成初等教育的时间可为五年或七年。在 PTS 中，学生要接受言语技能、数字运算技能以及思考技能等方面的能力和潜力测试。

除这两种评估之外，还有校内评估，或称为 PKBS（Penilaian Kemajuan Berasakan Sekolan）。该评估贯穿于整个学年的教与学过程，目的是评价学生在认知、效能和心理运动等方面的进步。该评估通过观察、口语和写作来开展。PKBS 的结果被教师用于规划关于学生成绩和进一步强化教学过程的活动。

2003 年，公立学校的入读率为 98.4%，普及初等教育已经实现。根据马来西亚全国统计数据，2003 年，全国共有 7504 所初等学校，平均师生比为 1∶17。(MOE，2004)

2000—2005 年，初等教育阶段的毛入学率为 94.5%—96.1%。据统计，2005 年，进入一年级并成功升至六年级的儿童的百分比为 98.1%。(MOE，2008)

据马来西亚教育部统计，2008 年，全国共有 7644 所初等学校（政府办学或政府协助办学），招收学生 3154090 名（其中 48.6% 为女生），有教师 210912 名。(Department of Statistics，2010) 超过 90% 的教师获得认证，100% 的教师达到最低标准。(MOE，2008)

有特殊需求的学生享有在特殊学校和在普通学校综合项目中接受教育的机会。截至 2006 年，全国共有 32 所国立特殊教育学校、两所中等职业学校、1282 个综合特殊教育项目（主流学校中的特殊班），这些项目的招生总数为 29169 名学生。(MOE，2008)

中等教育

中等教育基本上是初等教育的延伸。这一阶段的教育在性质上属普通教育，分为两个阶段：初级阶段（一到三年级）、高级阶段（四年级和五年级）。国民初等学校的毕业生升入一年级，而华语学校和泰米尔语学校的毕业生在过渡班再学习一年，然后升入一年级。如前所述，过渡班旨在使学生达到足够的马来语熟练程度，马来语是中等学校的授课语言。不过，在初等学校评估考试中表现优秀的学生也可直接升入一年级。

中等教育旨在以全面、平衡和综合的方式进一步开发个人潜力，包括智力、精神、情感、体格等方面，以培养出具有崇高道德标准的平衡协调发展的人。为实现这一目标，这一阶段的教育必须使学生能够：

- 提高语言熟练程度，以便进行有效沟通；
- 为获取知识和实现民族团结，提高他们的马来语能力（马来语是官方语言和国语）；
- 培养和提高他们在理性、批判性和创造性思维方面的智力水平；
- 获取知识并发展娴熟技能，并在日常生活中使用；
- 发展技能，以应对新的知识领域和技术发展；
- 为自身和社会的进步，发展自己的能力和才能；
- 树立自信心，练就韧性，以面对生活中的挑战；养成良好举止，践行道德价值观；强化基本的 Aqidah（对神的信仰）；
- 理解、认识并欣赏国家的历史及社会文化背景；
- 认知到个人健康的重要性，并保持健康；
- 关心、欣赏环境及其美学价值，并对二者保持敏感；
- 获得、理解并践行普遍接受的道德价值观；
- 欣赏知识，并不断努力增长知识和发展知识。

所有学生学习一个共同课程，该课程涵盖了马来西亚各主要民族的文化价值观。这是通过实施《中等学校综合课程》而实现的。《中等学校综合课程》坚持如下基本原则：

- 初等学校和中等学校之间的连续性：掌握基本技能（读、写、算），传授基本知识，灌输价值观，这将确保个人的全面发展在中等学校得到进一步发展和加强。
- 面向全体学生的普通教育：在中等教育初级和高级阶段，学生在一个共同的基础教育项目中学习。该项目由所有学生必修的核心科目组成。

●学科科目：先前中等学校课程的科目保留下来，但根据《中等学校综合课程》强调的重点进行重组。

●智力、精神、情感和体格等方面的综合：课程总体上将满足学生在智力、精神、情感和体格等方面的需求。所有科目必须保证这些方面均得到发展并且浑然一体。

●注重价值观：通过贯穿面向穆斯林的伊斯兰宗教教育和面向非穆斯林的道德教育的概念价值观，将被广泛接受的道德价值观包含在所有《中等学校综合课程》科目中，这使灌输这些道德价值观成为可能。

●提高对马来语的使用：在所有课程科目（英语除外）中强化对马来语的运用。

●终身教育：课程必须培养对知识的热爱，并且为掌握学习技能和灌输积极态度提供机会，积极态度将激励学生不断求知。

面向华语学校和泰米尔语学校学生的为期一年的特殊项目有四个主要目标：（1）使学生掌握马来语，从而有足够能力接受中等学校教育；（2）使学生具备用马来语有效沟通的能力；（3）培养学生的公民精神；（4）灌输马来西亚社会的价值观。为实现这些目标，过渡班教授以下科目：马来语、英语、华语、泰米尔语、马来语实际运用、体育和健康教育、艺术教育。

学生完成为期三年的初级中等教育项目，将参加初级中等评估考试。初级中等教育的课程表如表5-4和表5-5所示。

表5-4　根据1999年修订的《初等学校综合课程》制定的马来西亚过渡年
（国民型学校，华语和泰米尔语）周课程表

单位：分钟

科目	各科每周时间
马来语	520
英语	200
华语或泰米尔语	120
马来语实际运用	440

续表

科目	各科每周时间
艺术教育	80
体育	40
健康教育	40
每周总时间	1440

来源：MOE，2001。过渡班面向华语学校和泰米尔语学校的学生，旨在使他们达到足够的马来语熟练度。不过，初等学校评估考试中表现优秀的学生可直接升入一年级。

表 5 – 5　马来西亚初级中等教育周课程表

单位：分钟

科目	各科每周时间		
	一年级	二年级	三年级
马来语	240	240	240
英语	200	200	200
数学	200	200	200
伊斯兰教育*	160	160	160
科学	200	200	200
综合生活技能	160	160	160
地理	120	120	120
历史	120	120	120
体育	40	40	40
健康教育	40	40	40
艺术教育/音乐	80	80	80
每周总时间	1560	1560	1560
附加科目			
华语/泰米尔语	120	120	120
阿拉伯语（沟通）	240	240	240

＊面向穆斯林学生（面向非穆斯林学生的道德教育每周时间为120分钟）。

　　高级中等教育由学术类和技术类学校提供。技术学校提供技术教育、职业教育和技能本位的教育。根据学生在初级中等教育阶段的表现，将其分到这些学校中的一所。该阶段的教育为期两年。虽然这一阶段的教育分为学术类、技术类和职业类，但由于所有这些学校教授同样的核心课程，因此该阶段的教育被视为普通教育。完成该阶段为期两年的教育时，学术类和技术类学生将参加马来西亚教育证书考试，而职业类学生将参加马来西亚教育证书（职业类）考试。

　　高级中等阶段的普通教育课程允许学生根据兴趣和潜力选择科目。初级中等阶段教授的核心科目在高级中等阶段继续开设。核心科目是强制性科目，所有学生必须在三年级（初级中等）和五年级（高级中等）结束时参加这些科目的全国性考试。核心课程包括马来语、英语、科学、数学、伊斯兰宗教教育/道德教育以及历史。对于必修科目而言，学生没有必要参加考试。必修科目包括地理、体育和健康教育、视觉艺术、生活技能、音乐以及公民教育和公民权教育。对于选修科目，学生可以选择任何一种科目组合。科目组合包括纯科学、附加科学、技术、应用艺术、伊斯兰研究、人文、职业研究、语言以及信息通信技术。中等教育阶段提供的科目总计有 100 多门。（UNESCO Bangkok，2009）选修科目的选择要服从某些条件，以确保各选修科目组之间的平衡。另外，学生必须选择职业和技术组中的一个科目。

　　高级中等阶段每周教学总时间平均为 1600 分钟，有 40 节课，每节课 40 分钟。

　　中等后教育项目为期一年，使学生为马来西亚考试委员会举办的马来西亚高级中等学校证书考试（Sijil Tinggi Persekolahn Malaysia）（相当于完成十三年级或中等教育六年级）和某些地方大学举办的入学考试做好准备。

　　技术教育由中等技术学校提供。虽然有雄厚的技术学科与科学学科基础，但技术类学校也为学生提供普通学术教育，目的是使他们有能力在技术领域的高等教育阶段深造或者求职。技术学校的目标有：（1）提供基本的技术教育，使学生能够在理工学院和大学继续接受教育；（2）为有科学技术学科天赋的学生提供这些方面的教育，并培养和保持他们在这些方面的兴趣；（3）提高熟练工人的水平和水准，以满足国家产业需要。

　　与 1992 年在高级中等阶段实施《中等学校综合课程》时的其他学术类学校一样，中等技术学校的所有学生必须学习同样的核心课程。每周授课总时间平均为 28 小时（1680 分钟），有 42 节课，每节课 40 分钟。

　　中等技术学校的职业教育为学生提供就业所需的基本技能。职业教育采用的方法本质上是普通教育的方法，目的是提供基本知识与技能，以便学生在进入职场后适应性强、灵活和可加以培训。职业教育的目标是：（1）为工业和商业部门提供技术型劳动力；（2）提供灵活的、宽基础课程，不止满足工业中的近期需求，还能满足未来的需求和变化；（3）打好技能和知识基础，在此基础上进行后续教育和培训。

　　职业类教育专注于学术类和技术类科目，修完这些科目可获得马来西亚教育证书（职业类），凭此证书，学生可到理工学院和其他高等教育机构学习，也可选择就业。中等技术学校提供的技能培训教育也强调实践性工作，以培养相关产业要求学生具备的行业技能。这类教育能让学生为取得国家职业培训证书做好准备。

　　除了在正规教育体系中向学生提供职业教育和培训（在继续教育的背景下），职业学校还为想在这些领域继续学习技能的马来西亚教育证书持有者提供特殊的非全日制课程。为促进适应就业市场需要的优质职业教育和培训，鼓励私有部门参与职业教育项目，已有若干家公司协助教育部组织培训项目，以使职业知识和技能更接近就业市场实际。鼓励私营企业推出以市场为导向的产业培训项目，提供更大力度的在职培训，鼓励它们加强劳动力市场信息系统。这反过来将使劳动力具有更大的流动性。

　　据统计，2003 年，马来西亚初级中等学校和高级中等学校的入读率（仅统计公立学校）分别为 84.4% 和 73.5%。根据教育部数据，2008 年，马来西亚全国共有 2901 所（政府支持的）学术类学校和 90 所中等技术学校，此外还有原住民委托理事会管理的 40 所初级理科学院。学术类学校的招生总数为 2241654 名学生，技术类学校为 69006 名学生，初级理科学院为 26752 名学生。同年，学术类学校的教师人数为 151303 名，技术类学校为 7713 名，初级理科学院为 2427 名。女生占招生总数的 49.8%。中等教育六年级和当地大学入学考试方面，2008 年，招生总数为 105165 名学生，其中女生占

65.9%。(Department of Statistics，2010）所有中等学校教师中，85.4%具有学位资质，14%具有文凭层次的资质，0.6%为认证的合同制教师或未接受过培训的教师。女性占中等学校教师队伍的将近三分之二（64.8%）。（UNESCO Bangkok，2009）

从各州情况来看，教育部主管的学校的入读率显示出某种明显模式。在某些州，毛入学率高于100%，因为招生人数多于相应年龄组的人数，原因在于人口迁入。快速发展的州，如雪兰莪州和森美兰州，往往吸引来自邻州的大量学生，致使入读率大增。相反，在某些相对不发达的州，入学率较低，原因在于人口迁出以及其他因素，如无法获得资源、缺少父母的支持来继续上学、贫困学生就业的需要以及学校教育的可承受度。在除纳闽直辖区之外的其他各州，女生的入读率均高于男生。（UNESCO Bangkok，2009）

在全国范围内评估学习成果

全国层面的学习成果通过初等教育末的初等学校评估考试来衡量。该考试评估学生四门主要科目的学习成果，这些科目是：马来语、英语、数学和科学。考试的目标是评价初等学校学生以马来语和本族语言（华语或泰米尔语）为媒介的读写技能、科学技能和算术技能。

该考试是常模参照式成绩测试。因此，关于读写的数据不应等同于识字水平，因为没有达到特定年份成绩水平的应试者仍可能识字。

在2000年世界全民教育评估的框架下，该测试的结果被用于衡量1994—1997年三个基本领域（阅读、数学、写作）的学习成绩。公开的数据只涵盖公立学校。1994年，大约95%的六年级学生超过了阅读（理解）成绩的最低水平；1995年，这一比例约为93%；1996年为96%；1997年约为96%。在写作方面，达到最低成绩水平的六年级学生的比例在1994年为78.3%，1995年为78.7%，1996年为80.4%，1997年为81.4%。

六年级学生的数学（算术技能）成绩呈上升趋势。1994年，68.9%的学生表现出色，其成绩高于最低成绩水平。这一成绩在1995年又进一步提高，达到71.9%，1996年达到77.5%，1997年达到77.9%。在科学被纳入全国课程之后，六年级学生的科学成绩在1997年被首次评估。数据显示，1997

年，76.3% 的学生超过了最低水平，1998 年，这一数字为 76.5% 。（MOE，1999）

2000 年，马来西亚教育部制定出优质教育标准的衡量方法，目的是在教育部权限内评估学校和其他学习机构的总体质量管理和表现标准。马来西亚优质教育标准从四个方面对学校进行评估：领导方向、组织管理、教育项目管理、学生成绩。马来西亚优质教育标准还被教育机构用于自我评估。2006 年，超过 6000 所学校向教育部提供了自我评估结果，大约 21% 的学校将自己评定为优秀或突出，46% 的学校将自己评定为有前景，33% 的学校自我评定为一般或薄弱。就学生在初等学校和初级中等学校全国性考试中的成绩而言，至少达到最低标准的学生的百分比在 2000—2005 年有所上升。（MOE，2008）

国际数学与科学趋势研究能在国际范围内比较参与国具有八年上学经历的学生的长期的数学和科学成绩。在 2007 年国际数学与科学趋势研究中，大约 20% 的马来西亚学生没能达到数学与科学的最低标准。相比之下，2003 年，科学科目未达标的学生只有 5%，数学科目没达标的学生只有 7%。马来西亚将参与国际学生评估项目，以确保学生成绩和进步得到客观衡量，并始终与其他国家进行比较。（Economic Planning Unit，2010）

在 2007 年国际数学与科学趋势研究中，马来西亚在数学方面排在第 20 名（2003 年排第 10 名，1999 年排第 16 名），在科学方面排第 21 名（2003 年排第 20 名，1999 年排第 22 名）。

在 2003 年国际数学与科学趋势研究中，5314 名马来西亚学生与其他 46 个国家的学生一起参加了八年级的调查。马来西亚的数学平均分为 508 分，远高于国际平均分（466 分）。而马来西亚的科学平均分为 510 分，也高于国际平均分（473 分）。尽管农村和偏远地区学生的中等教育机会和入读率已经有所改善，但他们的教育成绩比城市学生的低。农村地区学生在英语、数学和科学方面的表现一直很差。（UNESCO Bangkok，2009）

教职人员

1982 年公布的《教师教育思想》确定了教师教育的方向。该文件强调教育和培养具有以下特征的教师的愿景：道德高尚，懂得关怀，知识渊博，技能娴熟，有创造力和创新精神，坚韧，胜任本职工作，具有科学的人生观，致力于坚持国家理想，为本国的文化传统而自豪，为个人发展和维护社会的团结、进步、有序做贡献。

马来西亚教育部的主要关切是提供基本的职前及在职教师培训，以满足所有学校的要求。教师培训学院和大学承担教师教育和培训任务。

马来西亚教育部通过教师教育处直接参与由教师培训学院和大学举办的教师培训项目的规划与协调。它为包括职前类与在职类、文凭层次和证书层次的所有培训项目规划并制定课程及评估方针，以满足学校的当前要求。此外，为提高培训质量，教育部还负责在当地和海外规划和协调正在实施的职员发展项目，这些项目包括部级的和学院级的。教育部负责协调和监督所有部级和学院级教师教育项目，目的是保证有效实施。最后，教育部还与本部门所有单位和其他相关教育机构协调合作，以确保培训和教育体系的连贯性。

教师教育处的主要目标有：（1）培训高水准教师，以满足学前教育、初等教育、中等教育、职业技术教育等国民教育体系内各类教育的要求；（2）不断提升和更新学术和专业领域受训教师和讲师的知识、能力和效率；（3）将教师培训学院发展成为优才中心。

教师培训学院和大学都提供职前培训项目。大学提供两类项目：一个为期一年的研究生教育文凭项目和一个为期四年的综合学士学位项目。与此类似，教师培训学院为希望进入教育领域的大学毕业生提供一个为期三年（六个学期）的教学文凭项目和一个为期一年（两个学期）的研究生教学文凭项目。

为期三年的文凭项目旨在为教师学员提供高质量的教育。其重点是提高培训质量，这包括教学方面的专业能力与信息通信技术知识。培训项目重视校本培训，关注的是综合概念、使用各种媒体，以及反思式思维，目的是在课堂教学与学习方面的理论和实践之间架起桥梁。

教学方面的为期一年的研究生文凭职前项目于 1983 年推出，以满足数学、科学、马来语、英语、伊斯兰研究和技术类科目等领域的研究生教师需求。自那时起，专业领域的数量有所增加。1996 年，根据当时新整合的学校课程开设的专业科目总计有 22 个，开设选修科目总计 21 个。大学提供的教师教育课程在范围上与教师培训学院实施的课程相似。在研究生文凭职前项目课程中，将教学法知识和内容知识与对合作性、协作性学习环境的关注结合起来，是授课体系的一项创新。旨在培养初等学校教师的研究生文凭职前项目课程的另一项新内容是校本经验。校本经验包括为受训者分配任务，这些任务将使他们能够将理论知识运用到学校实际环境中。这能使他们建立对课程教学实践的新认识和新理解，有助于开展有意义的学习。

多年来，马来西亚教育部进行了系统规划，以通过在职培训提高教师的专业能力。在职培训的最终目标是每位教师都将在任教五年之后接受再培训，以满足新要求，使自己在当前知识和教学技术方面跟上时代。教育部为学校教师举办各种研讨班、讨论会以及关于新课程的内部培训项目。

被要求教授自己没有受过足够训练的科目的教师可以攻读教学方面的一年制在职文凭。这一教育项目开设的科目专业有 20 个，包括数学、科学、马来语、马来文学、伊斯兰研究、阿拉伯语、生活技能、特殊教育、体育和健康教育、资源中心管理、工程技术、商业和会计、家政、指导和咨询、信息技术、音乐、艺术教育、教育技术、英语（作为第二语言）、华语研究。该项目由当地大学认证，成绩优秀的学员可将学分转移到当地大学同一科目领域的特定学位项目的二年级。

为期 14 周的职业发展课程是为提高和更新初等学校和中等学校教师专业技能和知识而定制的课程。该项目提供 20 种专业化课程，教师可以从中选修。

目前对优质教育的强调，要求教师队伍具有实施课程的能力。传授知识需要从专业技术到教学的创造性艺术的一整套知识、技能和态度。为提高教师培训的质量，教师教育处主要运用了以下策略：

●提升教师教育人员的准入资格。鼓励具有基本学位并且满足年龄标准的现有人员申请当地或海外硕士和博士项目奖学金。教师教育处与当地和国外大学合作，开设提升教师培训人员素质的项目。

●研究和开发。教育研究已被定为学院文化的一部分。不过，由于工作量大，并且缺乏实用研究知识，人们对教育研究的反应不一。鼓励大学和教师教育人员从教学法、管理和评估的学术视角积极研究自己的教学。

●课程支持项目。这些项目对课程的有效实施是必要的。为实施和开展课程，教师教育者需要有教学和学习资源，并掌握各种策略。一部分已经实施的项目包括英语项目、科学项目和数学项目，这是为了在反思式和基于过程的方法的基础上改进课程实施体系。鉴于科学和数学受到重视，教师教育处还设立了一个相似的课程支持计划，以根据科学和数学教师培训大纲编写教学和学习材料。

●为管理者和校长开设的管理课程。教育部为管理者和校长开设课程，以提高其领导能力和管理技能，这样他们就能有效地领导各自的机构或学校。"优秀学校和优秀校长"的制度化为激发创造性与卓越表现提供了动力。

●宣传教师的成就。所有全国性报纸都设有一个每周专栏，关注学校或教育机构的成绩和提议。这有助于促进教育中的优秀表现，并且构成支持教师并提升他们专业方面的名声和自我价值的一个基本要素。

自2004年起，马来西亚教育部启动了一个项目，旨在通过在初等学校安排研究生教师来提高初等教育质量。同时也鼓励初等学校教师通过当地和国外大学的远程教育和在职课程提升他们的教学资质，这些远程教育和在职课程属于教育部不断进行的职业发展项目。

此外，马来西亚教育部还提出了教学学校的概念。根据这个概念，将在教师培训学院的校园内建立一所学校，在此，教师学员可以开展他们的实际教学活动。在空间有限的地方，学院可能会选择接管附近学校的一个班。目标是确保教师教育接触课堂实际，并与学校分享好的做法。教师培训课程还将信息技术列为一项核心内容。重点是在教与学过程中使用信息通信技术。教师培训学院已要求将教师学员制作和评估多媒体教学材料作为课程作业的一部分。

优秀教师应得到适当认可，与这一需要相一致，教育部已设立多种奖项，如为教师和教师教育者颁发的优秀教师奖，以及为学校和教师培训学院的优秀校长颁发的类似奖项。教育部对教英语、科学、数学和技术科目的教师还给予关键科目津贴。在偏远地区任教的教师将得到艰苦津贴。多个区已经建立了教师活动中心和资源中心，这些中心的图书和设备配备良好，为教师编写基于环境的材料提供便利。它们还为课程和研讨会等教师职业发展活动开辟了场地。截至2004年，所有教师培训学校均已与处于不利地位的学校建立了合作项目，以改进教学与学习。

过去，选拔教师培训学院职前项目考生主要依据三个标准：（1）中等教育末考试成绩；（2）笔试资格认证考试、马来西亚教师选拔考试或教师个性总结的成绩；（3）面试表现。达到高中毕业考试要求的考生接着参加教师个性总结或马来西亚教师选拔考试，合格考生将参加面试。不过，当地公立大学教师培训项目的录取只取决于高中毕业考试的成绩。自2007年起，高等教育部对长期被教育部下属教师培训学院采用的涉及所有三个标准的共同程序，按照高等教育部的要求做了整合，作为教师选拔标准化的一种方式。这是为了保证只有那些达到要求并且有兴趣、有倾向当老师的人才被选中参加教师培训项目。此外，初等学校教师的职前培训已委托给教师培训学院，而中等学校教师的职前培训目前是大学专有的责任。将中等教师培训移交给大学，保证了毕业生在教育理论方面有牢固的基础，并且他们所接受的培训与其他大学毕业生相当。（UNESCO Bangkok，2009）

在2007年推出的新体系中，教师培训项目的质量和实用性也倍受重视。在职前培训期间，每位未来的教师都要接受两个科目领域的培训。典型的项目包括80%的科目具体内容、20%的教育相关课程，再加上实习期（实习课）。英语是教师培训项目中的一项核心内容，对每位受训者来说都是必修科目。民族关系、伊斯兰文明和亚洲文明、语言和算术知识等基本技能和一般技能在所有科目专业都是必修的。创新和批判性思维内容得到强调并包含在这些内容中。

经历2007年的调整之后，教师职前教育项目的主要类别包括：

●教育学士学位/教育综合学士学位。这是在公立大学中开展的主要的四年制项目，这些大学为中等学校培养教师。还有由教师培训学院或机构颁发的学士学位，这些学院或机构为初等学校培养教师。

●研究生文凭。这个为期一年的全日制项目（包括一门规定的实习课）培养具有专门领域学位的受训者，使他们能够在初等或中等学校任教。引进之初，该项目是为了培养教师，满足因过去几十年中等教育规模迅速扩大而产生的迫切需求。该项目是一个为期 38 周的课程，其目标是培养受训人员在中小学教学方面的教学法技能和知识。

●校园在职培训。校园在职培训是一个特殊的学徒项目，涉及专门领域中的毕业生，他们被临时聘用，以填补学校中的职位空缺，并接受与学校有合作关系的教师培训学院或机构的在职培训。受训者完成该项目后即可被聘为经过永久认证的教师。该项目优先照顾在其家乡特别是偏远地区和农村地区任教的暂时未经认证的教师，以克服这些地区缺少合格教师的困境。（UNESCO Bangkok，2009）

完成一个培训项目之后，能否被聘为长期教师取决于考生的学习成绩以及他们在面试中的表现，面试由教育服务委员会举行。过去，教师培训项目的几乎所有毕业生毕业后都能被聘为教师。因此，教学依然是非常稳定的工作，对年轻毕业生来说是一个有吸引力的选择。不过，为保持高标准，自2007 年开始，只有那些受教育部资助并且累积性学分绩点（GPA）高于或等于 2.75 的，才能在毕业时被聘用并安排上岗。GPA 低于 2.75 的须参加另一个资格考试（教师个性总结），然后参加面试，符合这两项要求，才能被安排上岗。

在学术资质和职业资质方面，中等教育教师的质量已有显著改善。目标是到 2010 年，所有中等学校的教师均拥有教学方面的至少一个学士学位资格。这个目标容易实现，因为目前中等学校教师的供应仅来自于教育学士和教育研究生文凭项目。

马来西亚目前正在开设重要的资质提升课程。为没有学位的教师设计了专门的学士学位课程，而硕士和博士学位课程针对的是毕业生。除这两个渠道之外，没有学位的教师还可以申请大学开设的师范类学士学位项目。教育部还为教师提供带薪休假的奖学金，让他们在研究生层次继续学习，不管是在国内还是在国外。此举目的是提高教师在特定科目领域的教学与学习方面的知识和技能。可持续职业发展和在职培训是保持教师素质行动的基本内容。国家每年都会给在职培训分配一笔可观的教育经常性经费，并且这笔经费的数额在逐年增长。在职培训有两类，分别是资质提升课程和知识技能提高短期课程，后者为期不到一年。新工资制度要求每位教师每年参加至少七天的在职培训。面向教师的知识和技能提高课程通过一系列短期在职课程、研讨班和研讨会开展。在职课程在学校、地区、州和国家等层面开展，由不同级别的教育办公室、处、司和教育部的机构负责组织。国家鼓励学校根据需求开展涵盖一系列领域的内部职员发展项目。课程开发中心/处开展与课程调整相关的课程。其中一些课程在全国开展，而另一些课程在州和地区层面开展。对涉及课程调整和新项目的教师来说，在职课程为必修。（UNESCO Bangkok，2009）。

教师的起薪取决于教师是否持有学位或文凭。持有学位的教师的工资比持有文凭的教师的工资高得多。尽管教师工资多年来一直在增长，但依然低于其他若干公共服务领域的工资，如医疗、工程和普通行政（管理）领域。尽管教学行业与其他领域的工资有差距，但教学对公众来说依然是一种有吸引力的职业。这从每年申请教师教育项目的人数众多以及教师的人员流失率低这两个现状就可以明显看出。（UNESCO Bangkok，2009）

参考资料

Department of Statistics Malaysia. *Statistical yearbook* 2009. Kuala Lumpur，2010.

Economic Planning Unit. Prime Minister's Department. *Tenth Malaysia plan* 2011—2015. Kuala Lumpur，2010.

Khair Mohamad Yusof. *Basic education curriculum revisited：A look at the current content and reform in Malaysia.* Presented at the SEAMEO-RETRAC Eleventh

Governing Board Meeting and Conference, Institut Aminuddin Baki Malaysia, 27 – 30 August 2008.

Ministry of Education. *The development of education*: *National report of Malaysia*. Presented at the 44th session of the International Conference on Education, Geneva, 1994.

Ministry of Education. *Strengthening the role of teachers in a changing world*. Presented at the 45th session of the International Conference on Education, Geneva, 1996.

Ministry of Education. *Education for all* 2000 *assessment*: *Report of Malaysia*. (Under the co-ordination of Sahara Ahmad). Kuala Lumpur, 1999.

Ministry of Education. *The development of education*: *National report of Malaysia*. Presented at the 46th session of the International Conference on Education, Geneva, 2001.

Ministry of Education. *The development of education*: *National report of Malaysia*. Presented at the 47th session of the International Conference on Education, Geneva, 2004.

Ministry of Education. *Education for all mid-decade assessment report* 2000—2007. Reaching the unreached. Kuala Lumpur, September 2008.

Ministry of Education. *The development of education*: *National report of Malaysia*. Presented at the 48th session of the International Conference on Education, Geneva, 2008.

Ministry of Education. Curriculum Development Centre. *Early childhood care and education policy implementation review* 2007. Kuala Lumpur, January 2008.

Ministry of Education. Educational Planning and Research Division. *Education in Malaysia*. Kuala Lumpur, 1990.

Ministry of Education. External Affairs Division. *Development of education* 1989—1990. *Malaysian country paper*. Presented at the 42nd session of the International Conference on Education, Geneva, 1990.

Ministry of Education. External Affairs Division. *Development of education*

1991—1992. *Malaysian country paper*. Presented at the 43rd session of the International Conference on Education, Geneva, 1992.

UNESCO Bangkok. *Towards providing quality secondary education*: *Training and retaining quality teachers in Malaysia*. Secondary Teacher Policy Research, Bangkok, 2009.

网络资源

马来西亚考试委员会：http：//www. mpm. edu. my

马来西亚认证局：http：//www. mqa. gov. my

马来西亚教育部：http：//www. moe. gov. my

马来西亚高等教育部：http：//www. mohe. gov. my

马来西亚人力资源部：http：//www. mohr. gov. my

马来西亚妇女、家庭和社区发展部：http：//www. kpwkm. gov. my

更新的链接，请参考联合国教科文组织国际教育局网页：

http：//www. ibe. unesco. org/links. htm

缅甸教育体制及现状

教育的原则与总体目标

教育是人类的一项基本需求，是生活质量不可缺少的要素，是道德价值观和社会价值观的支柱，是提高经济生产力的手段。缅甸教育的社会目标非常宏大，包括让学生：针对各种制度和社会问题，培养解决问题的能力和创造性意识；增进民族团结，消除歧视；学会与他人合作；培养自立精神。政府教育政策的目标是打造一个能够造就有能力面对知识时代挑战的学习型社会的教育体系。(Ministry of Education，2007)

国家有关部门确定了政治、经济、社会方面的 16 个目标，作为所有政策决策的依据。国家的四个社会目标是：提升国家的精神面貌和道德标准；提升国家的声望和凝聚力，保护和保持文化遗产和国民性格；提升爱国主义的精神动力；提升国家的卫生、健康和教育标准。主要教育目标包括：

- 使每个人都能接受基础教育；
- 将教育建立在提升道德标准的基础上；
- 发展国家建设所需要的知识，包括科学技术知识；
- 培养有实用知识，忠于国家，愿为国家建设做贡献的技术人员、熟练工人和精通专业的知识分子；
- 培训公民，使他们全面发展；
- 让所有勤奋好学、有知识能力和才干的人接受大学教育。

根据《基础教育法》（1973 年），基础教育的主要目标是：

• 使缅甸联邦的每位公民都能成为受过基础教育、身心健康、道德高尚的体力劳动者或脑力劳动者；

• 为职业教育打下基础，以造福缅甸联邦；

• 重视能加强和发展生产力的理科教学；

• 重视能保护和弘扬国家文化、美术和文学的文科教学；

• 为公民接受大学教育打下坚实稳固的教育基础。

有关教育的法律和其他基本法规

《基础教育法》于 1973 年制定，1989 年修订；《大学教育法》于 1973 年制定，1998 年修订；《技术教育、农业教育与职业教育法》于 1974 年制定，1989 年修订。

《儿童法》制定于 1993 年 7 月，目的是实现《儿童权利公约》中公认的儿童权利。第 20 条规定：（1）每个儿童均应有机会接受教育，有权在国立学校接受免费基础教育（小学阶段）；（2）教育部应制定实施免费义务初等教育体系的目标，出台并实施必要措施，保证学校出勤率并减少辍学率，并做好安排，使因各种原因无法到国立学校上学的儿童也能识字。第 21 条规定，每位儿童均有权保持本民族宝贵的语言、文学、文化，有权信仰本民族的宗教，遵循本民族的传统和习俗。第 22 条规定，每位儿童均有权接触有助于其全面发展的文学，有权获取知识。第 18 条规定，精神或身体有障碍的儿童有权在由社会福利部或志愿社会工作者或非政府组织创办的特殊学校接受基础教育（小学阶段）或职业教育，有权享受国家特殊照顾和援助。

原则上，义务教育涵盖基础教育的前五年（一到五年级）。1974 年《宪法》第 152 条规定，每位公民均享有接受教育的权利，并应享有接受国家法律规定的义务基础教育的权利。2008 年《宪法》第 366 条规定，根据联邦教育政策，每位公民均：（1）享有接受教育的权利；（2）享有接受联邦法律规定的义务基础教育的权利；（3）享有开展科学研究以探索科学、开展创造性工作、从事写作以发展文艺，以及在其他文化领域自由开展研究的权利。

教育系统的行政与管理

根据2008年《宪法》，在行政区划上，缅甸分为21个一级行政区，包括七个邦（钦邦、克钦邦、克耶邦、克伦邦、孟邦、若开邦、掸邦）、七个省（伊洛瓦底省、勃固省、马圭省、曼德勒省、实皆省、德林达依省、仰光省）、六个自治区和一个自治省。一级行政区又划分为区，区进一步划分成镇、乡（组织成镇或乡镇）和村域（村组）。大多数人口生活在中部省份，少数人生活在边远的邦。全国共有130多个民族。主要民族有缅族、钦族、克钦族、克耶族、克伦族、孟族、若开族、掸族。根据1983年人口普查，缅族人占总人口的69%。官方语言是缅甸语。国家鼓励各民族在其社会内部使用自己的语言。在非正规教育中，也鼓励使用当地语言，这类非正规教育与政府、非政府组织及国际组织举办的项目有关。一些非正规教育手册和宣传册也用当地语言出版。

教育政策由位于仰光的教育部统一制定。缅甸教育部的主要司包括：基础教育一司、二司、三司，教育规划与培训司（主要负责短期和长期规划以及在教育学院培训小学和初中教师），下缅甸高等教育司，上缅甸高等教育司，缅甸教育委员会，缅甸教育研究局，以及缅甸语言委员会。

基础教育政策的实施由缅甸教育部的两个司级办事处负责，这两个办事处一个在曼德勒（负责上缅甸），一个在仰光（负责下缅甸）。此外还有一个办事处负责仰光市的学校。这三个司级办事处以及教育规划与培训司根据基础教育委员会的指示，管理基础教育。基础教育委员会包括基础教育课程、大纲和教科书委员会以及教师教育监督委员会。全民教育活动的费用由教育部和其他负责教育的部承担，这些部包括宗教事务司（负责僧侣学校）、社会福利司、边区发展与全国民族发展事务部。在为具体边区提供教育方面，全国民族发展事务部有独立预算，提供的教育涉及以下领域：教育、卫生、农业、畜牧、交通与通信以及社会事务。传统上，社区也为教育做出强有力的贡献，这体现在社区为学校建设、管理和设施提供支持，在某些地区，社区还为教师提供住宿。

家长—教师协会和学校理事会在教育筹资方面发挥着很大作用。所有政府办学的学校均须设立家长—教师协会，其成员包括校长、教师代表、由社区大多数家长选出的家长代表。因为学生要缴纳家长—教师协会年费，所以家长—教师协会是公立学校的经常性资金提供者。个人自愿捐助以及通过重大活动筹措的资金也是学校收入的来源。1998 年以后，各校成立了学校理事会，学校理事会的出现在一定程度上减轻了家长—教师协会的筹资压力（筹措的资金用于建设新楼和其他设施、学校日常运作、教师住宿、发放年度奖和召开各种会议，以及用于课外活动，如运动会、艺术展、写作比赛）。

教育部成立了特别协调委员会（如执行委员会）主管教育决策，成员包括总干事和各司司长，另外还有教育部部长和两位副部长。该委员会的决定由各司级有关人员执行。

尽管另有至少 12 个部开办中等后和高等教育机构，但教育部也负责监管高等教育。高等教育学术和行政政策事务由两个委员会管理，教育部部长任这两个委员会的主席。中央大学委员会负责大政方针和高等教育机构的工作协调，大学学术团体委员会负责贯彻学术规范和协调学术工作。

幼儿早期保育与教育和特殊教育由社会福利、救济和搬迁部下属的社会福利司管理。教育部管辖的小学也提供学前教育。公办职业技术教育与培训主要由科学技术部技术与职业教育司承担，在技术与职业教育委员会制定的政策框架内开展。

缅甸联邦教育委员会成立于 1991 年，目标是建立与政治、经济和社会背景相适应的教育体系，帮助坚持缅甸的文化特色，并为国家发展做贡献。该委员会的主要职能有：在制定教育法方面为政府提供建议，这些教育法将为联邦的形式统一、民族团结和国家主权提供支持；在采纳教育政策方面为政府提供建议，这些政策需符合社会、经济和政治制度；为实施教育项目提供指导，这些项目旨在促进缅甸人民的知识和技术进步；如有需要，在审核和修订教育计划方面为政府提供建议；为缅甸与在教育领域实施项目的国际发展机构和教育组织合作提供指导。

教育系统的结构与组织

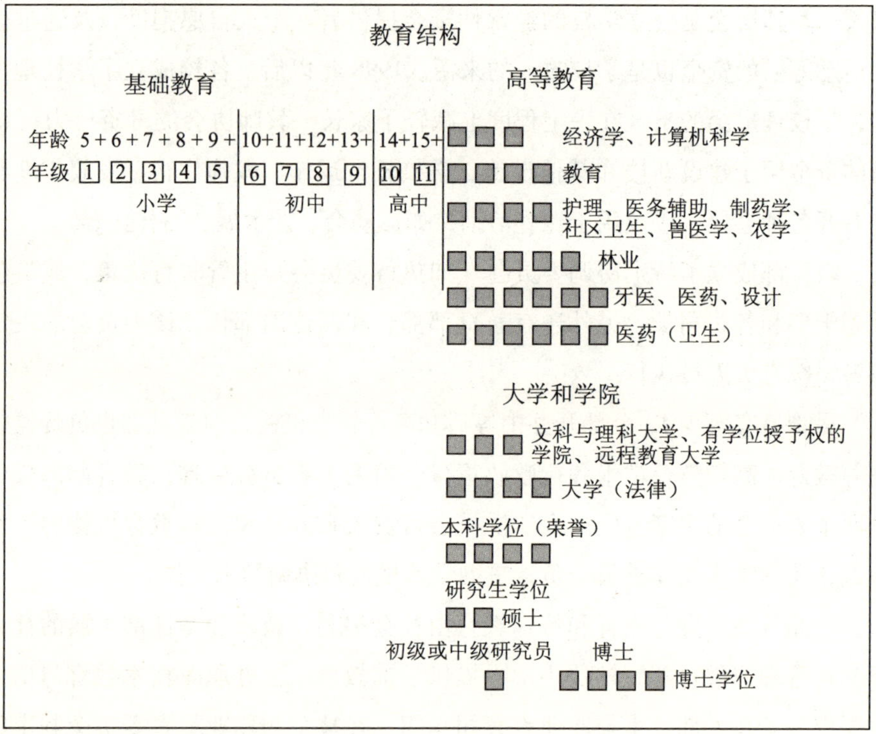

教育结构

基础教育   高等教育

年龄 5＋6＋7＋8＋9＋10＋11＋12＋13＋14＋15＋ □ □ □ 经济学、计算机科学
年级 ①②③④⑤ ⑥⑦⑧⑨ ⑩⑪ □ □ □ □ 教育
　　　小学　　初中　　高中　　　□ □ □ □ 护理、医务辅助、制药学、
　　　　　　　　　　　　　　　　　　　　　　社区卫生、兽医学、农学
　　　　　　　　　　　　　□ □ □ □ 林业
　　　　　　　　　　□ □ □ □ □ 牙医、医药、设计
　　　　　　□ □ □ □ □ □ 医药（卫生）

　　　　　　　　　　大学和学院

□ □ □ 文科与理科大学、有学位授予权的
　　　　学院、远程教育大学
□ □ □ □ 大学（法律）
本科学位（荣誉）
□ □ □ □
研究生学位
□ □ 硕士
初级或中级研究员　　　博士
□　　　　□ □ □ □ 博士学位

图 6-1　缅甸教育系统的结构（2007 年）

学前教育

　　幼儿早期保育与教育是指从身体、交际、心理、精神方面养育 5 岁以下儿童。它既指学前项目（面向 3—5 岁儿童），也指面向 3 岁以下儿童的多样化儿童养育项目和日托项目。幼儿早期保育与教育项目包括基于中心、社区、家庭的"妈妈圈"和育儿教育，以及综合幼儿早期保育与教育活动。幼儿早期保育与教育不属于义务教育。

初等教育

初等教育是基础教育的第一阶段，原则上是义务教育。初等教育为期五年，包括入学年（幼儿园或一年级）；初等教育分为低年级阶段（一到三年级）和高年级阶段（四到五年级）。入学年龄为满5周岁，很多儿童上一年级时年龄在6岁以上。初等教育结束时，学生要参加考试。

中等教育

中等教育是基础教育的第二阶段，其自身又分两个阶段：初级中等教育或初中，为期四年（六到九年级），高级中等教育或高中（十到十一年级）。完成初级中等教育时，学生参加基础教育初中考试。基础教育项目结束的标志是基础教育高中考试（大学入学考试）。技术和职业教育由农业学院和高中、技术类高中、职业和贸易学校提供。

高等教育

高等和大学教育的对象是完成基础教育并通过入学考试的学生。高等教育机构包括大学、技术学校和学院，它们由若干部门监管（主要是教育部、卫生部、科技部）。高级中等学校（高中）毕业生可升入技术学校，在为期两年的项目中学习，毕业颁发政府技术学校专科文凭；技术学院和大学提供为期两年的项目，期满颁发政府技术学校专科文凭；技术学院和大学还提供为期四年的项目，期满颁发技术学士学位，提供为期五年的项目，期满颁发工程学士学位。高等教育机构还提供一系列短期培训课程，为期三到九个月不等，期满颁发证书。在大学层次，学士学位课程通常需三年完成（法学专业需四年，医学和外科学士学位需六年）；学士荣誉学位在完成一年的附加学习期后颁发。研究生文凭需再学习一或两年，而期满授予硕士学位的项目通常为期两年。期满授予博士学位的项目需至少四年的学习和研究。

基础教育阶段每学年有36周，分两个学期。大学阶段，标准校历分两个学期，每学期通常有14周授课，两周考试。

教育过程

修订版初等学校课程于 1998 年推出，为的是响应儿童需要，即课程更加平衡，而非只重视学术科目。在监督和评估课程实施及其对儿童发展的影响方面，校长和教师肩负着重要任务。根据 1998 年修订的课程，小学低年级阶段的生活技能、自然科学、道德和公民教育，以及小学高年级阶段的社会、基础科学被列为核心课程。这一修订顺应全球化背景下快速变化的社会，更能反映其要求。

类似地，同时推出的新评估方案重视综合个人记录与章末测试，以避免期末考试的负担，使教育更加有利于学生各方面素质的全面发展。在小学阶段，生活技能是必修课，该课程于 1998 年被列为一门独立的核心课程；生活技能在中学也是必修课，于 2001 年被列为一项独立的联课活动。与年龄相适合的生活技能课程涵盖个人健康与卫生、营养、身体生长与发育、生殖健康、心理健康、可预防疾病、酒精和药物使用或滥用，以及环境健康与环境卫生。社会技能已被融入课堂教学中，包括决策、沟通技能、人际关系、同情、批判性与创造性思维、处理感情与压力、培养自尊与自我表达能力等。小学低年级、小学高年级以及中学课程的内容、教学与学习方法、时间都已经过研究确定。生活技能旨在培养知识、态度、技能，它们能使儿童运用心理社会能力和人际技能，做出非正式决定，进行有效沟通，并养成安全行为习惯。

缅甸教育部在初中阶段开设了诸如工业艺术、农业、家政和美术等职业科目，目的是使学生全面发展。教育部在小学和初中阶段开设了关于这些科目的教师培训课程。道德与公民教育目前包含人权教育，人权教育于 2004—2005 学年起在初中阶段和十年级开展。

学前教育

幼儿早期保育与教育和学前教育归社会福利、救济和搬迁部社会福利司管理。如前所述，幼儿早期保育与教育是指从身体、交际、心理、精神方面养育 5 岁以下儿童。它既指学前项目（面向 3—5 岁儿童），也指面向 3 岁以下儿童的多样化儿童养育项目和日托项目。所有 5 岁以下儿童都是幼儿早期保育与教育的对象，但重点对象是最弱势的儿童群体——贫穷儿童、来自偏远边区和山区的儿童、残疾儿童、来自流动家庭的儿童、孤儿。幼儿早期保育与教育项目的类型包括在中心、社区、家庭开展的"妈妈圈"和育儿教育，以及综合幼儿早期保育与教育活动。在 2003—2015 年全民教育国家行动计划中，幼儿早期保育与教育方面的重大行动包括：为幼儿早期保育与教育制定一个政策框架和主张；通过信息、教育和沟通，有效提升幼儿早期保育与教育意识；扩大基于家庭的幼儿早期保育与教育，包括"妈妈圈"，并提供技术服务，包括育儿教育；通过提供培训并帮助协调筹资和物质支持，为建立高质量幼儿早期保育与教育中心提供支持；依靠家长的积极支持，创建一个幼儿早期保育与教育数据库和一个多部门网络；为参与学前教育和幼儿早期保育与教育服务发展的政府部门提供更多预算拨款。

学前学校和日托中心注册办法制定于 2004 年，于 2006 年审核，然后提交上级机关。2006 年，教育规划与培训司与联合国儿童基金会合作，在 61个重点乡镇中的 13 个开展了幼儿早期保育与教育成绩和影响监测与评估，自2001 年起，就有项目在这些乡镇开展。为评估学前学校中幼儿早期保育与教育项目的表现，社会福利司也于 2006 年在仰光的 30 所学前学校开展了一项实地研究。其他的效果评估已由"救助儿童会"（Save the Children）开展。

幼儿早期保育与教育的方法是整体式和以儿童为中心。许多中心并非将重点放在阅读和写作上，这两项学习内容可能不适合年龄很小的儿童，更多中心给予儿童玩耍的机会，这种玩耍能促进儿童的身体、交际和认知发展。社会福利、救济和搬迁部与相关的部和司、联合国儿童基金会、非政府组织合作，为学前学校和日托中心制定了课程，并为 3 岁以下儿童的保育工作编写了教师手册和指南。这些指导原则于 2006 年得到审核，2007 年通过。学前中心的招收对象是 3—5 岁儿童。在这些中心里，儿童一般按年龄分组，即3—4 岁年龄组、4—5 岁年龄组。中心将注意力放在以下方面：儿童身体发育、基本语言技能培养、基本算术技能习得、良好操行和敬老能力的养成、自律习惯养成、自立精神和敬业精神的培养、小组和集体工作习惯的养成、责任感培养、创造能力培养、对自然环境和人民的爱的养成。在幼儿早期保育与教育中，课程中的不一致性依然存在，为保证质量，需要与利益攸关者沟通协商，将课程标准化。同时，附属于基础教育学校的社区幼儿早期保育与教育和学前班仍然缺乏训练有素的教师。成为学前教师的最低资格是九年级毕业（完成中学教育），但边区例外。

对多数儿童及其家庭来说，从学前班或家里顺利转入小学非常重要。对于母语不是缅甸语的儿童来说，这尤其具有挑战性。据统计，这类儿童占缅甸儿童总数的30%。全民教育国家行动计划建议，制定具体方法，应对年幼儿童开始学缅甸语的状况。为解决这一问题，教育部已经设计了一个特殊过渡课程，并在选定的小学试点。该过渡课程由幼儿早期保育与教育技术人员、培训者、小学阶段课程建设委员会、来自部分教育学院的教师教育者制定，在现有课程的基础上，通过积极的参与性方法，在小学前八周实施。根据幼儿早期保育与教育学习方法，在学前学校，儿童将他们的本族语言作为第一语言学习，然后学习官方语言（缅甸语）。目前已建立的双语学前学校大约有2300所。

在惠及重点目标群体、缩小城乡差距方面，"妈妈圈"是一项关键的幼儿早期保育与教育创新发展战略，它代表一种混合模式，在此模式中，位于学校的学前幼儿中心充当基于家庭的零散项目的核心支持。"妈妈圈"出现于2000年，最初，它们在仰光的五个处于劣势的城市外围乡镇创办，它们的创办是通过教育规划与培训司的网络计划，并通过与Pyinna Tazaung①以及联合国儿童基金会的合作实现。截至2004年，"妈妈圈"数量已达960个，参加"妈妈圈"的3岁以下儿童人数达9600名。截至2006年，"妈妈圈"数量达1408个，参加"妈妈圈"的儿童达14000名。"妈妈圈"的时间表更为灵活，根据妈妈们和领头人最方便的时间而定。多数"妈妈圈"每天开三小时，每周开五天，全年开放，包含一顿营养餐、小点心和维生素餐。与在学前班一样，儿童也是每六个月驱一次虫，每月测一次体重。每个"妈妈圈"都配有基本的厨具与餐具以及一些玩具。一些支持团体也帮助制作玩具。除"妈妈圈"领头人以外，每10个"妈妈圈"有三个协助人。他们通过帮忙负

---

① Pyinna Tazaung 是缅甸成立时间最长、最有影响力的非政府组织。

责后勤、领孩子到"妈妈圈"以及进行育儿教育，来辅助领头人。

2006—2007 学年，缅甸教育部管辖的共计 1773 所学校开设了学前班，招收学生 36595 名。教育规划与培训司、社会福利司和非政府组织也开办了位于社区的学前学校和日托中心；2007 年，位于社区的学前学校共有 1656 所，就读的儿童超过 62400 名。通过讨论育儿、疟疾预防、艾滋病教育以及 5 岁以下幼儿的保育等方面的项目，村和乡逐步开展了育儿教育。非政府组织也参与了幼儿早期保育与教育项目的实施。截至 2006 年，非政府组织建立了 2800 所学前学校，为 100000 名儿童提供服务；建立了大约 1400 个"妈妈圈"，为 14000 多名 3 岁以下儿童提供服务。这些机构为无法到政府开办的学前学校就读的儿童提供帮助，并在创收、育儿教育、增强意识、儿童保健和营养援助方面为家长们提供帮助。社会福利司还在位于仰光、曼德勒、景栋、敏布、毛淡棉的六个寄宿幼儿园向 5 岁以下孤儿、弃儿和贫穷儿童提供救助。

在基础和高级幼儿早期保育与教育课程中接受培训的教师、校长和保育人员数量不断增长，他们参加的课程包括为身患残疾的特殊目标儿童群体和孤儿提供保育的培训。2004—2006 年，开设课程总计 265 种，参加培训的人员有 8951 名，提供这些课程的有教育规划与培训司、社会福利司（包括社会福利培训学校、国家和省级社会福利办公室）、缅甸教育研究局以及非政府组织。即便如此，2006 年，在政府和非政府组织开办的学前学校工作的教师中，经过训练的教师总体比例为 56.2%。

根据 2003 年多指标聚类调查（依据各邦和各省数据），幼儿早期保育与教育入学率已达到 16.9%，这意味着缅甸在 2005 年之前超过了全民教育的目标。教育管理信息系统数据显示，缅甸接受学前教育的儿童数量从 2004 年的 142438 人增加到 2006 年的 256357 人，不包括中心之外的各种项目。根据教育管理信息系统数据，1205257 名一年级新生中有 128901 名具有幼儿早期保育与教育经历，占新生总数的 10.7%。2004 年，由政府开办的学前学校共有 967 所，由非政府组织和私人组织开办的中心共计 3483 个。截至 2006 年，这些数字几乎翻倍，政府开办的学前学校达 1876 所，非政府组织和私人组织开办的学前学校达 5652 所。在各邦和各省中，仰光、伊洛瓦底、勃固和曼德勒等省学前学校数量众多。2006 年在学前学校上学的 256357 名儿童中，共有女生 127170 名（占 49.6%）。2006 年的一份监测和评估报告显示，社会福利司学前学校的平均生师比为 15∶1。班级规模平均为 30 人，在例外情况下，一个班最多允许有 35 名儿童。社会福利司为每个班指派两名教师。2006 年社会福利司对 30 所位于仰光的学前学校进行评估之后，该部认可的免费学前学校接受省级社会福利办公室的监督，以保证它们遵守社会福利司的规定。不同地区的学前教育入学率差异非常大，克钦邦高达 32%，克伦邦低至 3%。与此同时，根据多指标聚类调查数据，最富裕家庭儿童的入学率是最弱势家庭儿童的近五倍。（Ministry of Education，2007）

初等教育

初等教育是基础教育的第一阶段，原则上是义务教育。初等教育分为两个阶段：低年级阶段（幼儿园/一年级到三年级）和高年级阶段（四到五年级）。

如前所述，根据《基础教育法》（1973 年颁布），基础教育的主要目标是：

- 使缅甸联邦的每位公民都能成为受过基础教育、身心健康、道德高尚的体力劳动者或脑力劳动者；
- 为职业教育打下基础，以造福缅甸联邦；
- 重视能加强和发展生产力的理科教学；
- 重视能保护和弘扬国家文化、美术和文学的文科教学；
- 为公民接受大学教育打下坚实稳固的教育基础。

在基础教育课程中，缅甸语、英语和数学是核心课程。在小学低年级阶段，通识学习包括社会研究和自然研究。在高年级阶段，1998—1999 学年开始开设基础科学和社会课（包括地理、历史、道德与公民教育、生活技能）。

初等教育周课程表（20 世纪 90 年代末）如表 6-1 所示。

表 6 – 1　缅甸初等教育周课程表（20 世纪 90 年代末）

单位：课时

科目	各年级每周课时数				
	小学低年级			小学高年级	
	幼儿园/一年级	二年级	三年级	四年级	五年级
缅甸语	11	11	11	8	8
英语	4	4	4	6	6
数学	7	7	7	7	7
一般科学	9	9	9	—	—
基础科学	—	—	—	4	4
社会	—	—	—	8	8
审美教育	3	3	3	3	3
体育	4	4	4	3	3
校内活动	2	2	2	1	1
每周总课时数	40	40	40	40	40

注：小学低年级阶段每节课 30 分钟，高年级阶段每节课 35 分钟。

学校可能采取多种替代形式或社区办学形式，尤其是在非常偏远的地区。这些形式包括分校和附属学校，前者本质上是主体学校的一部分，但离住得较远的孩子的家较近一些，后者与附近某所政府开办的学校建立联系，通过这种联系，它们的学生就能参加考试。为满足当地对教育的需求，缅甸教育部鼓励偏远低收入农村地区的社区自主和自支费用建立和开办学校，但社区应做出承诺，使这些社区学校逐渐转变为分校。学费是这些学校的主要收入来源。分校受教育部监管和支持，而附属学校由社区建立，社区为教师支付工资。自助学校（self-help schools）完全由社区建立和管理，但往往不涵盖整个小学阶段。这些学校一般位于最偏远地区，通常未受教育部承认。社区可能建设一所新学校或者租赁一座建筑，并且装修、运营和管理该学校，聘请教师，用学生家庭缴纳的学费来支付教师工资。2003 年七乡镇调查显示，55% 的初等学校、42% 的初级中等学校（初中）和 44% 的高级中等学校（高中）在某些方面需要改进，农村地区的学校尤其如此。

僧侣学校在儿童教育方面发挥着重要作用，特别是对来自贫困家庭的儿童和没有首要照顾者的儿童来说。2005—2006 学年，寺院开办的小学和中学有 1291 所，均在宗教事务司注册登记，这些学校的学生总数为 184749 名，包括 1174 所小学中的 160432 名学生。僧侣学校提供免费教育，通常还提供食宿。事实证明，这些学校在教授当地语言方面非常出色。僧侣学校实行官方小学课程，该课程由宗教事务司监督。僧侣学校的招收对象是乡镇儿童，在这些乡镇，接受公立小学教育十分困难。

儿童友好学校是全民教育中最重要的一类学校。目前，在联合国儿童基金会的支持下，缅甸正在建立这类学校。儿童友好学校采用一种整体式教育方法，促进以下关键方面，以保证公平与质量：全纳儿童录取、以儿童为中心的学习、对性别差异的敏感度、家长—社区参与，以及有利的学习环境。通过儿童友好学校，家长—教师协会的作用也已扩大，包括在学校事务和管理以及在儿童学习中的参与度也在增加。2001 年以来，超过 42000 个家长—教师协会已参加培训，培训内容是儿童友好学校的方法、概念和方法论，以及使家长—教师协会更多地与学校合作并关注儿童学习的途径。

为偏远地区、边区和山区儿童提供公平的初等教育机会是另一项重要且突出的目标。这项工作由教育部承担，教育部在这方面与边区发展和全国种族与发展事务部开展密切合作。边区发展协会成立于 1996 年，目的是提高原住民的生活水平。自那时起，边区发展协会一直积极推进教育、卫生、农业及创收项目。2005—2006 学年，在偏远地区和边区，共有 1034 所学校，招收学生 170920 人（包括 853 所小学，招收学生 105755 人）。

全纳教育为残疾儿童和贫困儿童创造与正常儿童一起在普通学校上学的机会。2005 年，有 708 名残疾儿童在特殊学校就读，10268 名残疾儿童在普通学校就读，有 9227 名贫困儿童在僧侣学校就读。

1999 年，缅甸初等学校平均每个班级学生数量为 40 人，农村地区的平均师生比为 1∶31，城镇地区为 1∶26.5。平均辍学率为 9%，平均留级率为 9.7%。然而，多项研究表明，农村和边远地区的学校学生众多，教师数量不足，在关键的低年级阶段，师生比较高。虽然情况已有很大改善，但从全国来看，1996—1997 学年，不到 60% 的教师获得执教资格认证。1995—1996 学年官方数据显示，幼儿园的留级率最高（18%），到五年级，留级率下降至 5%。(Ministry of Education，1999)。教育部已取消幼儿园（一年级）年底考试并修订了课程。1997—1998 学年的数据显示，幼儿园留级率为 15%。从全国来看，城乡居民之间以及不同省/邦之间的留级率差别明显。

缅甸仅有三分之二的儿童上小学，并且仅有 60% 的升入一年级的儿童最终完成小学教育。没有上学的原因包括无法到达学校设施、家长支付不起学费、必须工作和/或照顾兄弟姐妹。资源不足增加了使用教辅工具和教科书的难度，并造成师资不足和班级过于拥挤，影响了学校教育的质量。由于绝大多数学生在农村地区，在学校辍学率方面，这造成了一个重大且日益严峻的问题。

初等教育阶段，新的评估和评价办法取代了期末考试和年终考试，这减少了应试学习负担，旨在建立以学生为中心的和以学习为目的的课堂情境。教师定期在课堂上开展章末测验，这样就可以及时采取补救教学措施。现在，初等教育前两年没有任何测验，这就降低了过早辍学率。新体系强调不断评估和记录学生的进步，并且不会只根据考试成绩来判断他们的能力。

在幼儿园（即小学一年级）和二年级，教师通过经常性每日练习来开展评估。要升入更高年级，学生必须展现出熟练的语言和数学能力。评估卡、阅读卡、测验卡等等是评估和评价中的强化手段。

在二年级，会进行章末测验。学生的升级不仅依据章末测验成绩，还依据学生的综合个人记录分数，它记录的是学生参加规定活动的情况。如果一个学生的学术科目平均分等同于划定的及格分，他或她就有资格升级。初等教育阶段的综合个人记录包含以下内容：75% 的出勤率；经常参加章末测验；遵守学校纪律和守则，不参与社会犯罪；完成对学校、教师、家长和社区的义务，并照顾比自己年龄小的同学；植树和栽种其他植物，绿化校园环境；帮助父母营生；参加体育活动；参加审美教育，例如参加文学活动、听音乐、唱歌、跳舞和绘画；保持个人整洁卫生。

这些内容分为六个领域，每个领域占一定分数，总分是 100 分。在章末测验中，学生每科最高可得 100 分，他们的得分是衡量学习进步的指标。要想升入下一年级，学生必须同时在学习和学校活动中至少得 40 分。

2005—2006 学年，缅甸初等教育阶段的招生情况为：（教育部管理的）政府学校招生总数为 4918951 名学生，僧侣学校为 160432 名，边区学校为 105755 名。据统计，2005 年，初等教育毛入学率为 89.6%，净入学率为 82.2%（2007—2008 学年为 83.8%）。小学生成功升至五年级的比例为 71.5%，总体辍学率为 6.9%。2005—2006 学年，小学到中学的升学率为 78.3%。2005—2006 学年，女教师占基础教育教师总数的约 86%（教师总数为 210705 人，其中女教师 181349 人，男教师 29356 人）。平均生师比为 30:1。初等教育阶段的平均班级人数为 34 名学生，但不同学校差异很大，据说在某些农村学校，有些班级学生人数高达 60 人。此外，有些小学多个年级一起上课，被称作缺少教师的学校，在这种学校，一名教师负责同时教两三个年级。尽管教师培训包括复式班教学的内容，但学校中的复式教学的实际应用还需加强。（Ministry of Education，2007）

缅甸国家规划与经济发展部数据显示，2006—2007 学年，全国共有 36205 所小学，有教师 172209 人，招收学生总数为 5013581 名。

中等教育

中等教育是基础教育的第二阶段，它又分为两个阶段：初级中等或初中，为期四年（六到九年级）；高级中等或高中，包括十年级和十一年级。初级中等阶段（20 世纪 90 年代末）的周课程表如表 6 - 2 所示，2001—2002 学年开始实施的新课程表如表 6 - 3 所示。

表 6 - 2　缅甸初级中等教育周课程表（20 世纪 90 年代末）

单位：课时

科目	各年级周课时数			
	六年级	七年级	八年级	九年级
缅甸语	5	5	5	5
英语	6	6	6	6
数学	8	8	8	8

续表

科目	各年级周课时数			
	六年级	七年级	八年级	九年级
地理	4	4	4	4
历史	4	4	4	4
通识学习	4	4	4	4
道德教育	1	1	1	1
体育	1	1	1	1
审美教育	1	1	1	1
学校活动	1	1	1	1
每周总课时数	35	35	35	35

注：每节课 45 分钟。

表 6-3　缅甸初级中等教育周课程表（2001—2002 学年起开始实施的项目计划）

单位：课时

科目	各年级周课时数			
	六年级	七年级	八年级	九年级
缅甸语	5	5	5	5
英语	6	6	6	6
数学	7	7	7	7
社会	6	6	6	6
通识学习	4	4	4	4
生活技能	1	1	1	1
道德教育	1	1	1	1
职业教育	1	1	1	1
体育	2	2	2	2
审美教育	1	1	1	1
学校活动	1	1	1	1
每周总课时数	35	35	35	35

注：每节课 45 分钟。

　　章末测验用于评估学生的学习成果，并决定学生是否有资格升级。在一个学年中，可能会组织七八次章末测验。第一学期各次章末测验的成绩和第二学期期末考试（基础教育中学考试）的成绩均作为考量学生能否升入中等教育高级阶段的标准。在第二学期期末考试中，每科均有试卷。

　　学生在学校活动和社区活动中的参与情况也被考虑在内。学生参与情况的评估由一个团队开展，该团队由校长、班级教师和另外一位与具体活动有直接关系的教师组成。初中和高中层次的综合个人记录内容除了为小学设定的那些，还包括以下内容：参加当地社区和邦/省的发展任务；为社区工作提供志愿服务；参加学校的团队、俱乐部和协会的活动，以及社会活动，如红十字会等。

　　在高级中等教育阶段，有必修和选修科目。缅甸语、英语和数学是必修科目，物理、化学、生物、地理、历史、经济学、选修缅甸语是选修科目。学生须从选修科目中选修三门。周课程表（20 世纪 90 年代末）如表 6 - 4 所示。

表 6 - 4　缅甸高级中等教育周课程表（20 世纪 90 年代末）

单位：课时

科目	各年级周课时数	
	十年级	十一年级
缅甸语	5	6
英语	5	6
数学	5	6
物理	2	2
化学	2	2
生物	2	2
地理	2	2
历史	2	2
经济学	2	2
选修缅甸语	2	2

注：每节课 45 分钟。

学生可从表6-5所示的科目组合中选修一种。

表6-5 缅甸高级中等学校学生可选修的科目组合

	科目组合
1	缅甸语、英语、数学、经济学、物理、化学
2	缅甸语、英语、数学、地理、历史、经济学
3	缅甸语、英语、数学、地理、历史、选修缅甸语
4	缅甸语、英语、数学、历史、经济学、选修缅甸语
5	缅甸语、英语、数学、历史、物理、化学
6	缅甸语、英语、数学、选修缅甸语、物理、化学
7	缅甸语、英语、数学、物理、化学、生物
8	缅甸语、英语、数学、地理、物理、化学

十一年级学生必须参加学校活动，并参加第一学期的章末测验和第二学期的期末考试。第二学期末举行的基础教育高中考试（入学考试）必须在大学入学考试前至少三周举行。成功完成高中学业的学生将获得高中毕业证书。学生须参加大学和高等教育机构举行的入学考试，考试通过后方能有资格升入这些机构学习。

在技术与职业教育委员会制定的政策框架内，科学技术部技术与职业教育司主管公立职业技术教育与培训。在该委员会之下，技术教育委员会和职业教育委员会负责监管它们各自领域的活动。技师培训在政府开办的技术院所开展，技工或初级工匠培训在技术类高中开展。技术院校和技术类高中还为在职人员提供短期课程以及非全日制夜校课程。此外还有行业学校和工艺学校，提供某些职业的短期课程。职业技术教育与培训认证体系目前处于建设的早期阶段。

2005—2006学年，各类学校招生总数的情况是：教育部下属的初中招收1966653名学生，教育部下属的高中招收632841名学生；宗教事务部下属的学校（僧侣学校）初中招收20880名学生，高中招收3437名学生；在边区学校，初中招收52461名学生，高中招收12704名学生。在初级中等教育阶段，平均生师比为33∶1，平均辍学率为6.1%。据统计，初中到高中的升学率为

93.3%。（Ministry of Education，2007）

国家规划与经济发展部数据显示，2006—2007 学年，缅甸全国共有 2160 所初中，有教师 59434 人，招收学生共计 2047796 人；有 1085 所高中，有教师 22509 人，招收学生 638402 人。

在全国范围内评估学习成果

暂无信息。

教职人员

截至 1997—1998 学年，缅甸全国共有 5 所教师培训学院和 14 所教师培训学校，它们由教育规划与培训司管辖。还有两所教育学院，一所归高等教育司管辖，另一所归公务员选拔与培训委员会管辖。教师培训学校负责培训小学教师（项目为期一年，期满颁发教育证书），教师培训学院负责培训初中教师（项目为期两年，期满颁发教育文凭）。教育学院负责培训高中教师（项目为期三到四年，期满颁发教育学士学位）。

1998 年 6 月以来，所有教师培训机构都附属于教育学院，称为二级教育学院（以前的教师培训学校）和一级教育学院（以前的教师培训学院）。2004—2005 学年以来，所有二级教育学院都已升格为一级。已在教育学院成功完成一年制项目的学生将获得教育证书，他们可在小学任教，担任小学助教。另外学习一年之后，学生将获得教师教育文凭，这使教师有资格在初中任教，但要想被提升为初中助教，需要至少一年的小学教学经验。拥有教育以外的其他领域学士学位的人可以进入教育能力培训课程学习，该课程为期一年，将使学员有资格成为小学助教，或者如果他们符合领域经验要求，还可以成为初中助教。在研究生层次，开设以下项目：教学领域的一年制研究生文凭（自 1999 年起由位于仰光的教育学院提供）、两年制硕士学位项目，以及博士学位项目。此外还提供面向在职教师的函授课程。证书和文凭项目（20 世纪 90 年代末）的结构如表 6 - 6、表 6 - 7、表 6 - 8 和表 6 - 9 所示。

表 6 – 6　缅甸教育证书项目第一学期课程表（16 周）（20 世纪 90 年代末）

科目	每周课时数	总课时数	所占学分
教育理论	5	80	4（3—2）
教育心理学	5	80	4（3—2）
方法论			
缅甸语	4	64	3（2—2）
英语	4	64	3（3—2）
数学	4	64	3（3—2）
自然科学和基础科学	4	64	3（3—2）
通识学习和社会研究	4	64	3（3—2）
体育和联课科目			
体育	7	112	1（1—6）
工业艺术/家政	2	32	1（1—1）
农业	2	32	1（1—1）
美术	2	32	1（1—1）
音乐	2	32	1（1—1）
课外活动	5	80	—
总计	50	800	28
实践课（分组教学＋评估），八周，两个学分			

表 6 – 7　缅甸教育证书项目第二学期课程表（16 周）（20 世纪 90 年代末）

科目	每周课时数	总课时数	所占学分
学术科目			
缅甸语	5	80	4（3—2）
英语	5	80	4（3—2）
数学	5	80	4（3—2）
物理/历史	5	80	4（3—2）
化学/地理	5	80	4（3—2）
生物/经济学	5	80	4（3—2）

续表

科目	每周课时数	总课时数	所占学分
体育和联课科目			
体育	7	112	1（1—6）
工业艺术/家政	2	32	1（1—1）
农业	2	32	1（1—1）
美术	2	32	1（1—1）
音乐	2	32	1（1—1）
课外活动	5	80	—
总计	50	800	29

表6-8 缅甸教育文凭项目第一学期课程表（16周）（20世纪90年代末）

科目	每周课时数	总课时数	所占学分
教育理论	5	80	4（3—2）
教育心理学	5	80	4（3—2）
方法论			
缅甸语	4	64	3（2—2）
英语	4	64	3（3—2）
数学	4	64	3（3—2）
自然科学和基础科学	4	64	3（3—2）
通识学习和社会研究	4	64	3（3—2）
体育和联课科目			
体育	7	112	1（1—6）
工业艺术/家政	2	32	1（1—1）
农业	2	32	1（1—1）
美术	2	32	1（1—1）
音乐	2	32	1（1—1）
课外活动	5	80	—
总计	50	800	28

实践课（分组教学＋评估），八周，两个学分

表 6 – 9　缅甸教育文凭项目第二学期课程表（16 周）（20 世纪 90 年代末）

科目	每周课时数	总课时数	所占学分
学术科目			
缅甸语	5	80	4（3—2）
英语	5	80	4（3—2）
数学	5	80	4（3—2）
物理/历史	5	80	4（3—2）
化学/地理	5	80	4（3—2）
生物/经济学	5	80	4（3—2）
体育和联课科目			
体育	7	112	1（1—6）
工业艺术/家政	2	32	1（1—1）
农业	2	32	1（1—1）
美术	2	32	1（1—1）
音乐	2	32	1（1—1）
课外活动	5	80	—
总计	50	800	29

　　文凭持有者可申请进入教育学院学习，在教育学院，他们学习为期一年的项目，期满颁发教育学士学位。（20 世纪 90 年代末的）课程结构如表 6 – 10 所示。

表 6 – 10　缅甸教育学士学位课程表（20 世纪 90 年代末）

科目	每周课时数		备注
	上课	辅导/练习	
政治学	3	—	
教育理论与实践	3	1	
教育心理学	3	1	
英语能力	3	2	

续表

科目	每周课时数		备注
	上课	辅导/练习	
学校科目能力与方法论: 　　缅甸语 　　英语 　　历史 　　地理 　　经济学 　　数学 　　化学 　　物理 　　生物 　　特殊体育教育	8	4	每名学生只需专门学习两门文科/理科科目。
联课科目/活动: 　　学校卫生 　　家政* 　　体育**	1	—	*仅供女生选修。 每周有一节在傍晚放学后进行的实践课。 **每周三节,在上午上课前进行。
总计	21	8	

教学领域的一年制研究生文凭项目的课程结构（20 世纪 90 年代末）如表 6 – 11 和表 6 – 12 所示。

表 6 – 11　缅甸教学领域研究生文凭（第一学期）课程表（20 世纪 90 年代末）

科目	模式*	学分
教育理论	1—1	2
教育心理学	1—1	2
方法论一	(3—2)	5
语言能力一	(1—2)	3

续表

科目	模式*	学分
学术能力一	（1—2）	6
通识学习一	（3—3）	7
教学设计一	（3—4）	5
实习课（水平一）	（1—4）	1
总学分		31

＊每周的讲解性/互动性课时数。

表6－12　缅甸教学领域研究生文凭（第二学期）课程表（20世纪90年代末）

科目	模式*	学分
教育管理	1—1	2
教育测试与评估	1—1	2
方法论二	（3—2）	5
语言能力二	（1—2）	3
学术能力二	（1—2）	6
通识学习二	（3—3）	7
教学设计二	（3—4）	5
实习课（水平二）	（1—4）	1
总学分		31

＊每周的讲解性/互动性课时数。

　　位于仰光和曼德勒的教育学院也提供一种两年制课程，期满颁发教育硕士学位。该课程是为那些已经获得教育学士学位的教育工作者设计。要想被录取和安排学习，申请者须通过入学考试。

　　如表6－13所示，在第一年第一学期，所有攻读学位者必须学习一种必修课程，该课程由四个核心模块组成。在第二学期，开设一种选修课程，由四个高级模块组成。在第二年，攻读学位者须从十个主要领域中选学一种专门领域。该专门领域由八个高级模块组成。每个模块均有讲解和一次互动讨论或研讨。

表 6 - 13　缅甸教育学院教育硕士学位课程表

单位：课时

学年	学期	模块	每周的上课模式	
			讲解式	互动式
I	I	必修核心课程		
		教育的哲学基础	3	1
		教育的心理学基础	3	1
		当前的教育	3	1
		信息处理技术	3	1
	II	核心 + 选修课程		
		高级教育哲学	3	1
		高级教育心理学	3	1
		现代教育学	3	1
		研究方法论或教育统计学	3	1
II	I	专门课程		
		模块一	3	1
		模块二	3	1
		模块三	3	1
		模块四	3	1
	II	模块五	3	1
		模块六	3	1
		模块七	3	1
		模块八	3	1

　　十种专门领域是：教育行政与督导、教育规划与教育经济学、教育测试与评估、课程建设、教学法、教师教育、比较教育、教育社会学、教育历史、教育技术。

　　教育学士学位获得者将被认定为三级教学专业人员，被聘任为高中高级助教。硕士学位获得者将被认定为四级教学专业人员。

　　在高等教育机构，学术类职员必须拥有至少一个硕士学位。截至 20 世纪

90 年代末，基础教育司管理的教师的学术资质如表 6-14 所示。

表 6-14　缅甸教师的学术资质（20 世纪 90 年代末）

单位:%

资质	小学教师		初级助教		高级助教	
	城镇	农村	城镇	农村	城镇	农村
入学考试及格	19.5	16.9	1.3	2.2	0.4	—
入学考试不及格	42.6	52.5	14.7	12.4	2.7	1.3
文学学士/理学学士/法学学士	31.1	27.5	82.5	81.3	63.6	82.8
商学学士/经济学学士/教育学学士/农学学士	0.01	1.6	1.1	3.2	29.5	11.8
文学学士（荣誉）/理学学士（荣誉）	0.01	1.1	0.4	0.4	2.3	3.9
文学硕士/理学硕士	—	—	—	—	1.5	—

表 6-15 显示的是 1995—1996 学年没有教学资质的教师的百分比。

表 6-15　缅甸没有教学资质的教师的百分比（1995—1996 学年）

教师类别	没有教学资质的教师所占百分比
高级助教	8.4%
初中教师	57.8%（56.5% 是大学学位获得者）
小学教师	56.6%（27.7% 是大学学位获得者）

据缅甸官方统计，2005—2006 学年，97.7% 的小学教师和 93.8% 的中学教师按国家标准取得了教学资质认证。（Ministry of Education，2007）

在职培训项目旨在减少没有教学资质的教师的百分比，这些项目包括：教育学院举办的教师培训项目、在城镇举办的教师培训项目、通过远程教育开展的教师培训项目。

前两个项目的设计目的是培训没有教学资质的小学和初中教师。在职培训为期六个月（每个月四节课，周末上课），培训重点是：儿童成长和心理、学习理论、小学儿童课程备课、有效教学方法论、教辅工具的开发和使用、评估和评价技术、针对学习进度慢的学生的补救措施、教学法。通过结业考试的教师将获得教育证书（小学教师）或教育文凭（初中教师）。

远程教育教师培训项目根据教师工龄选拔学员。项目采用的是模块化方法和学分制度，经常给学员布置作业，并对学员作业加以系统性的评估，此外，在学员与教员两周的面对面直接接触培训期间和培训结束时对学员进行评估和评价。该项目包括：通过广播播放课程，包括课程指南；与纸质课程材料一起发放课程磁带；带有指南的电视课程。

教学领域研究生文凭项目和多媒体艺术（教育）领域的研究生文凭项目于1999—2000学年启动，这些项目由教育学院开展，目的是培养更多的合格教师。两种项目均接受职前和在职学员。开设多媒体艺术（教育）领域研究生文凭项目旨在满足学校对熟练掌握信息通信技术、能管理多媒体教室的教师的需求。该课程的末期强化内容注重与之相关的信息通信技术和教学法。成功学完教学领域研究生文凭项目后，学员将被聘为初中教师，而多媒体艺术（教育）领域研究生文凭项目的毕业生将被聘为负责多媒体教室的初中教师。仰光教育学院还启动了另一个项目，目的是增加合格教师的数量，该项目叫作教育技术证书项目。该项目为有兴趣从教的各类高等教育院校毕业的硕士学位获得者提供职前教师教育。

此外，仰光教育学院和实皆教育学院为在职高中教师提供两年制远程教育学士函授学位项目。成功完成该项目，学员将获得教育学士学位。合格的教育学士学位获得者可继续攻读教育硕士学位。2000—2001学年，仰光教育学院推出了哲学博士项目，为的是使优秀的教育硕士学位获得者能够继续深造。（Ministry of Education，2004）

参考资料

Ministry of Education, Government of the Union of Myanmar. *Education promotion programmes* (*Phase* Ⅰ). Yangon, December 1998.

Ministry of Education, Government of the Union of Myanmar. *Education for all: The year* 2000 *assessment*. Draft report, Yangon, May 1999.

Ministry of Education, Government of the Union of Myanmar. *Basic education: Papers presented at the seminar on education promotion programme (Third Phase)*. Yangon, May 2000.

Ministry of Education, Government of the Union of Myanmar. *Brief description of education reforms*. Yangon, July 2000.

Ministry of Education, Government of the Union of Myanmar. *Development of education in Myanmar*. Presented at the 47th session of the International Conference on Education, Geneva, 2004.

Ministry of Education, Government of the Union of Myanmar. *E-education in Myanmar*. September 2004.

Ministry of Education, Union of Myanmar. *Education for all (EFA). Mid-decade assessment report*. Yangon, August 2007.

Ministry of Education, Union of Myanmar. *Country report. Myanmar education development strategy focusing on inclusive education*. Presented at the 48th session of the International Conference on Education, Geneva, 2008.

Ministry of Labour, Government of the Union of Myanmar. *Handbook of human resources development indicators*. Yangon, December 1999.

Myanmar Education Research Bureau (MERB). *Policy, objectives, strategies, activities implemented and future undertaking of MERB*. Yangon, April 1996.

UNICEF. *Situational analysis of children and women in Myanmar*. New York, 1999.

Union of Myanmar. *Myanmar millennium development goals. Report* 2006. Yangon, November 2006.

网络资源

缅甸教育部：http：//www. myanmar-education. edu. mm

缅甸科学技术部：http：//www. most. gov. mm

更新的链接，请参考联合国教科文组织国际教育局网页：

http：//www. ibe. unesco. org/links. htm

菲律宾教育体制及现状

教育的原则与总体目标

在菲律宾，教育体系的目标是：

● 提供内容广泛的普通教育，这将有助于社会的每个个体发挥潜力，并提高个体和群体的视野和素质；

● 帮助个人参与社会的基本功能，并获得必要的教育基础，使其发展成有用之才和多才多艺的公民；

● 为国家培养人力资源，使其具有国家发展所需要的中等水平技能；

● 培养高层次专业人才，他们将领导国家，通过研究推动知识进步，并运用新知识改善人们的生活质量；

● 通过教育规划和评估体系，有效应对不断变化的需求和状况。（1982年《教育法案》第4节）

菲律宾1987年《宪法》第14条规定，学校应培养学生的爱国主义和民族主义精神，培养学生的博爱精神，使他们尊重人权，认识到民族英雄在国家历史发展中的作用，学校应讲授公民权利和义务，巩固道德和精神价值观，培养道德品质和个人自律，鼓励批判性和创造性思维，拓展科学和技术知识，提高职业效率。

制定于2006年的《菲律宾全民教育2015年国家行动计划》的中心目标是让所有人具备基本能力，这将使所有人具有实用读写能力。所谓实用读写能力，是指具有一系列完整的技能和能力，即认知能力、情感能力和行为能力，这将使个人能够：生活和工作；发掘自身潜力；做出重要和有根据的决定；在其环境及更大范围的社区（当地、地区、全国乃至全球）的大背景下，在社会中有效发挥作用，以改善他们自己以及整个社会的生活质量。

菲律宾每个家庭的愿景是确保每个子女都有机会接受高质量教育，这将使他/她成为全人，使他/她找到能发挥个人能力的、薪水较好的工作，或者成为一位成功的企业家。因此，必须严格按照产业需要来打造教育，以便在知识经济中参与竞争。这一愿景已由总统教育工作专门小组做出具体表述，即要建成"教育干线"（Main Education Highway）。（PTFE，2008）

有关教育的法律和其他基本法规

在菲律宾，公立初等教育和中等教育是一项公共职能或国家职能，由中央政府支持。1987年《宪法》规定："国家应保护和增进所有公民接受各个阶段的优质教育的权利，并应采取措施让所有人都能接受这些教育。"《共和国法案第6655号》（《免费中等教育法案》）规定，在国立学校中，中等教育应免费。《宪法》中关于教育的具体规定是有关教育的各种法令、政策、法规和条例的依据。

1982年《教育法案》明确了初等、中等和高等教育阶段正规教育的目标。《共和国法案第6728号》涉及私立教育，该法案在实物设施和课程方面为各校设定了共同的最低要求，并且放宽了对价值观教育的科目内容的限制。

《菲律宾教师专业化法案》，即《共和国法案第7836号》，颁布于1994年。

扫盲协调委员会是一个跨部门组织，行政上附属于教育、文化和体育部，该委员会是根据《共和国法案第7165号》成立的，其任务是落实扫除文盲的国家政策。

《共和国法案第7796号》，或称为1994年《技术教育与技能发展法案》，旨在动员产业部门、劳工、当地政府部门以及职业技术教育与培训机构，鼓励他们充分参与国家人力资源的技能发展事业。

《幼儿早期保育与发展法》制定于2000年，该法承认幼儿期的重要性及其特殊需要，确认父母是主要保育者和孩子的第一老师，在育儿课程以及面向怀孕期和哺乳期妈妈的研讨会和营养咨询等方面做了相应规定。该法要求建立一个儿童福利全国协调委员会，该委员会：（1）为幼儿早期保育与发展项目制定指导方针、标准以及与文化相适应的做法；（2）建立招收、培训和鉴定保育者的全国体系；（3）监督幼儿早期保育与发展服务及其对受益者的影响；（4）向贫困和弱势社区提供额外资源，以增加幼儿早期保育与发展项目投入；（5）鼓励私营部门开展这方面的服务。《共和国法案第 6972 号》〔称为《儿童村（Barangay）级全面保护法案》〕有一项条款，要求所有当地政府部门在每个村建立一个日托中心。该法对日托项目的特点做了规定，这些日托项目除了能满足幼儿的健康和心理需要，还能满足其学习需要。

2001 年 8 月，菲律宾通过了《共和国法案第 9155 号》（又称《基础教育管理法案》）。根据该法案，教育、文化和体育部更名为教育部，对派出办事处（大区级、省级、区级办事处和学校）的职能进行了重新界定。该法案为以下事项提供了框架：（1）通过加强校长的领导职能，为校长赋权；（2）在透明和当地责任制的背景下，进行学校本位的管理。该法案明确规定，大区级办事处的主要职能是保障教育质量，它们有权监督和评估其管辖范围内的所有学校的表现，并为关键结果指标落后的省和学校提供技术支持。根据该法案，基础教育包括幼儿教育、初等教育、中等教育以及面向校外青年和成人学习者的替代学习体系，还包括有特殊需求的人群的教育。

2007 年 7 月 10 日，菲律宾总统府颁布了《第 632 号行政令》，该命令实际上撤销了全国教育协调委员会，授权建立总统教育助理办公室来行使该委员会的职能。2007 年 8 月 21 日，总统府又颁布了《第 652 号行政令》，创建了总统教育工作专门小组，负责评估、规划和监督整个教育体系。

通过 2008 年《第 658 号行政令》，菲律宾实现了普及幼儿教育以及学前学校和日托中心标准化（扩大了学前学校的覆盖范围，使之涵盖日托中心招收的儿童）。（PTFE，2008）

根据国家法律，初等教育对所有 6—11 岁儿童免费，属于义务教育。中等教育在公立学校是免费的，但不是义务教育。

根据《共和国法案第 7722 号》，菲律宾建立了高等教育委员会以及技术教育与技能发展署，这一举措使这些实体从教育部独立出来。

教育系统的行政与管理

教育部（Department of Education，DepEd）是负责教育和人力资源开发的主要政府机构。教育部的任务是提供人人机会均等的优质基础教育，为终身学习奠定基础，为人们的共同利益服务。教育部主要负责正规和非正规教育领域的政策、标准、法规、规划、计划和项目的制定、设计、实施与协调。教育部还负责监管所有公立和私立基础教育机构，以建立和维护一个与国家发展目标一致的，完整、充分、统一的教育体系。

菲律宾教育部目前的结构包括两部分：中央总部和大区级及大区级以下办事处。教育部本身的组成部门有部长办公室、五个局（规划局、财政和管理局、行政管理局、人力资源发展局、技术局）、三个司（初等教育司、中等教育司、替代学习体系司），以及五个中心（包括学校卫生与营养中心、国家教育测试与研究中心，后者负责全国的测试与评估）。2006 年，菲律宾全国共有 17 个大区级办事处，每个大区级办事处由一个大区级干事领导；共有 195 个省级办事处，每个省级办事处由学区督学领导；共有超过 53480 所学校或学习中心，每所学校或学习中心有一位校长，农村地区的小规模学校则有一位主管教师。就职能而言，中央总部负责制定政策和标准，负责提供基本学习资源，并领导整个基础教育部门。大区级办事处负责整个大区的政策制定和质量保障，负责管理私立学校和非政府学校及教育提供者，负责提供行政服务，如薪资服务、在职培训、法律咨询，并且充当基础教育信息系统的验证点。省级办事处负责行使与下列内容有关的职能：教学监督领导、质量保障、支持与维持为学校提供的资源、图书馆中心服务以及基础教育信息系统管理。（DepEd，2008）

初等教育司负责为所有人提供接受优质初等教育的机会。它还专注于为贫困人口提供社会服务，引导公共资源和力量向社会发展处于劣势的地区和特定群体倾斜。中等教育司负责提供接受优质中等教育的机会，旨在使每一名小学毕业生都有机会接受中等教育。通过在没有学校的市建立学校，增加中等教育的入学机会。它还负责监督中等教育在课程、设施和教师在职培训方面的总体结构。基础教育课程开发是初等教育司和中等教育司课程开发处的职责。

非正规教育司负责通过扫盲和继续教育项目，提高贫困人群的素质。其目标是为处于劣势的人群提供专门的基本服务，以增进他们的福祉，并为人力资源发展做出贡献。根据《第356号行政令》，2004年非正规教育司更名为替代学习体系司。此举旨在应对对更加系统、灵活的学习渠道的需求，使正规学校系统以外的所有学习者都能接受教育。

替代学习体系是一个与常规学习体系并行的体系，提供现有正规教育授课之外可行的替代学习方式。该体系包括非正规与非正式的知识技能来源。年龄在15岁及以上的已从正规初等和中等教育辍学的校外青年和成年人，无法从正规学校体系学习知识，这部分人的学习认证由替代学习体系认证与同等学力体系来保障。该认证体系要求申请者成功完成两个学习阶段（初等和中等）的替代学习体系认证与同等学力测试。测试合格者须接受问询，以确定其路向：要么回到正规学校体系学习，要么选择踏入职场。（UNESCO Bangkok，2009）

菲律宾体育运动委员会负责促进学生的身体健康，发展学校体育运动，推动文化遗产复兴，促进自然遗产保护和价值观发展。其目标是树立优良的价值观，如自律、诚实、团队精神、体育道德、卓越等，使菲律宾青年能充分应对新世纪可能带来的要求、挑战和机遇。1999年8月，原体育与学校运动司的职能由菲律宾体育运动委员会接管。

此外，还有多个委员会及其秘书处附属于教育部，它们负责提供专门服务，如教学材料委员会负责与公立学校使用的教科书和教学材料有关的各项政策；扫盲协调委员会负责与扫盲行动发展与协调有关的各项政策；教师教育委员会及其秘书处负责与教师职前教育和教师在职教育有关的各项政策。（DepEd，2008）

通过颁布《共和国法案第7796号》（又称1994年《技术教育与技能发展法案》），菲律宾成立了技术教育与技能发展局。该法案旨在动员产业部门、劳工、当地政府部门以及职业技术教育与培训机构，鼓励他们充分参与国家人力资源的技能发展事业。总体上，技术教育与技能发展局负责制定人力资源与技能计划，实施适当的技能标准与测试，协调并监督人力资源政策与项目，并为私立和公立职业技术教育与培训机构提供资源分配方面的政策指导。

高等教育委员会独立于教育部之外。该委员会负责为菲律宾高等教育体系的发展和有效运作制定并实施政策、计划和项目。其管辖范围包括公立和私立高等教育机构以及所有中等后教育机构的学位项目。建立高等教育委员会是国家教育体系改革总体日程的一部分，该日程由国会教育委员会于1992年制定。教育部门一分为三是改革的内容之一。教育领域的三个行政管理机构分别为：高等教育委员会，负责高等教育和研究生教育；教育部，负责基础教育；技术教育与技能发展局，负责职业技术教育与培训及中等教育。学术项目的认证由菲律宾认证机构联盟、菲律宾特许学院和大学认证机构负责。

在国家层面，社会福利与发展部负责幼儿早期保育与发展的总体政策与项目，负责制定和推广指导方针及标准，通过大区办事处为当地政府部门提供技术支持，并负责监督与评估。随着2000年《幼儿早期保育与发展法案》的通过，幼儿早期保育与发展项目费用由省级或市级政府与儿童福利委员会分担，该委员会与当地政府及其相应的幼儿早期保育与发展协调委员会一道，起到了在全国范围内协调的作用。截至2006年12月，《幼儿早期保育与发展法案》已不同程度地覆盖了77个省和29个市。总体而言，在费用分担机制下，各地政府都认真执行该法案。（DepEd，2008）

教育部最近一项政策重点是为校长赋权。校长应拥有更大的行政权，同时也应担负更多的相应责任，以提高教师能力和学生成绩。该政策赋予校长以下权力：管理学校的办学经费及其他运作开支经费；通过家长—教师协会和社区协会为学校筹集额外资金；与家长及社区领导合作，设计和制定学校改进计划；参与教师选拔、招聘和晋升；以全国课程为框架，规划和制定创新课程。目前菲律宾正在实施《权力下放计划》，将重大决策权移交给学校。

教育系统的结构与组织

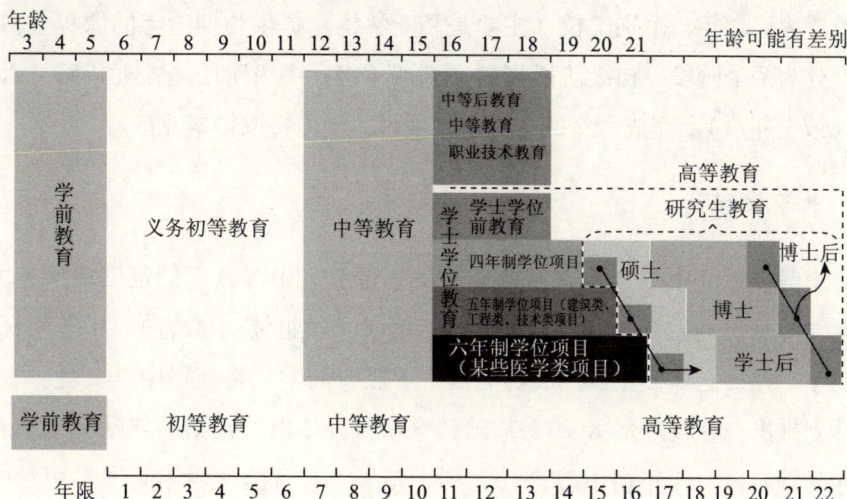

图7-1 菲律宾教育系统的结构

来源：Commission on Higher Education。

注：学前教育是自愿的，不做要求。

6岁学生可进入初等教育阶段学习。

进入学士学位前教育、硕士教育和博士教育项目的年龄可能有差别。

研究生教育包括学士后、硕士、博士和博士后阶段。

学前教育

幼儿早期保育与发展体系是指为0—6岁儿童提供的一整套健康、营养、早教和社会性发展项目，这些项目旨在满足儿童的基本整体需求，促进儿童最佳成长与发展。选择性学前教育的对象是3—5岁儿童；幼儿园教育的对象是5岁儿童，不属于义务教育。根据2011年5月《教育部令》，从2011—2012学年开始，实施统一幼儿园教育，此举旨在保证所有5岁儿童均有机会接受优质教育。

初等教育

对 6—11 岁儿童来说，初等教育是义务教育，是基础教育的一部分。初等教育为期六年，个别学校（主要是私立学校）提供为期七年的课程。初等教育分为两个阶段，初级阶段涵盖一到四年级；中级阶段涵盖五年级、六年级（或七年级）。完成六年的初等教育项目，学生将取得毕业证。

中等教育

中等教育（中学）也是基础教育的一部分。中等教育的范围有所扩大，包括学习（普通教育）和基本就业技能培训（职业/技术教育）。中等教育为期四年，在公立学校免费。成功完成中等教育的学生将获得中学文凭。教育部计划推出一种改进型 K + 12 基础教育项目，该项目包括一年幼儿园教育、六年初等教育、四年初中教育（七到十年级，与目前的四年制中学相对应）和两年高中教育（十一和十二年级）。两年高中教育的目的是为学生提供时间，巩固已经学到的学术技能和能力。课程将允许设置科学技术、音乐与艺术、农业与渔业、体育、商业与创业等领域的专业课以及大学预科科目。在 2012—2013 学年之前，为一年级新生和初中新生开设一种新课程。教育部的目标是完成基础设施建设和其他必要安排，以便在 2016—2017 学年之前提供高中教育。（DepEd，2010）

高等教育

高等教育机构（学院和大学）提供学术学科和专业的多种项目。中等后职业技术项目为期一到三年，毕业后颁发国家级证书（一到三级）。专科学位项目需两到三年完成。学士学位项目通常要求学习四年（工程和建筑专业需学习五年，牙科、兽医和医药专业需学习六年）。研究生文凭或证书项目通常需要在取得学士学位之后再学习一到两年。硕士学位项目为期两到三年。博士学位项目需要在取得硕士学位后至少再学习两到三年。

教育过程

菲律宾的课程政策一般由教育部通过各种法令、通知、备忘录和公报阐述。它们与国家的优先任务相一致，为实现发展目标做贡献。不过，国家立法机关通过的若干部法律专门涉及学校课程。小学新课程和中学新课程在 20 世纪 90 年代全面实施。

1982 年，受世界银行资助，一项为期十年的"权力下放的教育项目"启动。小学新课程是权力下放的教育项目的核心。小学新课程有以下特点：（1）涵盖的学习领域更少，更加强调智力技能与基本知识，尤其是读、写、算术以及学生的态度养成；（2）内容专注于共同价值观和信仰体系的发展，这些价值观和信仰体系使孩子们养成人文精神和国家归属感；（3）目标是让孩子进行精熟学习；（4）强调工作技能的发展，这与智力技能同等重要；（5）不仅在性格培养活动以及科学课和健康课上，还在整个课程中培养学生的健康价值观；（6）培养三年级学生的社会生活能力和价值观，这反映在公民教育和文化课的新的方面（公民教育和文化课的范围已扩大，包括三年级历史、地理和职业道德），并促使四到六年级学生深入学习地理、历史和公民教育。（Inciong，2008）

1999 年的教育政策方向是使课程分散，其结果是为小学阶段制定了基础教育课程，为中学阶段制定了基础教育调整课程。这两个阶段的学习领域数目都减少为五个（菲律宾语、英语、科学、数学、公民教育），注重那些有助于形成终身学习技能的科目。基础教育课程于 2002—2003 学年开始实施。（DepEd，2008）。2001 年《基础教育管理法案》设想了一种课程，该课程应促进菲律宾学生的全面成长，使他们能够获得核心能力，养成正确的价值观。该课程应具有灵活性，以满足不同学生的学习需求，并且适应他们的切身环境和社会文化现实。2002 年基础教育课程经历了一次调整，但并非对小学和中学课程（即 20 世纪 90 年代实施的小学新课程和中等教育新课程）的重大改变。（Inciong，2008）

由于知识的融会贯通在不同学科的教师一起计划和教学时最为有效，因此合作教学在 2002 年课程中受到大力鼓励。理想的教学与学习过程为互动式，因此教育部对课程进行了调整，以促进学生与教师之间、学生之间（合作式学习）、学生与教学材料之间、学生与多媒体资源之间以及不同学科教师之间的互惠互动。利用调整过的课程，学校可以设计公民教育的教学并使其情境化。教育部还建议，只要学校具备硬件和软件，信息通信技术就应该运用到每个学习领域。（Inciong，2008）公民教育是一个学习领域，它可以充当全面学习的实践环境，以便形成健康的个人自我认同和国家自我认同。在小学阶段，公民教育包括公民与文化、社会、家政、音乐、艺术、健康与体育、价值观教育、礼貌和操行。在中学阶段，包括社会、家政、农业与渔业、工业艺术、创业技术、音乐、艺术、体育与健康以及价值观教育。

初等教育课程开发是教育部中央总部初等教育司与中等教育司课程开发处的职责。该处负责为不同科目领域界定学习能力，并负责制定国家课程政策。在行使这些职能的过程中，课程开发处与其他机构和社会的其他领域开展了广泛讨论（例如与产业界、社会与民间组织、教师培训机构、专业组织、校长、家长、学生等）。不同科目领域里的科目设置、学分和时间分配由国家决定。在这个意义上，菲律宾有全国课程。然而，尽管课程实施方针由国家颁布，实际实施则由教师负责。他们决定使用哪些资源，决定教学评估策略和其他过程。并且，学校有权修改全国课程（例如内容、顺序和教学策略），以保证课程能够应对当地的关切。

在菲律宾，内容主题和能力是课程设计方法的依据。教育部规定所有年级的科目领域的能力。初等教育司和中等教育司制定和出版有关这些学习能力的材料，并向地方教育部门发放。多数科目/学习领域都有一个学习能力列表，学生在各年级结束时和在初等/中等教育结束时，应掌握这些学习能力。部分科目/学习领域将两者结合起来（即每一个内容/主题下的学习能力）。课程的设计原则是让教师来解读，实施时可以有所变化。只要学校满足了课程的基本要求，教育部就鼓励学校进行创新、丰富或改动。在此背景下，大区级理科中学提供一种丰富的科学和数学项目，通过这些项目，学生可以学习附加的科学和数学科目。在部分私立学校，英语、科学和数学取代了价值观教育，这是因为宗教、道德价值观和伦理观等科目已经融入其他科目。此外，学生须参加联课活动，这些活动由学生管理，教师充当协助者或指导者。

　　课程计划并不会规定教师在实施课程时必须遵循的教学方法和必须开展的学习活动。其指导思想是教师的创造性是由他们独立地计划和开展合适的教学/学习活动的选择所激发的。然而，教师手册或指南确实包含了一些高级内容领域以及教学和评估建议。（Mariñas，Ditapat，2000）

　　2002 年 9 月，教育部开展了对基础教育课程实施情况的首次监督和评估，第二次监督和评估是在 2003 年 10 月，最近一次是在 2004 年 9 月。从 2006—2007 学年起，2002 年基础教育课程的实施范围扩大到私立中学。（《关于开展 2002 年基础教育课程中等教育项目的政策方针》，2005 年 7 月 1 日，即《教育部第 35 号令》）

　　课程本地化政策促成了本地化课程材料的编写，这些材料将当地文化考虑在内。2005—2006 学年，菲律宾实施了初等公立学校和私立学校（Madaris）标准课程。该课程体现了国家向所有儿童提供优质教育机会的承诺。课程开发过程的目标是：（1）使学生能够在公立和私立伊斯兰教学校（Madrasah）之间顺利转学；（2）消除穆斯林之间长期存在的差别；（3）促进菲律宾人的国家认同，同时保存穆斯林的文化遗产。调整后课程的一个重要特色是促进信息通信技术在每个学习领域中的应用。通过计算机化项目，教育部向全国国立中学提供电脑和外设。目前，所有提供基础教育的学校都使用公立学校的标准课程。标准课程包含基础教育的课程，加上另外两门科目，比如阿拉伯语和伊斯兰价值观教育。教育部令发布之后，开展了潜在穆斯林教师的培训项目，这些教师可获得新的教学法技能和英语语言能力。（DepEd，2008）

　　2010 年 6 月 4 日《教育部第 76 号令》规定，在全国若干所学校进行了四年试点之后，中等教育课程在中等教育的推广已经准备就绪，并且应从 2010—2011 学年（中等教育第一年）开始，到 2013—2014 学年（第四年）逐步成为主流。

　　如上所述，菲律宾教育部计划推出一种改进型 K+12 基础教育项目（该项目包括一年幼儿园教育、六年初等教育、四年初中教育和两年高中教育）。两年高中教育旨在为学生们提供时间巩固已经学到的学术技能和能力。课程将允许设置科学技术、音乐与艺术、农业与渔业、体育、商业与创业等领域的专业课以及大学预科科目。2012—2013 学年之前，为一年级新生和初中新生开设一种新课程。这种课程根据 K＋12 毕业生应该获得的能力和技能设计。教育部还建立了一个机构，来审查当前的基础教育课程并制定实施计划细则。根据不同的能力或学生的兴趣，发展不同的学习路径，这将是该项目不可或缺的一部分。此举目的还在于满足国家多样化人力资本需求。高中课程将开设多个领域的专业课或选修课。K＋12 的目的不只是增加两年学校教育，更重要的是，还要加强基础教育课程。教育部正在制定一个循序渐进的实施计划，以保证顺利过渡，使干扰减到最少。教育部进行公开协商咨询，以保证该项目的成功制定和实施。此外，教育部还开展地区性协商咨询，然后召开关于强化基础教育的全国峰会，目的是呼吁投入以及对提议模式给予反馈。协商咨询将涵盖所有利益攸关者（家长—教师协会，公立、私立小学和中学，立法者，政府机构，商界，教育专家，教师协会，学生和教育协会）和所有地区。(DepEd，2010)

学前教育

提供幼儿早期保育与发展服务的模式有四种，即日托中心、家庭、学前学校、卫生所或诊所。

公立、私立及非政府组织管理的日托中心（基于日托中心的幼儿早期保育与发展）组成一个网络，开展日托项目。以前，社会福利与发展部承担建立公立日托中心的任务，但在 1991 年《地方政府准则》生效后，该项目下放给各地政府部门开展。各地政府部门还实施社会福利与发展部下派的另外一个项目，即育儿培训服务项目，该项目于 1978 年启动。幼儿早期保育与发展中的这种基于家庭的干预旨在帮助家长、代理家长、监护人和其他保育人，增进他们在育儿方面的知识、技能和态度。

多数私立学前学校（基于学校的幼儿早期保育与发展）位于高度城市化的地区，主要招收来自高收入家庭的儿童。其结果是，很多一年级新生没有接受过学前教育，因此表现出巨大的适应差距和学习差距。基于诊所的幼儿早期保育与发展是母亲和儿童健康服务不可缺少的一部分，母亲和儿童健康服务主要通过公立或私立医院、私立诊所、市主要卫生中心以及村（baran-gay）卫生站组成的网络提供。主要卫生中心和村卫生站是政府设施，其首要职责就是向社区尤其是农村社区提供基本医疗保健服务。主要卫生中心的组成人员为一名医生和一名公共卫生护士。而村卫生站是简单的诊所，人员组成为一名农村卫生助产士，以及一名担任助手的村医务人员。

公立日托系统是3—4岁儿童幼儿早期保育与发展服务的最大提供者。就公立幼儿早期保育与发展服务而言，村卫生所是分散化母亲与儿童健康服务的主要提供点，分散化母亲与儿童健康服务是儿童在日托中心的群体保育的补充。这包括免疫项目以及儿童疾病综合管理项目，二者的设计目的都是预防和治疗常见儿童疾病。

2005年，菲律宾提出了国家学前教育项目的构想。该项目旨在确保所有5岁儿童均有机会接受优质学前教育。具体来讲，它旨在扩大入学机会，将覆盖范围扩大到所有5岁儿童。它首先关注最贫困和最弱势的群体；提升学前教育质量，确保所有儿童都为学校教育做好准备；将健康内容和营养内容（称体重、驱虫和营养补充餐）结合起来。该项目的目标是通过利用现有日托中心，并且在没有现成日托中心和公立学前学校的地区开办新学前班，来覆盖所有5岁儿童。

面向5岁儿童的幼儿园阶段学前教育旨在使儿童在各个方面（生理、社会性、情感和认知）得到发展，使他们能更好地调整自身，应对生活情境和正式学校教育的要求。学前教育通过多种细心选择的有意义的活动，最大限度地挖掘儿童潜力。这些活动考虑了儿童的兴趣和能力。幼儿园课程专注于以下方面：

- 身体发展，包括通过玩耍和操控型活动，如游戏、简单任务等，培养总体运动协调能力和精细运动协调能力。
- 个人—社会性发展，涉及技能和社会行为。包括培养健康习惯、独立性、遵守规则和常规的能力。了解家庭和他人是这一领域中受关切的一部分。
- 情感发展，包括有助于养成对神、对自己、对他人以及对社区的爱的活动，培养对他们情感的认识和是非感。

●认知能力，包括沟通技巧、感觉—知觉和运算概念与技巧的发展。沟通技巧指的是用英语和菲律宾语表达想法和情感的能力（口头表达和基本的听、预读和写作准备技能）。感觉—知觉和运算技巧指的是观察、区别、比较与分类以及理解、计数和读写数字的能力。

●创造力—美学发展，包括对声音、音乐和节奏的探究，以及通过绘画、操控型活动等，发展儿童的创造性表达能力。

为了实现和确保儿童全面发展，有必要实施一个计划周全的课程和一个平衡得当的项目，尽管具体的课程可能根据每个学前学校的方法有所变化。不管学前学校采取什么样的方法，室内和室外游戏都是必不可少的内容。儿童所说的语言应该受到重视。有必要在开始阶段使用儿童自己的语言，直到儿童获得了用英语和菲律宾语表达自己的能力和信心为止。多数学前教育项目从周一到周五开课，招生人数多的项目一般是轮流上课，每周每个年龄组轮流上两三次，每次三四节课。菲律宾没有全日制幼儿园或托儿所。

在哲学方法、概念框架和课程设计上，多数幼儿早期保育与发展项目属于综合型项目。然而，由于影响课程开发的理论可能彼此十分相似，因而课程特性是衡量这些项目的定位的一个更为准确的指标。这些课程可以根据其关注点和方法，粗略地分为三类。

第一类课程是朝传统小学的方向发展的，传统小学按照科目领域来组织，并且主要关注认知、识字和算术技能。儿童大部分时间参加的是教师指导的结构化、坐着进行的课堂任务，他们的经验仅限于书面作业，再加上少量艺术与手工、音乐与运动作为调剂。

第二类课程是非正式、以玩耍为主、以活动为核心的课程，它使儿童能够以相对随意的方式探索一系列主题。学习经验是为了支持身体、社会性、情感、语言和认知发展。

第三类课程遵循一种类似的多样化综合模式，以满足儿童各方面的发展需要。然而，通过围绕精心选择的学习主题组织活动，形成一种更加综合、更加平衡的课程，该类课程十分关注内容。这些项目更加以学习者为中心，强调儿童的积极参与。

此外有的幼儿早期保育与发展中心实施或改造具体项目，如以玛利亚·蒙台梭利（Maria Montessori）的著作、以银行街学院（Bank Street College）、华德福学校（Waldorf School）的成长—互动方法①、以来自日本的公文式（Kumon）② 方法为基础的项目。他们的课程也可以按照上述三类的分类标准来加以考察。

公立幼儿园和日托中心课程的设计更像上面提到过的第二类课程，也带有第三类课程的某些特点。日托中心活动计划是围绕话题或主题组织的，设计目的是用来提供一系列活动：带有戏剧性、操控性的小组游戏、艺术和手工、讲故事、其他语言体验。日托中心工作人员的主要参考资料有：（1）原版《每周计划活动指南》，该书包含供 10 个月的周期使用的精选主题；（2）《幼儿早期保育与发展资源手册》，该书包括附加主题、推荐概念和学习体验。日托中心的每日安排和物理空间，与使用以活动为中心的课程的学前学校相似。日托中心有明确划定的游戏或活动角，儿童每日的时间安排分为对应着不同活动的许多时间段，以及游戏、讲故事和用餐等过渡时间。

教育部的幼儿园课程更加明确地专注于为入学准备提供支持，促进对编写的学习单、操控性游戏材料以及教师制作的资源的利用。教育部为幼儿园教师提供《学前学校手册》，该手册描述了教学目标、要涵盖的概念和内容以及推荐的课堂活动和学习材料，还包括日常安排和一些课堂管理方面的指导意见。另一份由教育部提供的参考材料是《一年级幼儿早期保育与发展八周课程》。该课程的基础是全年幼儿园课程，设计目的是在每学年前八周实施，面向所有一年级学生。在类似为公立学校推荐的基础幼儿园课堂包中，还包括供儿童使用的作业本以及若干适合 5—6 岁儿童的故事书。

多数日托中心开课半天，课程内容包括教师看护的玩耍和小组活动（艺术与手工、音乐与运动、讲故事）、幼儿个人卫生护理、补充餐、健康和营养教育、以幼儿识字和算术为目的的学习体验，以及旨在支持社会性和情感

① 成长—互动方法指在教学过程中教师与学生的互动，这些互动以孩子的特点为基础，旨在更好地促进孩子的成长。

② "公文式"是一家日本教育机构，1958 年成立于大阪，创办人是公文公（Toru Kumon），"公文"是日本的一个姓。

发展的社会化活动。课程还包括对儿童发育状态的成长监测和评估，这种监测和评估使用的是儿童发育检查表。多数公立日托中心只提供一餐，一般是每天供应一次点心。同时具有儿童代理看护中心职能的日托中心提供午餐，有可能还提供点心（上午或下午）。公立系统的所有日托中心工作人员以国家大纲为指导，该大纲由社会福利与发展部会同学术界、社会团体和诸如联合国儿童基金会的国际机构制定。在最佳情况下，日托中心为儿童提供适合发展的活动，这些活动能够全面满足他们的需求，适合他们的能力。

多数村日托中心〔也称幼托中心、幼儿园（crèches）和托儿所，但日托中心是最常用的名称〕的职能是为3—5岁儿童组织活动或游戏组，每天三小时或半天，每周五天。满负荷开课的日托中心通常每天轮流为两组儿童提供服务，一组在上午，一组在下午。少数中心为走失儿童提供幼托服务。20世纪90年代末，菲律宾推出了一项国家政策，目的是推动建立工作地日托中心。于是，越来越多的政府机关以及私有企业开办了全日制幼托项目，这些项目与儿童父母的工作时间相一致，即从上午8点或9点到下午4点或5点。其中有些幼托项目挂靠在城市的当地政府单位，这些单位也是公务员的雇用单位。目前，全国几乎每个村都有公立日托中心（1998年，26.7%的村无任何此类项目）。

公立日托系统由地方政府管理和监督，是面向3—5岁儿童的幼儿早期保育与发展服务的最大提供者。建立日托中心的目的是在一天中的某段时间为儿童提供补充保育服务，特别是上班族母亲的孩子。一个中心每次能接纳30名儿童，若该中心在上午和下午分别为两组儿童服务，则一天能接纳60名儿童。

2005年，菲律宾全国共有45433所日托中心，有些村有不止一所，而少数村一所也没有。2005年，全国大约81%的村（32112个村）有日托中心。据统计，2005年，幼儿早期保育与发展项目的毛入学率为20.5%。60%的5岁儿童能够享受幼儿早期保育与发展中心的服务，而3—4岁儿童能够享受该服务的只占19.6%。据统计，2005年，有幼教经历的一年级新生的百分比为60.7%。2006年的考试结果显示，只有36%的一年级新生做好了入学准备。（DepEd，2008）

据统计，2008—2009 学年，菲律宾幼儿早期保育与发展项目的毛入学率为 24.7%，有幼教经历的一年级新生百分比为 64.6%。（Government of the Philippines，2010）

2006—2007 学年，学前阶段（3—5 岁年龄组）的招生总数为 925109 人。其中 557220 名儿童就读于教育部所属的学前项目。（PTFE，2008）

根据教育部基础教育统计数据，2009—2010 学年，学前阶段招生总数为 1474644 人，其中 420444 名儿童在私立机构就读。（DepEd-RSD，2010）

初等教育

初等教育是基础教育的一部分。初等教育为期六年（某些情况下为七年），前四年是初级阶段，后两年是中级阶段。根据 2001 年《基础教育管理法案》，基础教育（涵盖幼儿园、初等和中等教育）的目标是为学龄儿童和青年人提供技能、知识和价值观，使他们成为懂得关爱他人、自立、有用和爱国的公民；培养学习者的识字、算术、批判性思维与学习技能，使他们成为有社会意识、爱国和负责的公民。

初等教育的总体任务是使学生做好基本准备，这将使他们受到启蒙，使他们成为全国社会中一名有纪律、自立、热爱神、有创造性、有多种技能的有用之人。根据 1982 年《教育法案》，菲律宾初等教育的主要目标是：

• 提供知识，培养技能、态度和价值观，这些对个人发展、对使自己成为有用之人、对建设性地参与不断变化的社会环境都至关重要；

• 提供学习经历，这些经历能增加儿童对社会正当需求的认识，使他们对这些需求更加敏感；

• 促进和加强学习者对其所属国家和社区的认识、认同和热爱；

• 增加学习者的经历，这些经历能使学习者确立就业方向，能使学习者做好准备，参加诚实的、回报丰厚的工作。

2002 年初等和中等教育新课程与在 20 世纪 90 年代实行的课程有所不同，其新特征包括：（1）学习领域调整，将其减少为五个（菲律宾语、英语、科学、数学、公民教育）；（2）在学习领域内部和学习领域之间，能力和价值观的结合更密切；（3）更加强调学习过程和综合性教学模式；（4）增加任务时间，以掌握基本工具学科的能力。课程目标用能力来表述，所谓能力，包括学习者在项目结束时应该获得的知识、技能和态度。能力的一个显著特征是它包括信息通信技术的使用，即获取、处理和应用信息，使用教育软件解决数学问题和开展实验的能力。教学与学习过程将学习者视为积极参与者，而非教育对象。学习者的角色是意义建构者，而教师的角色是学习促进者、促成者和管理者。（DepEd，2002）

初等教育周课程表（1999 年课程表、根据 2002 年基础教育课程制定的课程表）如表 7-1 和表 7-2 所示。

表 7-1 菲律宾初等教育周课程表（1999 年）

单位：分钟

科目	各科每周时间分配					
	一年级	二年级	三年级	四年级	五年级	六年级
性格养成活动	100—150	100—150	100	100	100	100
菲律宾语	300	300	300	300	300	300
英语	300	300	300	300	300	300
数学	200	200	200	200	200	200
公民教育与文化	200	200	200	—	—	—
历史、地理、公民教育	—	—	—	200	200	200
科学与健康	—	—	200	200	200	200
艺术与体育、家政和生计教育	—	—	200	200	200	200
选修科目				200	300	300
每周总分钟数	1100—1150	1100—1150	1500	1700	1800	1800
每天总分钟数	220—230	220—230	300	340	360	360

来源：Mariñas，Ditapat，2000。

表7-2　菲律宾初等教育周课程表（2002年基础教育课程）

单位：分钟

学习领域	各科每周时间分配					
	一年级	二年级	三年级	四年级	五年级	六年级
菲律宾语	400	400	400	300	300	300
英语	500	500	500	400	400	400
科学①	—	—	200	300	300	300
数学	400	400	400	300	300	300
公民教育②	300	300	300	500	600	600
—公民教育与文化	300	300	300	—	—	—
—社会③	—	—	—	200	200	200
—家政与生计	—	—	—	200	200	200
—音乐、艺术和体育④	—	—	—	100	200	200
—价值观教育、礼仪和操行⑤						
每周总分钟数	1600	1600	1800	1800	1900	1900

来源：DepEd，2002。

注：① 在一、二年级，科学融合在英语和公民教育（公民教育与文化）中；在三到六年级，科学包括基本健康概念。

② 公民教育是一个学习领域，其作用是充当全面学习的实践环境，以培养健康的个人自我认同和国家认同。理想地讲，公民教育要求采用综合教学模式，这将使学习者能够自己处理、综合一系列技能和价值观（文化的、美学的、体育的、职业的、政治经济的和伦理的）。在一到三年级，公民教育能力和主题是通过"公民教育与文化"形成的。儿童参加性格养成活动，培养良好行为，接受爱国、好公民、尊重文化遗产等价值观教育。儿童还将学习基本健康知识、健康实践以及简单的科学技能。公民教育与文化还通过文化、艺术、体育锻炼与游戏来培养创造性表达。在三年级，公民教育与文化关注职业道德的培养。

③ 四年级为地理，五年级为历史，六年级为政府与公民教育。

④ 在一到三年级，融合在公民教育与文化之中。

⑤ 价值观教育和"礼仪和操行"融合在所有学习领域之中。

公民教育这一学习领域起到"生活实验室"或者实践环境的作用。在各个学习领域中，该领域是最具实验性、互动性的一个领域，它旨在为学习者提供跨学科的、包含价值观的教育（文化的、美学的、体育的、职业的、政治经济的和伦理的价值观）。人们期望这一学习领域为学习者提供宝贵时间，来展示已经获得的实践知识和生活技能，特别是移情技能、职业效率和在日常生活中解决问题的能力。爱国精神的作用是充当多样化价值观的凝聚力，并培养学习者的个人和国家自我概念，这包括对菲律宾历史的充分认识和对本地文化、工艺、艺术、音乐和游戏的由衷欣赏。（DepEd，2008）

2002—2003 学年，菲律宾教育部推出了一项新的学生评估计划。该计划包括一项针对四年级学生的诊断性测试，在学年开始时举行，目的是确定学习差距。测试结果作为在本学年内实施补救措施的依据。成果考试在学年末面向同一年级学生举行，目的是确定学习进展，特别是针对六年级学生。国家初等教育成果考试是公立和私立学校中完成初等教育项目的六年级学生参加的一项成果考试。2000—2001 学年，学生平均分数为 51.7 分。从 2005 年起，菲律宾还为公立学校一年级新生推出了一年级准备程度考试，目的是确定他们是否真正为正式教育做好了准备。2006—2007 学年的数据显示，不到一半的一年级学生（40%—45%）做好了迎接一年级课程挑战的准备。（DepEd，2008）

2003 年，菲律宾推出了基于表现的评分系统。新的评分系统用来真正反映学生的表现，该系统将及格分数和掌握水平从 70 分提高到 75 分，并重新设计了考试内容。考试项目分为简单、中等难度和高难度三种，其比重分别为 60%、30%、10%。新评分系统能使教师关注他们的教学内容并确保学生达到预期学习效果。并且，通过菲律宾非正式阅读清单，小学生的阅读熟练程度得到评估和评价。前测结果是向低于标准阅读水平的儿童实施干预的依据。补救项目利用菲律宾非正式阅读清单来评估前测结果。菲律宾非正式阅读清单标准是从若干国际阅读清单的比较中得来，并根据全国阅读成果测试的结果改编而成。（DepEd，2008）

2001—2002 学年，小学阶段的毛入学率为 114.4%（2004 年为 113%），公立学校的平均师生比为 1∶36（2004 年为 1∶35）。整个小学生群体中，成功升至六年级的学生比例为67.1%。2000—2001学年的平均辍学率为7.2%。

据统计，2000年，小学阶段的净入学率为96.7%（当时，净入学率指的是7—12岁年龄组的入学率；自2001—2002学年起，入学率指的是6—11岁年龄组的入学率），但次年下降至90.1%，2005—2006学年，进一步下降至84.4%。辍学率却在上升。2005—2006学年，一年级学生的辍学率高于14%（二年级在4%—6%之间，三年级略高于4%）。2005年，37496所小学中，21%（7766所）没有完整地提供各个年级或阶段的教育。据统计，2007年，菲律宾小学生初等教育完成率为73%，升入中等教育的比例为96.9%。公立小学招收的学生大约有3%属于有天赋的学生，大约2%患有残疾。教育部提供远程学习项目，以满足这些儿童的特殊需要。教育部还通过自学模块，为教师提高专业能力提供机会。（DepEd，2008）

据统计，2008—2009学年，菲律宾初等教育毛入学率为102.1%，净入学率为85.1%，完成率为73.3%。平均辍学率依然很高，为6%（一年级为13.1%，二年级为3.8%，三年级为2.7%）。净入学率方面仍存在显著的地区差距。（Government of the Philippines，2010）

根据教育部基础教育统计数据，2009—2010学年，全国共有44486所小学，其中7084所为私立。招生总数为13934172人（其中1134222名学生在私立学校就读），教师总人数为410386名（其中52308名在私立学校任教）。公立学校中，平均师生比为1:36。据统计，初等教育毛入学率为100.8%，就读率或净入学率为85%，完成率为72.1%，升入中等教育的比例为97%。（DepEd-RSD，2010）

中等教育

中等教育为期四年，是基础教育的一部分。开设的课程分为普通课程和中等职业技术教育课程。根据1982年《教育法案》，菲律宾中等教育的目标有：延续开始于小学的普通教育；使学习者为大学学习做好准备；使学习者为职场做好准备。一般，各中等学校提供三年的初级中等教育（七到九年级）和一年的高级中等教育（十年级）。

中等教育新课程于1992—1993学年开始实施。主要科目领域有科学、数学、技术、菲律宾语、英语、公民教育/民族文化。职业技术教育也根据近年来的技术进步和就业需求进行了修改和调整。2002年，菲律宾推出了新的基础教育课程（也涵盖中等教育）。

中等教育周课程表（1999年课程表、根据2002年基础教育课程制定的课程表）如表7-3和表7-4所示。

表7-3 菲律宾中等教育周课程表（1999年）

单位：分钟

科目	各科每周时间分配			
	第一年	第二年	第三年	第四年
英语	200	200	200	200
菲律宾语	200	200	200	200
科学技术	400	400	400	400
数学	200	200	200	200
社会	200	200	200	200
体育、健康与音乐	200	200	200	200
价值观教育	200	200	200	200
技术与家政	400	400	400	400
每周总分钟数	2000	2000	2000	2000
每天总分钟数	400	400	400	400
每天总小时数	6小时40分	6小时40分	6小时40分	6小时40分

来源：Mariñas, Ditapat, 2000。

表7-4 菲律宾中等教育周课程表（2002年基础教育课程）

单位：分钟

科目	各科每周时间分配			
	第一年	第二年	第三年	第四年
菲律宾语	300	300	300	300
英语	300	300	300	300
科学技术[1]	300	300	300	300

续表

科目	各科每周时间分配			
	第一年	第二年	第三年	第四年
数学	300	300	300	300
公民教育②	780	780	780	780
—社会③	240	240	240	240
—家政、农业与渔业、工业艺术、创业	240	240	240	240
—音乐与艺术、体育和健康	240	240	240	240
—价值观教育④	60	60	60	60
每周总分钟数	1980	1980	1980	1980

来源：DepEd，2002。

注：① 第一年为科学综合（地球科学、生物、化学和物理学的基本概念）；第二年为生物；第三年为化学；第四年为物理或高级化学（该方案应于2003—2004学年生效）。

② 在中等教育阶段，公民教育是一个学习领域，设计目的是培养学习者的个人、社会、工作/特殊技能，特别是社会性技能、对其他文化的移情、职业效率以及日常生活中解决问题与做决定的能力。

③ 社会涵盖菲律宾历史（第一年）、亚洲研究（第二年）、世界历史（第三年）、经济学（第四年）。

④ 价值观教育也融合在所有学习领域之中。

如上所述，2010年6月《教育部第76号令》指出，在四年试点之后，2010年中等教育课程在中等教育一年级推广已经准备就绪，并从2010—2011学年开始逐步成为主流课程。2010年中等教育课程关注以理解为目的的教学与学习，并在课程设计中体现了这一关切。

根据该命令，课程的改进遵循"通过设计实现理解"的框架，该框架涵盖三个阶段：（1）结果/预期结果；（2）评估；（3）学习/教学计划。前两个阶段在课程指南中界定，最后一个阶段包含于教学指南中。2010年中等教育课程有如下特点：

● 集中关注基本认识。

● 设定高期望值（以标准为依据），其表现是，作为学习的证据，学生应该知道、做、认识、运用于生活的东西。

● 丰富和富有挑战性——提供了一种个性化方式，通过提供特殊课程项目，培养学生多方面的智力。这些特殊课程包括：艺术特殊项目、体育特殊项目、新闻学特殊项目、外语特殊项目、特殊科学/数学（外语特殊项目）、工程和科学教育项目，技术—职业项目，在核心课程的基础上，学生可以学习这些项目。

● 为工作和终身学习做准备，培养这方面的激情。

中等教育课程包括八个科目领域：英语、科学、数学、菲律宾语、社会（Araling Panlipunan）（涵盖菲律宾历史和政府、亚洲研究、世界历史、经济学）、价值观教育（Edukasyon sa Pagpapahalaga）、技术与生计教育中的职业路径，以及音乐与艺术、体育和健康。此外，在第四年开设公民提升培训（35 个小时）。社会、价值观教育、技术与生计教育中的职业路径、音乐与艺术、体育和健康、公民提升培训包含在公民教育之中。根据 2005 年 7 月 1 日《教育部第 35 号令》（名为《关于实施 2002 年基础教育课程中等教育项目的2005—2006 学年政策指导方针》），公民教育是第五个学习领域。

在中等教育课程方面，教育部要求：一方面，继续加强熟练使用英语，作为科学、数学、技术与生计教育中的职业路径、音乐与艺术、体育和健康与公民提升培训授课语言的能力，这是学会如何学习以及提高学生全球竞争力的工具。另一方面，学校使用菲律宾语作为社会和价值观教育授课语言的相对优势应予保持，以此作为建设和传播菲律宾认同感和国家地位价值观的工具。综合教学和建构主义作为 2002 年基础教育课程的重要特色，应在课程的各个学习领域继续加强。应适当建立各学习领域之间的联系。

使用信息通信技术是中等教育课程的固有内容，应在有技术条件的学校继续推进，鼓励使用各种教学媒介。与此同时，应拓展学习范围，只要可行，应拓展到社区中，将其作为学校真实学习的实验室。例如技术与生计教育中的职业路径，应包括实际社区工作经验，这可能会延伸到课堂之外。技术与生计教育中的职业路径已得到扩展，已包括上述特殊项目。参加任一项目的学生不需要学习技术与生计教育中的职业路径的附加课程，因为它们的设计目的都是使学生为就业做好准备。

各科教学时间分配如下：英语，300 分钟/周；科学，360 分钟/周；数学，300 分钟/周；菲律宾语，240 分钟/周；社会，240 分钟/周；价值观教育，一年级和二年级 120 分钟/周，三年级和四年级 180 分钟/周；技术与生计教育中的职业路径，240 分钟/周；音乐与艺术、体育和健康，240 分钟/周。此外，在四年级，公民提升培训的时间为 35 小时。

在评分体系修订之前，应继续执行 2004 年《教育部第 33 号令》所规定的基于表现的评分体系实施指导方针，重点在于评估的塑造功能。应定期监测学生在达标方面的进步，作为丰富和补救的根据。每个学习漏洞都应及时解决，每个学习差距都应及时消除。应继续实行"60—30—10"测试方案，其中 60% 的试题应该简单，虽然它们评估的是批判思维能力；30% 的试题应为一般难度或偏难；10% 的试题应为难题。衡量学习结果的基本模式应该是考虑将学习应用于实际生活的可靠评估。应适时采用替代性评估方法。试卷开头的说明作为评分指南，应继续加以使用，以使评分方法更加客观。

学生的升级根据科目而定，执行 75 分的最低成绩标准。65 分是记入学生报告卡的最低分数。学生如果在正常学年中有三科及以上不及格，并在夏季课中不能将不及格科目补上来，该学生应留级。留级学生只需重修不及格科目，但不能学习这些科目的高级课程。（参见 2010 年 6 月 4 日《教育部第 76 号令》）

如上所述，教育部计划推出一种改进型 K + 12 基础教育项目，该项目包括一年幼儿园教育、六年初等教育、四年初中教育和两年高中教育。两年高中教育旨在为学生提供时间巩固已经学到的学术技能和能力。这种课程强调根据 K + 12 毕业生应该获得的能力和技能设计。根据不同能力或学生的兴趣，发展不同的学习路径，这将是该项目不可或缺的一部分。高中课程将开设多个领域的专业课或选修课。K + 12 的目的不只是增加两年学校教育，更重要的是加强基础教育课程。

职业技术教育与培训培养学生和其他学员的就业能力。对于已经就业并且需要提升和培养新能力以增进就业竞争力和效能的人，它也能满足其技能培训需求。职业技术教育与培训的潜在学员首先包括中学毕业生、中学离校生以及希望获得其他职业领域的技能的大学本科生和研究生。其他潜在学员包括正在积极找工作的失业者。培训的基本模式有四种：（1）通过各种学制（至少一年但不超过三年）的职业技术教育与培训项目开展的学校培训或正式培训；（2）在中心举办的培训，例如在技术教育与技能发展局大区级和省级培训中心举办的短期非正式培训；（3）在社区举办的培训，例如为满足社区的技能培训需求、促进自我就业而专门设计的培训项目；（4）在企业举办的项目，如在公司或产业内部开展的学徒项目、徒工培训、双元制培训。2007年，全国共有4500所公立和私立职业技术教育与培训机构或中心，其中62%为私立。正规职业技术教育与培训所招学生的80%以上在私立机构/中心就读。同年，培训人数总计1680402名。公立职业技术教育与培训提供者包括121所技术教育与技能发展局技术院校，其中又包括57所学校、15所大区级培训中心、45所省级培训中心和4所专门培训中心。其他公立职业技术教育与培训提供者包括提供非学位项目的国立大学与学院、当地学院，教育部监管的学校，地方政府部门和提供技能培训项目的其他政府机构。（PTFE，2008）

　　技术教育与技能发展局致力于通过菲律宾职业技术教育与培训鉴定与认证系统，评估和认证中级熟练工人的能力。评估过程将决定一个毕业生或工人是否达到了工作单位期望的能力标准，向达到能力标准要求的人提供认证。在基于能力的培训中，技术教育与技能发展局关于便利的实用高质量职业技术教育与培训的主张得到了最好的体现，这些培训根据培训法规开发和举办。培训法规是开发基于能力的培训项目的依据，特别是设计课程与学习材料、开展与评估培训的依据。能力评估工具用于对毕业生和工人的评估，是颁发国家证书的依据。基于能力的课程和基于能力的学习材料用于培训项目的设计与开展，这些项目旨在培养培训法规中界定的资质。技术教育与技能发展局与高等教育委员会合作，开始将"职业技术教育与培训和高等教育之间的阶梯化衔接（ladderized interface）① 制度化"。高等教育委员会、技术教育与技能发展局与教育部联合制定出《菲律宾国家认证框架》。2006—2007 学年，181 所公立和私立高等教育机构开始实施 293 个阶梯化项目，涵盖八个优先学科，例如工程、农业、教育、卫生、海事、刑事学、宾馆与饭店管理/旅游，以及信息通信技术。（UNESCO，2008）

据统计，2005 年，中等教育阶段的毛入学率为 80.5%，净入学率为 58.5%（2007 年为 61.9%），毕业率为 61.6%。据统计，总体辍学率为 12.5%。（DepEd，2008）

根据菲律宾教育部基础教育统计数据，2009—2010 学年，全国共有 10384 所中等学校，其中 4707 所为私立学校。招生总数为 6806079 人（其中 1340456 人在私立学校就读），教师总数为 197684 人（其中 55166 人在私立学校任教）。公立学校的平均师生比为 1：38。据统计，毛入学率为 82.1%，就读率或净入学率为 62.4%，毕业率为 73.7%，总体辍学率（或离校率）为 7.9%。（DepEd-RSD，2010）

在全国范围内评估学习成果

菲律宾全国教育测试与研究中心在教育测量、评价与研究领域扮演主要角色。教育测量、评价与研究是提供必要信息以改进教育系统状况的一种手段。该中心每年推出的考试包括：全国大学入学考试、国家职业技术考试以及菲律宾教育安置考试，最后一种考试是面向希望重新被正规教育系统录取的辍学学生的考试。该中心与公务员委员会合作，每年都为菲律宾教师考试委员会开发测试。该中心还开发国家初等教育成果考试和国家中等教育成果考试。

1988 年，小学生成果考试全国平均分数仅为 55.2 分，及格分是 75 分。国家初等教育成果考试的结果反映出全国平均分低于目标平均分。最低分出现在语言/阅读、科学和数学科目。国家初等教育成果考试的结果进一步显

---

① 阶梯化衔接，职业培训的部分课程可记为大学学位的学分。大学生为了就业方便，想上技校或职业培训，有些文化课也可免。

示，131 项能力/技能中，学生学到的仅有 38 项。质量低下的原因包括社会经济因素、与教师有关的因素、教学材料不足以及学校课程短且排课拥挤等。根据国家初等教育成果考试分数，1995—1998 年，掌握基本读写能力的小学生百分比有所提高。同一时期，掌握生活技能/其他技能基本能力的学生百分比有所下降。

从全国来看，掌握读写能力的学生百分比从 1995 年的 59% 提高到 1998 年的 61.6%。1995—1998 年，男生和女生的增长率基本一致。城市地区实际上没有提高，相反，农村地区有很大提高。然而，就掌握读写能力的学生百分比来说，城市地区在 1995 年和 1998 年均高于农村地区（1995 年，城市地区为 64.2%，农村地区为 51.7%；1998 年，城市地区为 64.5%，农村地区为 57.7%）。掌握数学能力的学生百分比从 1995 年的 67.7% 提高到 1998 年的 78.2%。1995—1998 年，男生和女生人数的增长率基本一致。农村地区的增长率比城市地区的高（农村地区 1998 年为 76.3%，1995 年为 63.1%；城市地区 1998 年为 79.7%，1995 年为 71%）。然而，就掌握数学能力的学生百分比来说，城市地区在 1995 年和 1998 年均领先于农村地区（1995 年，城市地区为 71%，农村地区为 63.1%；1998 年，城市地区为 79.7%，农村地区为 76.3%）。

掌握生活技能的学生百分比从 1995 年的 61.7% 下降到 1998 年的 60.9%。科学和 HEKASI（地理、历史和公民教育）的测试分数被用作衡量生活技能的手段。在国家初等教育成果考试所考科目中，这些科目是最近似的代替者。1995—1998 年，男生的成绩没有变化；不过，女生的成绩有所下降，导致学生的生活技能整体有所下降。尽管如此，1995 年和 1998 年，掌握生活技能的女生百分比均比男生高（女生 1995 年为 66.5%，1998 年为 60.9%；男生 1995 年和 1998 年均为 56.7%）。城市地区学生的百分比有所下降（1995 年为 67.2%，1998 年为 64.9%），而农村地区学生的百分比略有提高（1995 年为 54.5%，1998 年为 55.6%）。就掌握生活技能的学生百分比来说，城市地区在 1995 年和 1998 年均高于农村地区（1995 年城市地区为 67.2%，农村地区为 54.5%；1998 年城市地区为 64.9%，农村地区为 55.6%）。教育、文化和体育部将生活技能成绩水平的下降归因为投入不足，

未能支持生活技能的构成科目，尤其是科学。（DECS，1999）

初等教育三年级学生的英语和菲律宾语阅读与理解技能的复合平均百分比分数从 2006 年的 49.2% 上升到 2007 年的 60.2%。上升原因为教育部对诸如"让每个孩子都成为阅读者"项目等的资源投入，这保证了每个三年级学生在升入四年级之前，都成为一个有效的阅读者，具有他们这个阶段应有的理解水平。六年级学生的成绩水平也有很大进步，在英语、科学和数学方面，平均百分比分数从 2006 年的 51.5% 上升到 2007 年的 57.5%。在所有科目的净成绩方面，平均百分比分数从 2006 年的 54.6% 上升到 2007 年的 59.9%。与此类似，中学第四年的学生的普通学术能力有所进步。（PTFE，2008）

2009—2010 学年，初等教育六年级学生的全国成果考试通过率仅为69.2%。中学的全国成果考试通过率为 46.4%。国际考试的成绩，如 2003 年国际数学与科学趋势研究，在中学二年级数学方面，菲律宾在 38 个国家中排在第 34 位；在中学二年级科学方面，菲律宾在 46 个国家中排在第 43 位；四年级测试中，在数学和科学方面，菲律宾在 25 个参加国中均排在第 23 位。2008 年，尽管仅有理科高中参加高等数学类别的国际考试，但菲律宾的排名仍然最低。（DepEd，2010）

教职人员

任何选择以教师为职业的人必须具有教师教育方面的学位。公立和私立小学教师必须至少有一个初等教育方面的学位。中学教师应具有中等教育方面的学士学位，其专业（一个大专业、一个小专业）应与中学科目一致。两种学位都于学生在国家承认的机构成功修完经官方批准的教师教育课程时授予。在大学或高等教育专业学位项目中任教，申请者要至少具有某个具体专业领域的硕士学位。教研究生课程的教师须具有博士学位。

社会福利与发展部规定，日托中心职员须具有以下特质：女性，18—45岁，中学毕业生，身体健康（如有残疾，不应妨碍其开展日托中心工作），道德品质必须优秀，有学前教育工作经验者更佳，愿意接受培训并接受社会福利与发展部监督，必须提供至少两年的全职服务。学前学校教师的质量仍然是一个挑战。私立学前教育机构聘用的教师相对优秀，因为他们能支付更高的工资，而公立学前学校聘用的教师通常是本科生，因为他们支付的工资低。（DepEd，2008）

所有教师必须完成一项为期四年的学位项目。常见项目有中等教育学士项目和初等教育学士项目，也有农业、商业、工业和体育方面的专门人才项目。项目包括普通教育（这是核心）和主要教学领域至少一年的专业教育与研究。每个项目的课程由高等教育委员会制定，各教育机构有灵活运用这些课程的自由。非教育类毕业生可完成一个18单元的专业教育证书项目，以获得小学或中学教师资格。教师教育项目毕业生必须通过教师资格证考试，该考试每年举行一次。

教师招聘以学校为单位举行，学校是教育部的最低行政级别单位。所有公立学校均有权接受对其学区内所有空缺教学职位的申请。学校选拔委员会负责正式接受申请，告知申请人申请已收到，确认申请者提交文件的完整性，告知申请者申请处理情况并将完整的申请转发给学区办公室选拔委员会，对申请进行初步评价。教师的派遣和管理也是学区办公室的职责。教师要晋升，首先需由校长向学区督学推荐，督学将进行评价并发布一份预约书，教师凭此接受公务员委员会专员的测试。新增教学职位由中央政府设置，并由立法机关批准。（UNESCO Bangkok，2009）

《公立学校教师大宪章》（《共和国法案第4670号》）制定于1966年。该法规定，"任何参加实际课堂教学的教师每天实际课堂教学时间不应超过六小时，备课和批改练习题及其他工作是他们正常教学职责的附带职责"。中学教师每天的教学任务量不得超过六节课（每节课40分钟）。对大学而言，一个全职教员的正常教学任务量应为每周18小时。在教学领域之外做全职工作的兼职教员教学工作量不应超过每周12小时。

全国、大区、地区和学校的培训活动由教育部、教师教育机构、其他政府机构和非政府机构以及国际机构开展，作为职员发展项目的一部分，以便满足教师的在职培训需求。教育部通过与其他机构和协会的联系，倡议、计划和实施在职培训项目。这类项目的形式有会议、大会、短期课程、暑期学院、研习班和研讨会。这些活动的对象是各个层次和级别的教师、督学和行政人员。

在2006—2010年基础教育领域改革日程中，一个重要的改革推动力是教师教育与发展，这为制定《基于能力的全国教师标准》铺平了道路。基于能力的全国教师标准将被用作教师教育与发展、教师聘用、派遣和晋升的依据。基于能力的全国教师标准实际上将全面修订以文凭至上主义为基础的聘用和晋升政策。制定基于能力的全国教师标准的一个结果是，在教育部、高等教育委员会、公务员委员会、专业法规委员会和教师教育机构之间执行了一份谅解备忘录。这些教师教育机构采用基于能力的全国教师标准作为职前、在职教师教育与发展项目和政策的共同框架与首要基础。（DepEd，2008）

菲律宾教育部已对其教师聘用和派遣指导方针进行了修改，从文凭至上主义转向看重能力。此外，菲律宾已经起草了《大宪章》修正案，以照顾教师的福利和利益。基于能力的全国教师标准是一套新的扩展了的能力，这代表从传统的以教师为中心的教学模式转向以学习者为中心的学习模式。其结构考虑七个方面：社会对学习的关注；学习环境；学习者的多样性；课程；计划、评估和报告；社区联系；个人和职业成长。基于能力的全国教师标准将通过以下途径实施：（1）采用一种合适的职前和在职培训课程设计、内容、教学方法和评估体系，这里的职前和在职培训对象包括教育专业以外学位项目的大学讲师；（2）确保开展有教师监督的课堂培训，将学生评估与在职培训的内容和方法联系起来，实行培训多级负责制；（3）强调英语、数学、科学技术，包括教学技术以及替代授课模式的运用，在数学和科学教学中使用母语；（4）将多年级教学和应对大班教学纳入培训设计。（PTFE，2008）

参考资料

Department of Education. 2002. *The 2002 basic education curriculum in the Philippines*. Manila.

Department of Education, Culture and Sports. *National report on the development of education in the Philippines*. Presented at the 44th session of the International Conference on Education, Geneva, 1994.

Department of Education, Culture and Sports. *Annual report* 1995. Manila, 1995.

Department of Education, Culture and Sports. *The development of education. A national report of the Philippines.* Presented at the 45th session of the International Conference on Education, Geneva, 1996.

Department of Education, Culture and Sports. *Enhancing the role of teachers in a changing world.* Report presented at the 45th session of the International Conference on Education, Geneva, 1996.

Department of Education, Culture and Sports. *Annual report* 1996. Manila, 1996.

Department of Education, Culture and Sports. *Education for all* 2000 *assessment: Country report of the Philippines.* (Under the coordination of R. C. Bacani). Manila, 1999.

Department of Education. *The education system facing the challenges of the* 21*st century. Country: Republic of the Philippines.* Presented at the 48th session of the International Conference on Education, Geneva, November 2008.

Department of Education. *Philippine country education for all mid-decade assessment* 2000—2005. Manila, 2008.

Department of Education. *The enhanced K + 12 basic education programme.* Discussion paper. Manila, October 2010.

Department of Education. Research and Statistics Division. *Fact sheet as of* 23 *September* 2010. Manila.

Department of Social Welfare and Development. *Annual report* 2009. Manila.

P. U. Gordoncillo *et al. Early childhood care and development policy review in the Philippines.* Final report. Manila, January 2009.

Government of the Philippines. National Economic and Development Authority. *Philippines progress report on the Millennium Development Goals* 2010. Manila.

T. G. Inciong. *Basic education curriculum revisited: A look at the current con-*

tent and reform. Presented at the 11th Governing Board Meeting of SEAMEO RET-RAC at the Institut Aminuddin Baki (IAB), Genting Highlands, Malaysia, 27 – 31 August 2008.

B. O. Mariñas. & M. P. Ditapat. "Philippines. Curriculum development" *In*: UNESCO-IBE and Central Board of Secondary Education (India). *Globalization and living together: The challenges for educational content in Asia.* Final report of the subregional course on curriculum development, New Delhi, 9 – 17 March 1999, pp. 112 – 119. Geneva, 2000.

Presidential Task Force for Education. *The Philippine main education highway: Towards a knowledge-based economy.* Preliminary report. Manila, 2008.

Southeast Asian Ministers of Education Organization, Regional Centre for Educational Innovation and Technology (SEAMEO-INNOTECH). *Access to and demand for secondary education in the Philippines: A policy review and assessment study.* Manila, no date (presumably 2008).

UNESCO. *UNESCO national education support strategy (UNESS). Philippines.* Manila, June 2008.

UNESCO Bangkok Office. *Early childhood care and education in South-east Asia: Working for access, quality and inclusion in Thailand, the Philippines and Viet Nam.* Bangkok, 2004.

UNESCO Bangkok Office. *Secondary education regional information base: Country profile, Philippines.* Bangkok, 2009.

UNESCO National Commission of the Philippines. *The development and state of the art of adult learning and education. National report of the Republic of the Philippines.* Manila, April 2008.

网络资源

菲律宾特许学院和大学认证机构：http：//www. aaccupqa. org. ph
菲律宾教育部初等教育司门户网站：http：//www. elementary. ph

菲律宾教育部中等教育司：http：//www. bse. ph

菲律宾高等教育委员会：http：//www. ched. gov. ph

菲律宾教育部：http：//www. deped. gov. ph

菲律宾社会福利与发展部：http：//www. dswd. gov. ph

菲律宾技术教育与技能发展局：http：//www. tesda. gov. ph

更新的链接，请参考联合国教科文组织国际教育局网页：

http：//www. ibe. unesco. org/links. htm

新加坡教育体制及现状

教育的原则与总体目标

新加坡教育服务的使命是通过塑造决定民族未来的人，来塑造国家的未来。教育服务将为儿童提供均衡而全面的教育，培养他们，使其充分发挥潜力，并成为能够意识到自己对家庭、对社会、对国家所负责任的好公民。教育系统的目的是培养每一个孩子，并帮助所有学生发现自己的才能，充分发挥自身潜力，培养终身学习的热情。国家教育机关要培养年轻人，使他们愿意以新的方式思考并解决问题，为未来创造新机遇。同样重要的是，应帮助青年树立正确的价值观并养成坚韧的性格，以应对未来的挑战。国民教育的目的是培养学生之间的感情纽带，并使他们形成深深的归属感和对家庭、社区及国家的责任感。

教育应使学生掌握技能和知识以及正确的价值观和态度，以确保个人生计和国家的生存与成功。儿童必须学会自立，还要能与他人密切合作；要获得个体竞争力，但要具有强烈的社会良知。他们必须具有灵活的头脑和人生观，以不断适应瞬息万变的世界。孩子们必须形成对共同身份和共同命运的认识、保卫新加坡国家利益的本能、作为同一个民族凝聚在一起的决心和信心，以应对威胁和挑战。孩子们应了解自己的文化遗产并通晓母语。与此同时，他们必须学会理解和尊重具有不同种族、宗教、文化和语言背景的同胞。

《理想的教育结果》（2009 年版）是教育工作者期望每个新加坡人在完成正规教育时应该具有的特点。这些结果为教育工作者确立了一个共同目的，推动政策和项目，并能使教育部门确定教育系统的运行状况。在新加坡教育系统接受学校教育的人体现了理想的教育结果。他/她具有良好的自我意识、健全的道德准则以及迎接未来挑战所必需的技能和知识；对自己的家庭、社区和国家负责；欣赏周围世界的美丽，拥有健康的身体和精神，热爱生活。总之，他/她是：

●一个自信的人，有强烈的是非感，有良好的适应性和韧性，能够认识自我，有敏锐的判断力，能独立和批判地思考，并能有效沟通；

●一个自主学习的人，对自己的学习负责，在求学过程中懂得提问、反思和坚持；

●一个积极的贡献者，能够有效地在团队中工作，发挥主动性，敢于冒险但懂得预计风险，具有创新精神，追求卓越；

●一个关心社会的公民，植根于新加坡，具有强烈的公民意识，有知识，积极改善周围其他人的生活。（Ministry of Education，2010）

有关教育的法律和其他基本法规

《教育法》（1985 年版）和《学校条例》（1990 年版）界定了新加坡教育的法律框架。

1988 年颁布的《托儿中心法》于 2001 年修订，该法规定，任何人只有取得许可，并遵守许可证的条款和条件，才能经营或参与管理托儿中心。

《民办教育法第 21 号》于 2009 年 9 月 14 日在国会通过。该法规定成立私立教育理事会，规定对民办教育机构进行监管和认证，以确保它们提供优质教育。根据该法规定，在新加坡，任何人不得：（1）许诺提供或提供私人教育，无论是在新加坡城或其他地方；（2）颁发任何私立教育方面的学位、文凭或证书（包括任何荣誉学位或其他荣誉），不管是在新加坡城或其他地方提供，除非此（法）人是注册私立教育机构。

《义务教育法》（第 51 章）于 2000 年 10 月由国会通过，2003 年 1 月起实施义务教育。根据该法，义务教育学龄儿童是指满 6 岁、未满 15 岁的儿童。如果儿童未到国立小学或指定学校，或以在家接受教育的方式（这能获得免责）上学，家长/监护人可能构成违法。

2000 年《义务教育法》还规定建立一个名为义务教育委员会的机构。该委员会的职责包括调查是否有违反该法案规定或违反任何法规的情况，并就法案和法规的执行提出建议。

教育系统的行政与管理

教育部（Ministry of Education，MOE）负责指导教育政策的制定和实施。它控制着政府办学和政府资助办学的小学、中学和大专院校的建设与管理。它还监管私立学校。

教育部分为三大类部门：专业部门、政策部门和服务部门。专业部门包括：课程规划与发展司、教育项目司、教育技术司、学校司、新加坡教师学院。政策部门包括：企业通联司、高等教育司、组织发展司、规划司、私立教育司。服务部门包括：金融与发展司、法律服务司、人事司、学校规划和安置司。

课程规划与发展司的主要职能是：设计和审查教学大纲并监督其执行情况；推广符合课程意图的教学与学习方法；设计支持理想的学习结果的评估模式；设计并负责特殊课程项目，如人文课程、语言选修课程和艺术/音乐选修课程；通过为学校培训教学大纲实施人员来提供支持；制定和审批教材；为其他司、各部委和私营出版商提供关于课程的专业意见；监管教育部语言中心和 Umar Pulavar 泰米尔语中心。

教育部下设十个常设机构，即私立教育理事会、东南亚研究所、技术教育研究所、新加坡科学中心、五所技术院校以及新加坡考试与评估委员会。它们虽然对各自的管理委员会负责，但这些机构接受教育部的总体政策指导。

根据 2009 年《民办教育法》，教育部设立了私立教育理事会，该理事会具有以下职责：（1）对私立教育机构和直接或间接提供与私立教育有关的任何服务的人进行登记和管理；（2）鼓励、推动和促进新加坡私立教育的发展；（3）在理事会认可的情况下，建立、实施或支持质量鉴定或认证体系及其他措施，以提高私立教育部门的水准，或推而广之，提高整个新加坡教育部门的水准；（4）就私立教育整体事务方面的国家需要和政策，向政府或其他公共机关提供建议，并落实国家有关私立教育的政策。

教育系统的结构与组织

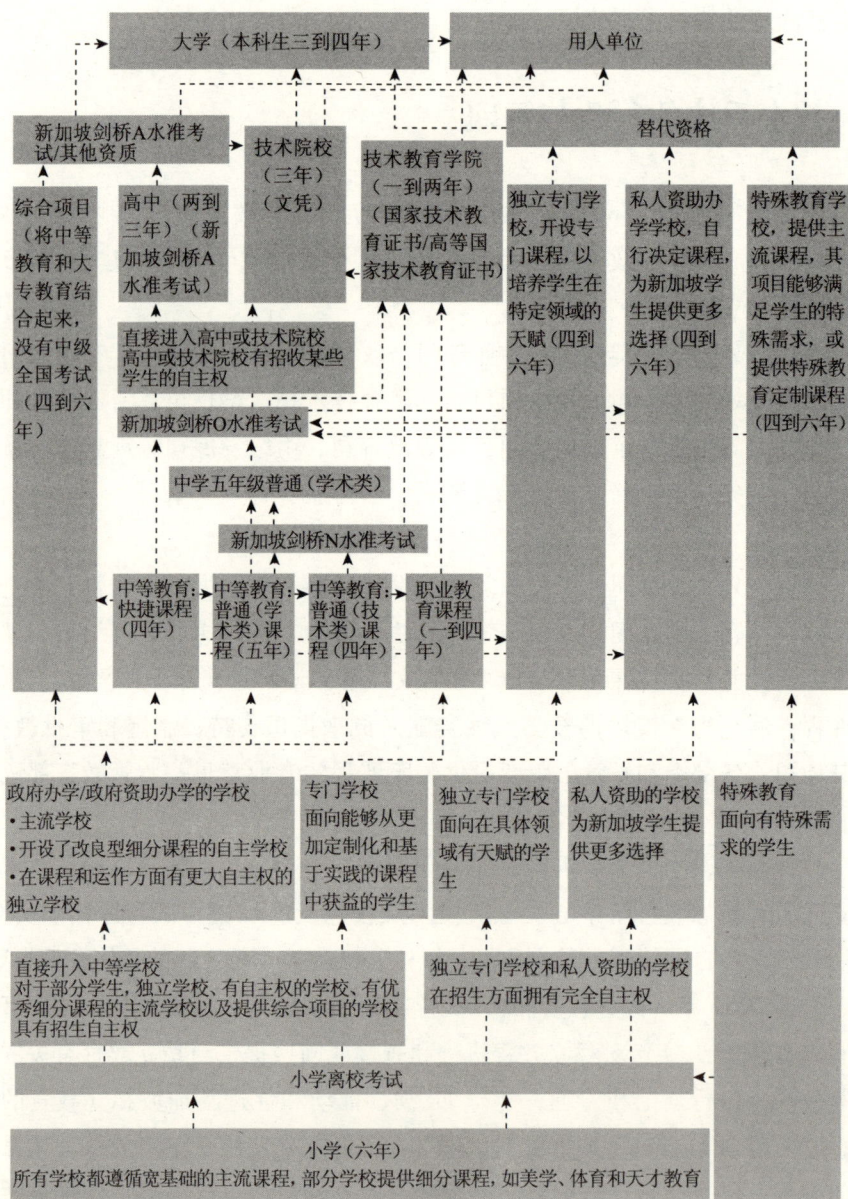

图 8-1 新加坡教育系统的结构

来源：MOE，2010。

[图表内容]

大学（本科生三到四年）　用人单位

新加坡剑桥A水准考试/其他资质　技术院校（三年）（文凭）　技术教育学院（一到两年）（国家技术教育证书/高等国家技术教育证书）　替代资格

综合项目（将中等教育和大专教育结合起来，没有中级全国考试）（四到六年）　高中（两到三年）（新加坡剑桥A水准考试）　直接进入高中或技术院校　高中或技术院校有招收某些学生的自主权　独立专门学校，开设专门课程，以培养学生在特定领域的天赋（四到六年）　私人资助办学学校，自行决定课程，为新加坡学生提供更多选择（四到六年）　特殊教育学校，提供主流课程，其项目能够满足学生的特殊需求，或提供特殊教育定制课程（四到六年）

新加坡剑桥O水准考试

中学五年级普通（学术类）

新加坡剑桥N水准考试

中等教育：快捷课程（四年）　中等教育：普通（学术类）课程（五年）　中等教育：普通（技术类）课程（四年）　职业教育课程（一到四年）

政府办学/政府资助办学的学校
·主流学校
·开设了改良型细分课程的自主学校
·在课程和运作方面有更大自主权的独立学校

专门学校面向能够从更加定制化和基于实践的课程中获益的学生

独立专门学校面向在具体领域有天赋的学生

私人资助的学校为新加坡学生提供更多选择

特殊教育面向有特殊需求的学生

直接升入中等学校
对于部分学生，独立学校、有自主权的学校、有优秀细分课程的主流学校以及提供综合项目的学校具有招生自主权

独立专门学校和私人资助的学校在招生方面拥有完全自主权

小学离校考试

小学（六年）
所有学校都遵循宽基础的主流课程，部分学校提供细分课程，如美学、体育和天才教育

学前教育

幼儿园提供为期三年的结构化学前教育项目，对象为4—6岁儿童（儿童满4岁那年到满6岁那年，1月1日出生的除外）。这项为期三年的项目包括托儿所、幼儿园第一年、幼儿园第二年。托儿中心也为4—6岁儿童提供幼儿园项目。幼儿园在教育部注册，而托儿中心办学许可证书由社区发展、青年和体育部颁发。

初等教育

初等教育为期六年，对象是年满6岁的儿童。初等教育包括基础阶段（一到四年级）和定向阶段（五、六年级）。根据2000年《义务教育法》，初等教育是义务教育，并从2003年1月开始实施。六年级结束时，学生参加小学离校考试。

中等教育

根据小学离校考试成绩，学生被分到不同的中等学校课程。在小学离校考试中名列前10%的学生，可选择特别课程。其他学生将被分到快捷课程或普通课程。特别课程和快捷课程为期四年（七到十年级），学生毕业参加新加坡剑桥普通教育证书O水准考试。普通课程提供一个为期四年的项目，学生毕业参加普通教育证书N水准考试。普通课程还有第五年，第五年结束时学生参加普通教育证书O水准考试。自2008年起，特别课程和快捷课程已合并为快捷课程。

中等后教育和高等教育

学生完成中等教育（中学第四年或第五年），并且具有普通教育证书O水准资格，可申请在大专（两年制项目）和中心学院（三年制项目）接受大学预科教育；学习这种课程的学生毕业参加普通教育证书A水准考试。喜欢实践性更强的高等教育的学生，如有普通教育证书O水准考试成绩，可选择在技术院校学习为期三年的文凭课程，这类学院提供的课程种类很多，包括工程、商业研究、会计、海事、大众传播和护理。拥有普通教育证书 O 水准或 N 水准证书的学生也可以选择技术教育学院提供的全日制课程，毕业可获得专家级国家技术教育学院证书（国家工艺教育局专家级证书，该项目为期一年）和国家技术教育学院高级证书（国家工艺教育局高级证书，该项目为期两年）。在这些课程中成绩良好的学生，可以升入技术院校学习文凭课程。

大学入学取决于学生在新加坡剑桥普通教育证书 A 级公共考试中的学业表现。大学提供一系列学科的学位项目与研究生学习项目。学士学位项目通常需要学习三至四年（医学专业需五年）。硕士学位项目需要一至三年完成。博士学位项目需要在拿到硕士学位后至少学习两年。

中学后教育一学年分为两个学期，每学期包括两个阶段。一学年共有 40 周（实际上课时间为 36 周）。大学里每个学年也分为两个学期。在新加坡国立大学，2010—2011 学年校历包括两个学期（8—12 月学期和 1—5 月学期）和一个特殊学期。通常每学期包括 13 周上课时间和 2 周考试时间。特殊学期在第二学期假期内（有 12 周），由两部分组成，为期各 6 周并且包括考试时间。

教育过程

《理想的教育结果》（2009 年版）的内容是教育系统每个关键阶段的一组发展成果。关键阶段成果阐明了教育服务通过初等、中等和中等后教育，期望在学生身上培养的素质。每一个教育层次均以上一阶段为基础，并为下一阶段奠定基础。例如，小学生刚上学时学习了解和热爱新加坡。这样，在上中学之前，他们对新加坡的信心将得到加强，会明白对新加坡十分重要的事情。在中等后教育阶段，他们将为新加坡感到自豪，并在全球背景下理解自己的国家。每个关键阶段有八项成果。整体来看，关键阶段成果阐明了国家机关和社会期望在年轻人身上培养的素质，以便为他们奠定牢固基础，使他们成为有贡献的社会成员，茁壮成长，实现人生的成功。

教育部宣布将实施一项新框架，促使学生形成在 21 世纪的竞争力。（MOE，2010）这将巩固新加坡学校提供的全面教育。为学生提供全面教育的目的是使他们更好地做准备，以便在一个快速变化和高度互联的世界中茁壮成长。为了更好地利用世界全球化的机会，学生需要具备生活能力，如创造力、创新、跨文化理解和韧性。知识和技能必须以价值观为基础。价值观决定一个人的性格，塑造一个人的信念、态度和行为，继而形成 21 世纪竞争力框架的核心。价值观包括：尊重、责任、诚信、关怀、韧性、和谐。

社会与情感能力是孩子所需的技能，他们在以下方面需要这些技能：认识和管理自己的情绪、养成对他人的关爱与关注、做出负责任的决定、建立积极的关系以及有效应对挑战性情境。因此，社会与情感能力包括：自我意识、自我管理、社会意识、关系管理和负责任的决策。最后，我们生活在全球化世界，所需要的 21 世纪技能有：公民素养、全球意识和跨文化技能、批判性和创造性思维以及信息和沟通技巧。

作为一个整体，所有这些能力将使年轻人充分利用新的数字时代丰富的机会，同时保持对新加坡的强烈感情。在 2012—2014 年，即下一个课程审查周期，基于这些能力的期望和学习成果将在整个课程中得到阐明。与此同时，教育部将通过提供教学示范、培训和专业交流，培养教师的能力，以便在学生身上培养这些 21 世纪竞争力。

为了将 21 世纪竞争力纳入学术课程，学校将改进自己的教学方法和考核办法。为了使学生及时了解自己的进步，教育部将开发全面反馈和评估的工具，用以支持学校。教育部将提高体育、艺术和音乐教育的质量。这些科目是学生整体教育经历不可缺少的一部分。它们使学生养成强健的体格，提高他们的创造性和表达能力，塑造他们的个人、文化和社会身份。在品格和公民教育课上，学校将向学生详尽地传授价值观和能力。学校还将通过种类繁多的课外活动，培养学生的 21 世纪竞争力。

学校会为教师提供交流和讨论学生发展概况及其需求的机会。在培养年轻人为未来做好准备的任务中，家长发挥了重要的伙伴作用。自 2012 年起，教育部将为所有学生建立"全面发展个人档案"，这将使家长及时了解孩子在这些价值观和能力培养过程中的进展。（MOE，2010）

学前教育

如前所述，幼儿园提供为期三年的结构化学前教育项目，对象为4—6岁儿童（儿童满4岁那年到满6岁那年，1月1日出生的除外）。这项为期三年的项目包括托儿所、幼儿园第一年、幼儿园第二年。幼儿园每天开课，每周五天，每天上课时间为3—4小时。大多数幼儿园每天至少上两节课。

托儿中心也提供幼儿园项目。幼儿园在教育部注册，而托儿中心的办学许可证书由社区发展、青年和体育部颁发。托儿中心向7岁以下儿童提供全日和半日托儿项目。除了为在职父母提供可靠的托儿服务，托儿中心还有项目旨在在安全、有利的环境下，通过有效的早教方案，教育和培养学龄前儿童。据社区发展、青年和体育部称，2009年12月月底，新加坡全国共有785家托儿中心，共招收58870名儿童，其中有55698名在常规项目（全天和半天项目），2172名在灵活托儿项目。

幼儿园由私营部门开办，这些部门包括社区基金会、宗教团体、社会和企业组织。还有向外籍父母的孩子提供学前教育项目的外国系统幼儿园。除外国系统幼儿园，在教育部注册的幼儿园用英语和一门第二语言上课。如果一所幼儿园满足以下要求，教育部可以考虑为其注册：（1）项目被教育部评定为合格；（2）教师具有学术和学前教育可接受的最低专业资格；（3）有经批准用作幼儿园的合适场所，并满足有关部门关于建筑物的所有安全要求；（4）有组成合理的管理委员会有效管理幼儿园。

各个阶段的日常项目包括各种活动，活动旨在：培养语言和识字技能、基本的数字和简单的科学概念、交际能力、创造力和解决问题的能力、欣赏音乐、运动和户外游乐活动。儿童学习两种语言，英语为第一语言，华语、马来语或泰米尔语为第二语言。根据《理想的教育结果》，学前教育结束时，孩子们应当：知道什么是对、什么是错，愿意与他人分享和轮流活动，愿意与他人建立关系，有好奇心和探索能力，能够听说并理解，感到舒适和快乐，养成身体协调能力和健康的生活习惯，爱家人、朋友、老师和幼儿园。

新的学前教育课程框架于2003年1月20日推出。该课程框架是教育部与国立教育学院的讲师密切合作设计的，并于2001年1月—2002年11月在学前教育中心进行实地测试。幼儿园课程框架强调的是新加坡优质学前教育的关键原则。这是新加坡在教育方面更加广泛的努力的一部分——培养未来社会的新加坡人，他们过着充实的生活。虽然该框架本不具有规定性，但它指明了方向，即适合儿童在幼儿园学习的课程有哪些类型，同样重要的是，在孩子生命的最初几年，教学应该如何开展。幼儿园教育的作用是使孩子为终身学习做好准备。为确保有这样的开始，幼儿园教育的一个主要目的是支持和促进孩子全面发展。这涉及培养和接受幼儿对学习过程中很可能会遇到的丰富经验和机会的自发、自然和不同的反应。有些人一直将早教视为为小学做准备。然而，它不只是为下一阶段做准备，它本身也是非常重要的。它不应与试图通过为儿童提供简化小学课程来加快幼儿园学习的做法相混淆。

该框架旨在指导家长和教师设计一种课程，该课程将培养孩子的如下性情和技能：健全的道德和社会价值观；与他人一起工作和娱乐的好习惯；积极的自我形象和自信；对身边事物强烈的好奇心；用英语和母语有效沟通的能力；身体控制和操纵技能；对健康生活方式的积极态度；积极的家庭价值观和牢固的社会关系。优质幼儿园课程的关键特征是：全面的发展和学习方法；综合性学习；儿童是主动学习者；成人在学习中是怀有兴趣的支持者；互动型学习；游戏是学习的媒介。

为了实现全面的发展和学习方法，教育部已确定六个关键领域的学习经验：美学与创意表达；环保意识；语言与读写能力；运动技能发展；算术；自我意识和社会意识。当孩子们通过舞蹈、音乐和艺术等各种媒介，发明、玩味、探索和完善想法和感受时，应该给他们自由表达自我的机会。与环保意识有关的活动的重点应该是儿童对环境，包括自然环境和人造世界的新的知识和理解。这些应该为历史、地理和科学的学习打下基础。同样重要的是，孩子们能够接触到有意义的语言艺术活动，如角色扮演、唱歌、用韵和阅读。这些活动将促进儿童听、说、读、写的互动技能。

因此，学习经验应结合成一个整体。这些跨学科活动帮助孩子们理解知识和技能如何真正联系在一起，而不是在教学和学习过程中彼此分离。当孩子们积极参与和开展对他们有意义的任务时，学习最为有效。这些活动应符合儿童的好奇心、需求和兴趣。应给儿童提供大量机会，让他们从观察、询问、探索和第一手经验中学习。对儿童的期望和要求应该现实，应从他们在各个领域的发展水平出发。其目的是鼓励学习和冒险的积极性格，不怕失败。虽然鼓励儿童进行自主的和能够发挥想象力的玩耍很重要，但也应为他们提供结构化玩耍的机会，这涉及丰富的语言使用，将有助于发展和拓展创造力、口头表达和听力、与计算能力和幼年环保意识有关的语言、个人与社会技能。因此，成年人应该重视玩耍，将它视为儿童的学习，引导和促进玩耍，使之作为学习过程的一部分。只有鼓励儿童在能够引起试验和探索的环境中寻求自己对问题的解答时，学习才会有意义。

观察并记录孩子的进步对课程规划和评估来说非常重要。如果成人要满足儿童的发展需要，他们将需要定期参考这些记录和观察。对儿童进步与发展的观察，可以以一个组合的形式来保存，例如他们的绘画、油画、素描、作文或标记制作和计算机生成作品的打印样。以这种方式保存的档案和记录还可以提供证据，用于告知家长孩子的进步。老师和家长之间强有力的伙伴关系可以使他们了解每个孩子的发展，这种了解十分宝贵。然后，教师可以利用观察，不论是来自家里的观察还是对儿童在幼儿园里的行为的观察，为每个孩子确定学习重点和规划相关学习经历。家长和老师也可以将他们的观察与他们的期望进行对比。（MOE，2008）

2001年1月，新加坡成立了学前学校资格认证委员会，以便监督幼儿园和育儿领域幼教教师培训的标准和质量。这是由教育部和社区发展、青年和体育部共同引导的。后者推出了一个综合性学前教育师资培训和认证框架。幼儿教师的培训路径从2001年1月开始生效。

学前教育证书和文凭课程的入学分数有明确规定。技术院校学生/其他学科的学位持有人可获得学前教育专科文凭。该项目包含学前教育—教学文凭和学前教育—领导文凭的教学和领导内容。设定目标是让所有幼儿园园长在领导文凭层次接受培训。

新加坡学前教育认证框架于2010年11月推出，目的是鼓励学前教育提供者在儿童全面发展方面更加追求卓越。新加坡学前教育认证框架立足于五个核心价值观：孩子是我们关注的焦点、具有远见的领导、有影响的专业性、以增长为目的的伙伴关系、有目的的创新。教育部通过使用叫作"质量评定量表"的评估工具认证幼儿园。这是一种结构化方法，幼儿园可以用它来审视自己的结构、过程和结果，解决存在的差距并努力改善自身的教育计划和幼儿园整体管理的质量。

据教育部统计，2009 年新加坡全国共有 493 所私立幼儿园（在教育部注册），有 75438 名儿童就读，其中女生 37045 人。（MOE，2010）

初等教育

初等教育是义务教育，包括为期四年的基础阶段（一到四年级）和为期两年的定向阶段（五、六年级）。初等教育的总体目标是让孩子很好地掌握英语、母语和数学。

根据《理想的教育结果》（2009 年版），小学结束时，学生应该：能够分辨是非；知道自己的长处和哪些方面有所成长；能够与他人合作、分享，并关心他人；对事物充满好奇心；能够独立思考并能自信地表达自己；为工作感到自豪；有健康的生活习惯和对艺术的认识；了解和热爱新加坡。

小学课程的设计目的是让学生有全面的学习体验，并侧重于教育的三个主要方面：（1）一系列科目，包括语文、数学、科学、社会、艺术与手工艺、音乐，目的是为学生在跨学习领域的科目方面打好基础；（2）知识技能，重点是培养孩子的思考、处理和沟通技巧，它通过各种各样的科目传授；（3）性格发展，重点是教给孩子正确的价值观，终身引导他们，使他们做一个负责任的成年人。孩子们有很多机会培养生活技能，如通过课外活动、公民教育与道德教育、社会情感学习、国民教育和体育。（MOE，2010）

课外活动是全面教育不可缺少的一部分，在塑造性格方面发挥着重要作用。它帮助学生养成适应力、韧性、信心和毅力等素质，这将使他们适应迅速变化的世界并获得成功。有一系列课外活动供孩子们选择，包括体育、艺术、女童子军和童子军、俱乐部和社团。有些学校提供新活动，如高尔夫、溜冰、滚轴旱冰和保龄球。

初等教育基础阶段是正规学校教育的第一阶段。前四年专注于英语、母语（华语、马来语或泰米尔语）和数学。其他科目包括：公民教育与道德教育、科学、社会、艺术与手工艺、音乐、健康教育与体育。在为期两年的定向阶段，有三个主要的语言班：EM1 班、EM2 班和 EM3 班；如有需求，也可增设 ME3 班。[①] 自 2004 年起，取消了 EM1 班和 EM2 班的区别，学校得到自主权，以能最大限度增加教育价值的方式，根据能力来为学生分班。

前四年，学生的注意力集中在两种语言和数学。最初几年，英语学习包括健康教育和社会等一般科目的学习。母语学习包括公民教育与道德教育。从三年级起开设科学课程，从四年级起开设社会课程。

2000 年，初等教育前四年周课程表如表 8 - 1 所示。

表 8 - 1　新加坡初等教育（基础阶段，一到四年级）周课程表（2000 年）

单位：课时

科目	各年级每周课时数			
	一年级	二年级	三年级	四年级
英语（包括健康教育）	17	17	15	13
华语/马来语/泰米尔语（包括公民教育与道德教育）	15	13	12	11
数学	7	9	11	11
科学	—	—	3	4
社会*	1	—	—	2
艺术与手工艺	2	2	2	2
音乐产业	2	2	2	2
体育	3	3	3	3
集会	1	1	1	1
每周总课时数	48	47	49	49

来源：Committee on Compulsory Education，2000。每节课 30 分钟。

＊自 2000 年 1 月起，一年级学生开始学习社会。二年级和三年级学生将分别于 2001 年和 2002 年开始学习社会。

———————————

① EM1 是指英语和母语为第一语言；EM2 是指英语为第一语言，母语为第二语言；EM3 是指英语为第一语言，母语为口语；ME3 班以母语为第一语言，以英语为口语。

2004 年之前，英语、母语和数学成绩非常好的学生被推荐到 EM1 班学习，EM1 班开设更高层次的英语和作为第一语言的母语（即高级华语、高级马来语或高级泰米尔语，原名为 CL1、ML1 和 TL1）。大部分学生被推荐到 EM2 班学习，在 EM2 班，英语是第一语言，母语是第二语言（华语、马来语或泰米尔语，原名为 CL2、ML2 和 TL2）。如前所述，2004 年，取消了 EM1 班和 EM2 班的区别。

2000 年，定向阶段每周课程表如表 8 – 2 所示。

表 8 – 2 新加坡初等教育（定向阶段，五、六年级）每周课程表（2000 年）

单位：课时

科目	各班每周课时数		
	EM1 班	EM2 班	EM3 班
英语	12	13	16
华语/马来语/泰米尔语	10	8	4
数学	9	10	13
科学	5	5	3
公民教育与道德教育	3	3	3
社会	3	3	3
艺术与手工艺	2	2	2
音乐产业	1	1	1
体育	2	2	2
健康教育	1	1	1
集会	1	1	1
各班每周总课时数	49	49	49

来源：Committee on Compulsory Education，2000。每节课 30 分钟。EM1 班开设更高层次的英语和作为第一语言的母语，EM2 班开设作为第一语言的英语和作为第二语言的母语；EM3 班开设作为第一语言的英语和基本口语能力水平的母语。

在一到四年级一般不实行留级制度，但在特殊情况下，如学生在一学年中很长一段时间旷课，他/她可能会在某一个特定班被留级。如校长认为留级对某个五年级学生有好处，该生可能会被允许在次年留级。从 2008 年小学五年级年龄组开始，各所小学纷纷推出根据科目分的班，用以取代 EM3 班。有了根据科目分班，学生可以根据他们在每个科目的能力，同时选修标准科目和基础科目。例如，如果一个学生英语和数学不好，他/她可以选择基础层次的英语和数学，同时选择标准层次的母语和科学。此前，在小学五年级和六年级，EM3 班的学生选择的学术科目全是基础层次，而合并后的班（EM1 和 EM2）的学生选择的学术科目全是标准层次。

小学离校考试是全国统考，学生在六年级结束时参加，不管他们在哪种班。该考试旨在评估学生是否适合中等教育，并将其分到符合他们学习进度、能力和倾向的合适的中学课程。

如果学生在 EM1 班或 EM2 班（现在是合并后的班），他/她将参加小学离校考试四个科目的考试，即英语、母语（华语、马来语或泰米尔语）、数学和科学。如果他/她在 EM1 班，他/她也可以参加一个额外科目的考试，即母语（高级华语、高级马来语或高级泰米尔语）。如果学生在 EM3 班，他/她将参加小学离校考试三个科目的考试，即英语、基本能力水平的母语以及数学。ME3 班的学生将参加小学离校考试三个科目的考试，即母语（高级华语、高级马来语或高级泰米尔语）、基础英语和数学，考试所用语言为母语。

所有参加小学离校考试并成功完成初等教育的学生都将升入中学。根据他们的小学离校考试成绩，他们在中学阶段将会被分到特别课程、快捷课程或普通课程。

适龄残疾儿童的教育由特殊教育学校提供。截至 2010 年 1 月，新加坡全国共有 20 所由志愿福利组织开办的特殊教育学校，接受教育部和国家社会服务委员会的资助。特殊教育学校开设不同的课程，以满足不同残疾群体的需求，这些群体无法从主流学校受益。

新加坡已经基本实现普及初等和中等教育。2001 年，小学阶段净入学率为 94%，中学阶段为 93%。因此，没有在国立学校上学的孩子只占该年龄组的一小部分。

据教育部统计，2009 年，全国共有 172 所小学（其中 131 所为政府办学，41 所为政府资助办学）。学生总数为 265104 人，其中女生 127518 人。教师人数为 13493 人，其中女教师 11078 人。此外，有 172 名校长、199 名副

校长、2422 名执行董事及行政人员。同一年，98.1% 的小学生参加小学离校考试并通过。(MOE，2010)

2009 年小学六年级年龄组是根据科目分班政策第一批参加小学离校考试的学生。分班的基础科目有英语、数学和母语。由于这一政策，小学六年级年龄组中约有 4.2% 的人有机会学习组合科目。而以往不存在组合科目。(SEAB，2010)

中等和中等后教育

根据其小学离校考试成绩，学生被分到不同的中学课程。小学离校考试成绩名列前 10% 的学生可选择学习特别课程，其他学生将被分到快捷课程或普通课程。特别课程和快捷课程为期四年，结束时学生参加普通教育证书 O 水准考试；普通课程为期四年，结束时学生参加普通教育证书 N 水准考试，普通课程还有第五年，第五年结束时学生参加普通教育证书 O 水准考试。普通课程之中有两种课程，即普通（技术类）和普通（学术类）课程。普通（技术类）课程使学生为在技术或商业学院接受职业技术教育与培训做好准备。一般而言，每所学校提供两种课程，即特别课程和快捷课程，或者快捷课程和普通课程。后者既包括普通（学术类）课程，也包括普通（技术类）课程。

根据《理想的教育结果》（2009 年版），中学结束时，学生应该：有道德操守；相信自己的能力并适应变化；能够在团队中工作并能与他人产生共鸣；有创意和探究精神；能够理解不同意见，并能有效沟通；对自己的学习负责；享受体育活动并欣赏艺术；对新加坡怀有信念，并了解什么对新加坡十分重要。

初级中等和高级中等教育 2000 年周课程表如表 8-3 和表 8-4 所示。

表8-3 新加坡初级中等教育（一年级和二年级）周课程表

单位：课时

科目	各课程每周课时数		
	特别/快捷课程	普通（学术类）课程	普通（技术类）课程
英语	6	6	8
华语/马来语/泰米尔语或基础华语/基础马来语/基础泰米尔语	6	6	3
数学	5	6	8
科学	6	5	4
文学	2	2	—
历史	2	2	—
地理	2	2	—
艺术与手工艺	2	2	2
设计与技术和家政	3	3	—
计算机应用	—	—	4
技术研究和家政	—	—	4
社会	—	—	2
公民教育与道德教育	2	2	2
体育	2	2	2
音乐产业	1	1	—
集会	1	1	1
各课程每周总课时数	40	40	40

来源：Committee on Compulsory Education，2000。每节课40分钟。

表 8-4　新加坡高级中等教育（三年级和四年级）周课程表

单位：课时

科目	各课程每周课时数		
	特别/快捷课程	普通（学术类）课程	普通（技术类）课程
核心考试科目			
英语		8	9
华语/马来语/泰米尔语或基础华语/基础马来语/基础泰米尔语	24—26	6	3
数学		6	9
一门科学科目		—	—
一门人文科目		—	—
计算机应用	—		4
选修科目	2—4 科目8—10 节	2—4 科目3—8 节	1—3 科目3—9 节
强制非考试科目			
公民教育与道德教育	2	2	2
体育	2	2	2
音乐产业	1	1	1
集会	1	1	1
各课程每周总课时数（最大值）	40	40	40

来源：Committee on Compulsory Education，2000。每节课40分钟。

　　特别课程为期四年，学生修完参加新加坡剑桥普通教育证书 O 水准考试。在该课程中，学生学习英语和高级华语、高级马来语或高级泰米尔语，此外还学习常规的人文、数学和科学科目。在初中一年级（七年级）和初中二年级（八年级），学生学习一个共同课程。在初中三年级（九年级）和初中四年级（十年级），为学生开设一个核心课程，包括两门语言和一门选修科目。该课程只适合于英语和母语都很好，并且在小学离校考试中分数很高（前10%）的学生。

快捷课程也为期四年，学生修完参加普通教育证书O水准考试。在该课程中，学生们学习英语和华语、马来语或泰米尔语，其课程跟特别课程相似。普通课程提供一个为期四年的项目，学生学完参加普通教育证书N水准考试。在该考试中成绩良好的学生可学习第五年，目的是让他们为普通教育证书O水准考试做好准备。该课程中的学生学习普通（学术类）或普通（技术类）课程。普通（学术类）课程包括英语、母语、数学以及一系列类似特别课程和快捷课程科目的科目。普通（技术类）课程包括英语、基础水平的母语（强调口语能力和阅读理解）、数学、计算机应用技术以及具有技术和实践倾向的科目，如技术研究。

在初中阶段，学生可从一个课程转到另一个课程。学校对学生的表现和进步进行记录，以确保关于学生转课程和转阶段的决策公正和准确。根据学生表现和校长与教师的专业评估，在一年级和二年级结束时，学生可能在要求不高的课程和要求高的课程之间转学。不过，根据学生表现和校长与教师的专业评估，学生在普通（学术类）课程和普通（技术类）课程之间的转学可能发生在一年级结束时。为了促进经验性和以实践为导向的学习，将从2007年起在所有学校推行经过修订的普通（技术类）课程。

在特别课程和快捷课程（一年级和二年级）中，共同课程包括：英语、母语、数学、科学通论、文学、历史、地理、艺术与手工艺、设计与技术和家政，这些都是考试科目。此外，该课程还包括公民教育与道德教育、音乐和体育，这些是非考试科目。小学离校考试成绩名列前10%，有良好的语言科目成绩，并且其他科目成绩也很好的学生，可根据各个地方开课的情况，选修第三语言（德语、法语、日语或马来语）。在三年级和四年级，核心科目有：英语、母语、数学、一门科学科目、一门人文科目，以及最多四门最切合学生能力和兴趣的选修科目。如果符合选课要求，有艺术和音乐天赋的学生可以在艺术和音乐选修课程中选修这些科目。公民教育与道德教育、音乐和体育继续作为非考试科目开设。

一般情况下，学生选修普通教育证书O水准考试所考科目中的七门或八门。学术能力特别突出的学生可选学第九门科目。

从 2008 年中学一年级学生开始，特别课程和快捷课程已合并为快捷课程。

普通（学术类）课程中一年级和二年级的学生学习共同课程，包括英语、母语、数学、科学综合、文学、历史、地理、艺术与手工艺、设计与技术和家政，这些是考试科目。此外，他们学习公民教育与道德教育、音乐和体育，这些是非考试科目。从三年级到五年级，课程包括英语、母语和数学，这些是核心科目，此外还有两到四门选修科目。这些选修科目可从一系列科目中选择，包括人文科目和科学科目，以及其他实用科目，如食物与营养、时尚与面料、设计与技术、会计与商业原则。公民教育与道德教育、音乐和体育继续作为非考试科目开设。

普通（技术类）课程中一年级和二年级的学生学习一个共同课程，包括英语、基础水平的母语、数学、计算机应用、科学、技术研究和家政。社会、艺术与手工艺、公民教育与道德教育和体育是非考试科目。从三年级到五年级，课程包括：英语、基础水平的母语、数学和计算机应用，这些是核心科目，此外还有最多三门选修科目。这些选修科目有：技术研究（或设计与技术），科学、食品与营养，时装与面料，艺术与手工艺以及办公管理。公民教育与道德教育、音乐和体育继续作为非考试科目开设。为了促进以实践为导向的学习，修订后的普通（技术类）课程已从 2007 年起在所有学校推行。

一般情况下，普通（学术类）和普通（技术类）课程的学生学习普通教育证书 N 水准考试所考查的五至七个科目。如前所述，普通教育证书 N 水准考试成绩优秀的学生将可选择在学校中学习第五年，以便为普通教育证书 O 水准考试做好准备。在结构化程度较低的环境中表现良好的学生也可以选择综合课程，包括中学和大专教育，中学结束时没有国家级考试。以前用于使学生为普通教育证书 O 水准考试做好准备的时间现在用来使他们参与更广泛的学习经验。

为了实现教育的平衡，要求学生参加课外活动。一般情况下，学生参加一种体育和游戏活动，并从童子军活动列表中选择另外一种活动，或者是音乐、舞蹈、艺术与手工艺以及戏剧等文化活动。表现不好的学生可以留级或横向转到要求不高的课程。决定学生如何转学时，学校校长和教师运用其专业判断，以使他们的学生获得最大利益。

2002 年 10 月，新加坡政府接受了大专和高中教育审查委员会的提议。该委员会建议制定更广泛和更灵活的大专课程并实现更多元的大专/高中教育，以更好地让学生为未来的各种挑战做好准备。该委员会成立于 2002 年 4 月，成立目的是制定修订版大专课程框架，并阐述大专/高中教育的愿景，包括适当的结构、将要开设的课程类型以及开设这些课程的学校组合。该委员会由政治领导人、教育工作者和来自公共和私营部门的代表组成。起草建议时，委员会考察了过去的趋势和新加坡未来的教育需求。通过与专业人士、雇主、学者、家长、教师、本科生、大专生和中学生进行公开磋商和对话，该委员会考虑了各种利益相关者的反馈和意见。该委员会还通过观摩和学习其他若干国家的学校系统来吸取见解。主要建议包括：（1）使课程更广泛和更灵活（具有灵活性，以便让学生学习两个层次的科目，即高一和高二的科目，让学生决定他们希望选修的某个科目的内容和范围）；（2）使教育更加多元，该委员会建议推出各种项目和路径，包括推出综合课程，提供无缝的高中和大专教育，开办专门学校，以满足在艺术、数学和科学方面有特殊天赋的学生的需求，允许一些学校采用国际公认的替代课程和资格，允许设立少数私人开办和私人资助的学校。

为实现艺术教育的目标，教育部已根据不断变化的需求，对艺术教学大纲进行了审查。从 2002 年起，中学音乐课正逐步拓展到初中普通（技术类）课程。从 2003 年起，学校在实施修订版高中普通音乐课程方面也有更大的灵活性。学校可自主制定一个专门为学生需要和利益定制的有效的艺术课程。这样的项目可能包括正式课程、进修课程和活动三者的组合。

从 2006 年起，教育部在制定考试大纲与格式、制定标准以及评分方面担负更大责任。教育部和新加坡考试与评估委员会在设计教学大纲方面继续与英国剑桥大学地方考试委员会合作，并将命题和批改试卷工作外包给剑桥大学地方考试委员会。允许一些中学开设新的普通教育证书 O 水准科目，作为某门选修科目的补充，或取代该科目。他们可以从剑桥大学国际考试 O 水准教学大纲组的科目范围中选择科目。这些科目可能包括经济学、计算机研究和戏剧。

据新加坡教育部统计，2009 年全国共有 154 所中学，包括 120 所政府办学学校、28 所政府资助办学学校、3 所独立学校、1 所专门独立学校、2 所专门学校。学生总数为 199409 名（其中女生 97582 名），共有 12066 名教师（其中女教师 7999 名）和 154 名校长，215 名副校长和 3050 名执行董事及行政人员。此外还有 15 所多层次学校，如中小学（小学一年级到中学四或五年级）、中学大专学校（中学一年级到大专二年级）、高中大专学校（中学三年级到大专二年级）。多层次学校的招生总数为 36469 人（其中女生 16984 人），教师人数为 2494 人（其中女教师 1614 人）。（MOE，2010）

有学术倾向并且有必要的普通教育证书 O 水准资格的学生可申请在大专、中心学院和大学预科中心接受大学预科教育（中等后教育）。该学习过程结束时，学生参加普通教育证书 A 水准考试。学生能否升入大学取决于在该考试中的表现。有技术和商业倾向并且有必要的普通教育证书 O 水准成绩的学生可申请技术院校。在学业上取得好成绩的技术院校毕业生将有机会在大学接受高等教育。有普通教育证书 O 水准或 N 水准证书的学生可选择技术教育学院提供的技术与职业课程。在这些课程中成绩良好的人将能进入技术院校学习文凭课程。

根据《理想的教育结果》（2009 年版），中等后教育结束时，学生应该：有道德勇气，坚持正义，在逆境中富有韧性，能够进行跨文化合作，承担社会责任，创新，锐意进取，能够批判地思考和进行有说服力的沟通，有目的地追求卓越，追求健康的生活方式，并懂得审美，为身为新加坡人感到自豪，了解新加坡与世界的关系。从 2008 年起，所有完成中学和大学预科学业的学生都将获得教育部颁发的一个全面的学校证明，称作学校毕业证。该证书描述了每个学生的学术和非学术成绩及个人素质。

大专提供一种高级课程，该课程强调学术上和精神上的训练，使学生为进入大学做好准备。所有大专学生在两年的学习结束时，都要参加新加坡剑桥普通教育证书 A 水准考试，该考试被作为大学入学考试，当地大学和国外大学均认可。有了一个良好的 A 级证书，学生可立即进入大学学习，或者如果是年轻男子，可在服兵役之后进入大学学习。工作经验不是必需的。

讲课—辅导课体系是大专组织的特点，该体系允许学生跨组互动，同时为他们提供各种场地，供讲座、辅导和实验课使用。

剑桥大学地方考试委员会除了为每门 A 水准科目命制基础试卷（普通试卷）外，还为选修科目命制可选的特殊试卷。这种特殊试卷要求研究通常属于基础 A 水准教学大纲内的问题，但其研究方法在性质上通常要比基础试卷要求的研究方法更具分析性。它测试学生对一门学科的知识掌握水平和对一门学科的思考能力。在某一门学科展示出特殊天赋，并且整体学术工作质量足够好的学生，将被鼓励参加一门或两门科目的"S"考试。这是一个挑战。这些学生将得到额外协助和指导，以帮助他们应对该试卷的难度。大学和奖学金机构都很重视"S"考试。

技术教育学院为中学离校生提供全日制和非全日制技术教育和培训。具有普通教育证书 O 水准或 N 水准资格的离校生可在 11 所技术教育学院接受脱产培训，课程选择很广泛，包括电气、电子、机械、精密设计、商业研究和制图。全日制设计课程授予工业技师证和国家技术证层次的国家认可的证书。为商业研究开设的课程授予商业研究证书和 Office 软件技能证书。

新学徒制是为了满足制造业、商业和技术支持行业的需求而设立的职业技术教育制度，新学徒制下的大多数学徒项目颁发 NTC – 2 级证书。服务业、电子商务和保健行业也有学徒项目。中学离校生有 70 多个项目可以选择。

新加坡第一所大专学校成立于 1969 年。据教育部统计，2009 年全国共有 13 所大专/中心学院。学生总数为 20612 名（其中女生 11437 名），教师总数为 1822 名（其中女教师 1082 名）。这些学校中，共有 13 名校长、17 名副校长和 293 名执行董事及行政人员。（MOE，2010）

在全国范围内评估学习成果

在 2007 年国际数学与科学趋势研究中，新加坡表现良好。小学四年级及中学二年级科学排名第一，小学四年级数学排名第二，中学二年级数学排名第三。自 1995 年以来，除小学四年级科学在 1995 年排名第七外，新加坡均跻身前三名的位置。据教育部称，由国际教育成就评价协会（International Association for the Evaluation of Educational Achievement，IEA）发布的 2007 年国际数学与科学趋势研究结果再次证实了新加坡数学和科学教育质量之高和为学生和教师提供的学校环境之有利。共有 59 种不同的教育体系参加了 2007 年国际数学与科学趋势研究。2006 年 10—11 月，具有代表性的学生样本（来自新加坡所有中小学约 6500 名小学四年级学生和 6000 名中学二年级学生）参加了国际数学与科学趋势研究 2007 年的评估。

2007 年国际数学与科学趋势研究对学生、教师和校长的调查还证实，新加坡的学校都良好地配备了科学实验室，数学和科学教学资源都是现成的。此外，学校为学生提供安全、有利的学习环境。在国际上，新加坡这些指标的百分比分数都是第一或第二。

在经济合作与发展组织（Organisation for Economic Cooperation and Development，简称经合组织）赞助下进行的国际研究中，新加坡学生的表现非常好。在参加 2009 年国际学生评估项目的 65 个国家和经济体中，新加坡学生在阅读方面排在第五，在数学方面排第二，在科学方面排第四。在所有三个领域均有最佳表现的学生比例，新加坡也名列第二（12.3%）。

国际学生评估项目评估的是即将中学毕业的 15 岁学生在何种程度上能够分析、推理，并将自己的知识和技能运用到陌生环境中，以应对现实生活的挑战。新加坡在 2009 年国际学生评估项目中的良好表现表明，除了牢固地掌握知识，社会和用人单位还看重学生有批判性思考和解决现实生活中的问题的能力。在阅读方面，新加坡学生的表现比那些以英语为母语的国家（如澳大利亚、美国和英国）的学生好。此外，在阅读方面表现最佳的学生比例方面，新加坡名列第三（15.7%），仅次于上海和新西兰。这一比例是经合组织平均水平（7.6%）的两倍。新加坡学生在数学方面的平均分明显高于大多数其他参与方。在数学方面表现最佳的学生比例，新加坡名列第二（35.6%），仅次于上海；在科学方面表现最佳的学生比例，新加坡也名列第二（19.9%），仅次于上海。

据教育部称，这些调查结果证实，在新加坡的学校中，教学和学习方法的变革方向是正确的，并且学校正在很好地让学生为他们未来的工作和生活做准备。经合组织注意到该研究的结果，强调新加坡有一个高性能教育系统，有着其他系统可以学习的特点。这些特点包括高素质的校长和教师，以及大胆、有长期愿景的强有力领导者。经合组织还指出，在新加坡，教育和经济发展之间，以及政策和实施之间，有着较强的联系；课程的开发非常完善，有着严格的标准，与教学和评估相一致。经合组织也承认问责制和任人唯才价值观的重要性，这为新加坡面向全球、面向未来的教育体系提供了支持。这是新加坡第一次参与这项研究。在新加坡，共有5152名来自167所中学的15岁的学生（主要是中学三年级和四年级）和131名来自4所私立学校的学生参加了2009年国际学生评估项目。这些学生都是随机选取的。

关于普通教育证书O水准考试，2009年共有78门科目和208套试卷。2009年普通教育证书O水准考试成绩于2010年1月公布。共有37424名考生参加考试。自2006年以来，中学四年级普通（学术类）课程的学生可学习多达两门普通教育证书O水准科目。在2009年，共有来自中学四年级普通（学术类）课程的4757名学生参加一门或多门O水准科目的考试。通过至少五门O水准科目考试和通过至少三门O水准科目考试的学生比例分别为81.1%和94.9%，相比之下，2008年考试中这两个比例分别为80.8%和94.6%。

关于普通教育证书A水准考试，2009年共有91门科目和199套试卷。普通教育证书A水准考试成绩于2010年3月公布。2009年，共有14212名考生参加A水准考试。其中，87.9%的学生通过至少3科H2（High 2），并通过一般试卷考试或知识与询问，这与2008年的考试结果87.7%相当。（SEAB，2010）

教职人员

新加坡教育服务致力于建立高素质教师队伍，使教师成为专业力量，在行为和责任方面成为模范，在知识和技能方面与时俱进。卓越的领导、健全的以人为本的管理将有助于发展有凝聚力的、尽责的和出色的教学服务。教师必须跟上各自领域的专业发展，明智地将新的教育理论与实践应用到课堂。他们需要动力和信念，将教育政策转化为切实有效的方案，以满足学生的学习需求。教师是学生的导师和榜样。他们通过一言一行，在课堂内外影响年轻人的思想，传授良好的社会和道德价值观。他们必须给学生们传授学习技能、思维技能和生活技能，以应对未来，还要传授持续学习和进步的态度和对新加坡的责任和归属感。

国立教育学院是新加坡唯一的教师培训学院，是南洋理工大学的一部分。国立教育学院的目标是成为一所以其卓越的教师教育和教育研究闻名世界的大学学院。国立教育学院的组织基础是一个项目驱动的组织系统，有12个学术团体，三个IT集群和选定研究中心。国立教育学院提供以下项目：

• 文学学士/理学学士（教育）学位是一个为期四年的项目（重点是初等教育），要求A水准入学考试合格。

• 教育文凭是一个为期两年的项目，涵盖两个学科和教学法。学生可进入初等教育或中等教育项目。学生可凭A水准考试合格成绩或技术院校文凭进入这个项目学习。

• 体育文凭是一个为期两年的项目。学生学习体育外加一门学科，毕业时可教小学或中学。

• 家政文凭是一个为期两年的项目。学生学习家政和教学法科目。入学要求包括技术院校文凭。学生毕业在中学任教。

• 艺术和音乐文凭要求学生学习艺术/音乐和教学法科目。这是一个为期两年的项目，接收来自拉萨尔艺术学院和南洋美术学院的学生。学生毕业在中学任教。

• 马来语和马来文学及教学法文学学士（教育）是一个为期四年的项目。它使学生有资格在中学任教。A水准考试合格者和技术院校文凭持有者有入学资格。

国立教育学院还提供文学硕士、文学硕士（体育）、理学硕士，理学硕士（体育）以及研究型博士学位。同样，国立教育学院以非全日制的方式提供授课式课程和论文式硕士学位。

国立教育学院开设有多种多样的在职课程。教师可以参加这些课程，以拓宽知识基础，学习/共享更有效的教学和学习方式。也有里程碑式课程，使高级职员能够担任领导角色。准备当部门主任的高级职员在国立教育学院攻读部门管理文凭，为管理角色做好准备。有潜力成为学校领导的高级职员参加教育领导项目。

愿意攻读学位项目的非研究生教师可以申请无薪进修假期，攻读全日制学位课程。此外，考生可申请无息助学贷款和教育部课程资助。拥有第一学位的高级职员只有在获得了一定的教学经验，并且表现一向良好的情况下，才能参加与教育服务相关的研究生学习。在硕士学位层次，这些学习以上课或研究的方式进行。这些学习可能以全日制或非全日制的方式进行，要么依靠奖学金，要么依靠进修休假。目标是为好教师提供与教育服务相关的专门领域的研究生训练。

参考资料

Committee on Compulsory Education. *Report of the committee on compulsory education in Singapore*. Singapore, July 2000.

Ministry of Education. *General information concerning the education system in Singapore*. Singapore, 2003.

Ministry of Education. *Nurturing every child. Flexibility and diversity in Singapore schools*. Singapore, December 2004.

Ministry of Education. 2006 *Education statistics digest*. Planning Division, Singapore, July 2006.

Ministry of Education. *Education in Singapore*. December 2008.

Ministry of Education. *Nurturing early learners. A framework for a kindergarten curriculum in Singapore*. Singapore, 2008.

Ministry of Education. *Nurturing our young for the future. Competencies for the 21st century*. Singapore, March 2010.

Ministry of Education. *Primary school education. Preparing your child for tomorrow*. Singapore, March 2010.

Ministry of Education. *Education statistics digest* 2010. Singapore, August 2010.

Singapore Examinations and Assessment Board. *Annual report* 2009/2010. Singapore，March 2010.

网络资源

新加坡教育部：http：//www. moe. gov. sg

新加坡教育部语言中心：http：//www. moelc. moe. edu. sg

新加坡私立教育理事会：http：//www. cpe. gov. sg

新加坡社会发展、青年和体育部：http：//www. mcys. gov. sg

新加坡国立教育学院：http：//www. nie. edu. sg

新加坡考试与评估委员会：http：//www. seab. gov. sg

更新的链接，请参考联合国教科文组织国际教育局网页：

http：//www. ibe. unesco. org/links. htm

泰国教育体制及现状

教育的原则与总体目标

过去几十年，随着社会和经济状况已开始变化且变得更加复杂，泰国教育的原则和概念，包括政策和目标，已经有了一些变化。教育原则和概念的演变反映在《国家教育计划》和《国民教育发展规划》之中。20世纪90年代，泰国教育以《1992年国家教育计划》和《第八个国民教育发展规划（1997—2001年）》为根据。

根据《1992年国家教育计划》，泰国教育立足于以下四个基本原则：

●个人智慧、思想、精神和道德的大发展是实现精神、物质及经济增长均衡发展的必要和重要目标。

●人类必须认识到明智利用和保护自然资源、避免对环境造成不利影响的重要性。

●必须推广泰国语言和文化，以优化对关系到当地情况和需求的现代知识的利用。

●对于旨在促进可持续发展的个人、社区及国家层面的合作来说，依赖性和自力更生的适当平衡是重要基础。

根据1999年《国家教育法案》（2002年修订），教育应立足于以下原则：（1）全民终身教育；（2）全社会参与教育供给；（3）学习过程不断发展。

该法案规定："教育应致力于泰国人各方面的全面发展：身心健康、智力、知识、道德、品格，以及能与他人快乐生活的良好生活方式。学习过程的目标应该是：讲授良好的政治意识；君主立宪制下的民主政府制度；保护和促进学习者的权利、责任、自由、对法治的尊重、平等和人的尊严的能力；为身为泰国人而感到自豪；保护公共利益和国家利益的能力；促进宗教、艺术、民族文化、体育、当地智慧、泰国智慧和常识；传授保护自然资源与环境的能力；谋生能力；自立；创造力；获得求知欲；不断自学的能力。"（第6条和第7条）

1999 年《国家教育法案》第 33 条规定，制定一个效力为 15 年的《国民教育规划（2002—2016 年）》，取代之前的《国家教育计划》。《国民教育规划》的重点是将生活质量的各个方面结合起来。它强调以人为本的发展，以及综合、全面的教育、宗教、艺术和文化计划。该规划规定了要实施的 3 个目标和 11 个政策方针。如下所述：

• 全面、均衡的人类发展（培养全体人民，使他们有机会学习；为了学习者的利益而进行的学习改革；灌输和加强道德、诚信、伦理及良好价值观与性格；发展科学技术领域的人力资源，以利于自力更生和增强竞争力）。

• 建设讲道德、讲智慧和讲学习的社会（创建学习型社会，以创造知识、认知、人的良好行为与诚信；促进研究和开发，以增加泰国人民和泰国社会的知识与学识；创造、应用并传播知识与学识）。

• 社会环境的发展（提升并创造社会和文化资本；限制、减少并消除社会正义的结构性问题；发展教育技术；资源系统化以及教育、宗教、艺术和文化投资）。（OEC，2004）

2010 年 10 月发布的《第十一个国民经济和社会发展规划（2012—2016 年）》的主要目标是，促进建设治理良好的和平社会，通过调整经济、社会和政治结构，培育自然资源和环境，促进可持续发展，并使人和社会能够适应变化。为实现这些目标，泰国政府已阐明六个发展战略，包括：促进社会公正；开发人力资源，以促进建设终身学习型社会；平衡食品与能源安全；创造知识型经济和有利经济环境；加强地区经济与安全合作；管理自然资源和环境，以实现可持续发展。（UNESCO Bangkok，2011）

有关教育的法律和其他基本法规

在泰国，教育的基本方针和概念包含在 1997 年 10 月颁布的《泰王国宪法》之中。根据第 43 条，每个人均应享有接受不少于 12 年的基础教育的平等权利，这种教育应为优质免费教育（另见 2007 年《宪法》第 48 条）。每个人均有接受教育和培训的义务和权利（第 30 条和第 69 条，另见 2007 年《宪法》第 72 条）。在提供教育的过程中，将考虑在国家通信资源方面最大限度地保障公共利益（第 40 条），并且保护和恢复当地智慧（第 46 条）。宪法还强调私营部门在提供各个层次的教育方面的作用（第 43 条，另见 2007 年《宪法》第 79 条）。此外，它为地方机构参与办学提供了保证，这将有利于教育管理权力的下放。根据《宪法》第 81 条规定，在教育方面，《宪法》中所包含的方针通过颁布国家教育法案来实施。

根据 1999 年 8 月颁布、2002 年修订的《国家教育法案》，泰国人享有接受至少 12 年的优质免费基础教育的平等权利。因为该法案为更具创造性的提问式学习方法奠定了基础，它摆脱了泰国传统的教育规范（如讲课、死记硬背），这种摆脱是前所未有的。该法案还着手下放财政与行政权力，给教师个人以及机构更大的自由来设置课程和调动资源，这反过来将加强问责制度，确保资金用对地方。为实施《国家教育法案》，2000 年泰国成立了教育改革办公室，初定职能期限为三年。

该法案规定，在教育体系、结构和过程的组织中，须遵守以下原则：政策统一性和实施多样化；权力向教育服务区、教育机构和地方行政机构下放；设立教育标准，并推行各级各类教育的质量保障体系；提高教师、教职员工和教育人员的职业标准，这些人将得到连续培养；为提供教育而调动不同来源的资源；与个人、家庭、社区、社区组织、当地政府机构、私人、私人机构、专业团体、宗教机构、企业和其他社会机构建立伙伴关系。

根据该法案第 17 条，义务教育应为九年，要求 6 岁儿童到基础教育机构就读，直到 15 岁，那些已读完九年级的除外。《义务教育法》于 2003 年 1 月 1 日生效，该法要求所有 6—15 岁儿童到基础教育机构就读，那些已读完九年级的除外。

2002 年 10 月，泰国开始向全国各地学生提供包括六年初等教育和六年中等教育的 12 年免费基础教育，这在历史上尚属首次。截至 2004 年 5 月，免费基础教育年限已延长至 14 年，包括两年学前教育。

根据 2008 年 2 月 19 日颁布的《非正规教育和非正式教育促进法》，应根据国民教育相关法律的标准，广泛地向人们提供非正规教育和非正式教育。一个人不管是否受过基础教育，根据具体情况，均应享有以非正规或非正式教育的形式接受教育的权利，这依照该法规定的过程和程序进行（第 5 条）。第 14 条规定，应当在教育部常任秘书长办公室之下设立非正规和非正式教育办公室，简称"ONIE"，非正规和非正式教育办公室秘书长简称"ONIE 秘书长"，担任总干事。在每个府，应设立府级非正规和非正式教育促进委员会（第 15 条）。

根据 2008 年《职业教育法》，职业教育的提供必须遵照《国民经济和社会发展规划》和《国民教育规划》，通过将国际理论知识与泰国智慧结合起来，让学生具备其职业方面的实际能力和竞争力，从而培养和造就熟练工人、技工和技术人员层次的职业人力资源，满足劳动力市场的需求。职业教育以如下方式来提供：（1）正规教育，由高校或研究机构提供，有一定的毕业条件，即目标、方法、课程、时间和评估；（2）非正规教育，弹性毕业条件（目标、程序、方法、时间和评估），内容和课程必须合适，符合每个人群和每种环境的需要；（3）双元体系和学徒期，这是职业教育机构与企业家、国有企业或政府机构之间关于教学与学习、课程与评价的协议的结果，学生花一定时间在高校或研究机构学习，然后在私人企业、在国有企业或政府机构实习。（UNESCO Bangkok，2011）

2008 年 7 月 11 日发布的《教育部基础教育委员会办公室令 293/2551》规定，实施《基础教育核心课程 2008》（即 2008 年课程），取代 2001 年课程。示范学校和那些准备好实施该课程的学校，将遵循以下时间表：2009 学年，2008 年课程应在一到六年级和七年级、十年级实施；2010 学年，应在一到六年级、七、八、十、十一年级实施；2011 学年，2008 年课程应在所有年级实施。总体上，预计各校会推迟一年实施此计划。

教育系统的行政与管理

泰国的教育行政体制与所有其他公共行政部门一样,结构上均由三个级别组成:中央或国家级、府级(全国有 76 个府,每个府由大约 10 个或更多的区组成)和地方级。因此,泰国的教育行政和规划体系,包括教育人事管理,结构都是如此。在中央一级,政策和计划由国家级和部级单位制定。在府一级,教育发展规划——府五年计划、年度计划和运作计划——由相关机构制定和实施。地方机关负责制定当地的教育政策和计划,并管理当地的教育。在地方,中央政府也提供各类教育。

在泰国,教育管理的责任在总理办公厅、教育部和内政部。根据最近的行政改革(2002 年),大学事务部和国家教育委员会办公室被并入教育部。其他六个部(国防部、公共卫生部、交通与通信部、农业与合作社部、司法部、劳动与社会福利部)下属的一些公共机构也负责管理专门领域的教育或特定目的的教育。

教育部(Ministry of Education)负责管理各个层次的教育,包括学前教育到中等教育、中等后教育和高等教育。它还提供非正规教育或校外项目并监督各个层次的私立学校。此外,教育部负责与宗教和文化有关的所有事宜。直到最近几年,公立大学的高等教育管理和监管改为由大学事务部负责。现在,大学事务部已变为高等教育委员会办公室,隶属于教育部。教育部私立教育委员会办公室负责监管和资助私立教育机构。

中央或国家级的教育管理和规划可分为两个子层次:国家政策和规划层次、部级或中央层次。负责教育政策与规划的政府机构是国民经济和社会发展委员会(办公室)、国家教育委员会办公室(即今天的教育委员会办公室,隶属于教育部)以及预算局。

国民经济和社会发展委员会负责制定国民经济和社会发展规划,评估部级和司级发展计划/项目,监督、评估并对政府机构的年度预算提出建议。换言之,它负责监督经济和社会的整体发展,而教育是其中的一个部门。国家教育委员会办公室负责各个层次教育的政策制定和规划,其主要任务是审议并向部长理事会提出国家教育计划、国家教育发展五年规划、教育发展的政策方针和建议。作为一个咨询机构，它涉及全国教育的所有事项。它也负责根据国家教育计划和国家教育发展规划以及政府的政策，监督有关机构教育发展规划的评估和实施。预算局负责根据国民经济和社会发展规划以及政府政策分配政府预算。年度预算提交给总理和部长委员会，由他们初步审批后再提交给国会最终批准。

职业教育委员会办公室是负责全国职业技术教育与培训的主要机构。委员会负责两个层面的职业教育行政与管理。在国家层面，委员会与私营部门及有关机构的代表共同负责制定与职业技术教育与培训有关的长期规划和重大政策。在机构层面，委员会下属的400多所院校已合并为28个跨校区职业教育机构。合并的目的是：与私营部门建立强有力的伙伴关系，重新调动资源；发展符合当地需求的以需求为驱动的项目；确定和加强每个院校的强项；发展多学科项目。每个机构吸收跨两三个府的10—15所院校。希望通过这次重组，能够增强机构的自主性、责任感和一致性，以达到教育标准。

基础教育委员会办公室的任务是：提出政策、计划和标准，制定基础教育课程；调动资源；开发管理系统；促进并协调教学与学习信息网络；教育创新；主管基础教育供给的监督、检查和评价。2008年，通过全国各府以及曼谷的185个教育服务区，基础教育委员会办公室主管全国各地约32260所公立学校。

教学科技促进研究所是教育部的一个下属机构，具有以下职能：（1）发起、推动、协调和开展课程建设、教学与学习方法、各个教育阶段科学、数学和技术科目的教学与学习评估（专注于基础教育）等方面的研究；（2）通过为专注于科学、数学和技术领域的教学、学习和研究的教师和学生提供培训，促进、协调和开展人才培养；（3）促进、协调并开展研究，以改进和编写课程、习题、学术文件和用于科学、数学和技术教学与学习的各种材料和设备；（4）促进正规科学、数学和技术教育的标准和质量保障体系的发展；（5）在教师和学生当中培养和培育科技人才；（6）就上述问题，向负责教育的部、司、处、政府机关或私人机构提出建议。

非正规和非正式教育办公室设立于2008年，其前身是非正规教育委员会办公室。非正规和非正式教育办公室具有以下职能：（1）充当促进非正规和非正式教育支持与协调的中央组织，并承担非正规和非正式教育促进与支持协调委员会的秘书工作；（2）提出非正规和非正式教育的政策、计划、战略，并向该委员会提交；（3）在学术问题以及与非正规和非正式教育有关的研究、课程、创新、人才、信息系统方面，促进对质量发展的支持；（4）促进、支持和承担同等学力教育结果、知识和经验的转移以及不同教育层次的同等学力认定；（5）鼓励、支持和促进个人、家庭、社区、社区团体、当地政府机构、私人机构、专业机构、宗教机构、商业经营者和其他机构之间的合作，以便建立由各个方面组成的网络，加大非正规和非正式教育的实施力度；（6）拟订建议，就信息通信技术网络、教育电台和电视台、地方电台、科学中心、公共图书馆、博物馆、社区学习中心和其他学习资源的有益使用制定建议，以促进学习和不断提高人民的生活质量；（7）对非正规和非正式教育的实施成果进行监督、检查和评估；（8）承担《非正规教育和非正式教育促进法》以及已颁布的作为非正规和非正式教育办公室职能的其他法律所规定的其他任务，或者教育部部长分配的其他任务。此外还有其他政府部门和部开展非正规教育活动，例如劳动部通过地区性机构和府级技能培训中心开展的非正规教育活动。私人志愿机构和各种基金会也参与非正规教育的组织。工厂也为员工举办非正规教育项目。

最近的教育行政与管理改革基于以下三个原则：（1）政策的统一与执行的多样性；（2）权力向教育服务区、教育机构和地方行政机构下放；（3）在中央层面以及在教育服务区和教育机构中，人民参与教育行政和管理。

地方行政司下属的地方教育管理局接受委托，承担直辖市初等教育的行政和管理任务，而曼谷市政府负责管理曼谷市区的初等教育，其财政支持来自内政部并受该部监督。此外，该部的一些部门负责专门领域教育的管理。2002 年行政改革之后，文化事宜交由文化部监管。

教师公务委员会负责有关教师的法律、法规、标准和程序的发布和修订。公务员教师包括任课教师、管理人员和支持人员。大学公务委员会负责所有公立大学的公务员人事管理，每所大学都有自己的人事管理分委员会。

每所公立大学都有自己的宪章，授权大学委员会作为大学的管理机构。

大学校长负责机构行政管理（学院、中心、研究所和跨学科单位）。校长作为行政主管，根据大学委员会制定的政策管理大学，大学委员会由主席、校长、院长、研究所主任及其他有资格的人士组成。院长委员会和教师评议会是两个咨询机构，也可能参与大学管理。

国家教育标准与质量评估办公室成立于2000年，是一个独立机构，其目标是提升教育质量，使教育机构有能力向学习者提供优质教育，学习者将获得美德、能力和幸福。国家教育标准与质量评估办公室负责制定由地方行政机构主管的教育机构外部质量评估的标准和办法，并负责向当地管理机构提交报告。在其第一轮评估中（2001—2005年），国家教育标准与质量评估办公室评估了大约30000所基础教育机构，670所职业教育机构和300所高等教育机构。它采用了"友好评估模型"，以协助学校改善它们的表现和标准。为鼓励透明度，其评估结果向大众公布。第二轮评估（2006—2010年）也已开展。（UNESCO Bangkok，2011）

根据《国家教育法案》，地方行政机构（如直辖市、府、区）可根据其条件、适宜度和当地要求，提供任意层次或各个层次的教育。教育部负责规定标准和程序，以便评估地方行政机构的教育条件，并与其协调，提高它们根据政策和标准要求提供教育的能力。地区教育委员会与教育服务区办公室负责推动当地行政机构并与之合作，使之根据政策和教育标准提供教育。

曼谷市政府和包括芭堤雅市的各直辖市负责各自辖区内的教育管理，其财政支持来自内政部，并受该部监督。

教育系统的结构与组织

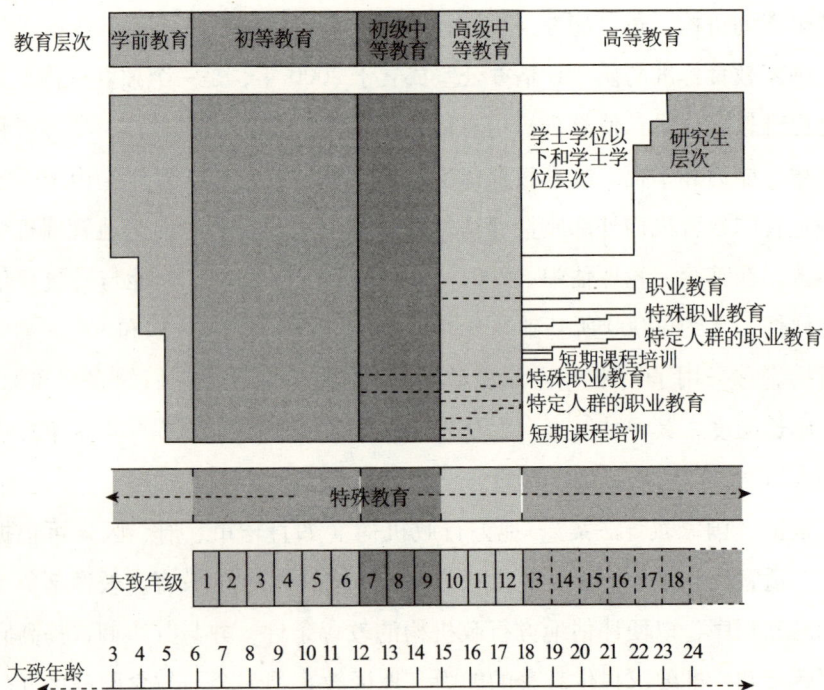

图9-1 泰国教育系统的结构 (2008年)

来源: Office of the Education Council, 2008。

学前教育

根据当地条件, 针对3—5岁儿童, 有三种类型的学前教育: 学前班、幼儿园和托儿中心。私立学校通常提供为期三年的幼儿园项目。在公立学校, 学前教育有两种类型: 为期两年的幼儿园和附属于农村小学的一年制学前班。学前教育不属于义务教育。根据2009年推出的15年免费教育政策, 学前教育免费。

初等教育

初等教育是义务教育, 为期六年, 入学年龄为6岁。根据1999年《国家教育法案》，正式教育分两个层次：基础教育和高等教育。基础教育是指高等教育前的 12 年学校教育。自 2004 年 5 月起，它还包括两年学前教育。

中等教育

中等教育分两个阶段：初中和高中，每个阶段为期三年。高中分为两个类别：普通或学术类和职业类（毕业颁发职业教育证书）。有些高中要求学生参加入学考试，特别是要求较高的公立学校或市区学校。在某些情况下，学校董事会单独设置特殊条件招收学生。大专层次（职业院校）的正规职业教育一般为期两年，毕业颁发文凭。学生可在大学阶段继续接受职业教育（学位层次，两年制项目）。在取得中学证书或十二年级证书后，高等教育的录取取决于考生顺利通过入学考试（通过 2006 学年推出的高校录取系统）。

高等教育

高等教育由大学、技术院所、职业与技术学院以及师范院校提供。根据 1999 年《国家教育法案》，高等教育分为两个层次：学位以下层次，或专科学位/高级教育证书，或职业/技术教育高级证书（主要是技术、职业和师范领域的两年制教育项目，主要由教育部下属高校和院所提供）；学位层次。职业教育或技术教育文凭/证书持有者可被一个两年制项目录取，毕业颁发技术教育高级文凭；拉加曼加拉技术研究所（Rajamangala Institutes of Technology，它有 35 所分校，现已形成 9 所区域性大学）提供多种项目，涉及农业、工商管理、教育、工程技术、家政、美术、音乐、戏剧和文科。学士学位项目通常为期四年，相当于 120—150 个学分（建筑、绘画、雕塑、平面造型艺术和制药专业为期五年，医学、牙科和兽医专业为期六年）。本科学位获得者可报名参加一个为期一年的项目（相当于 24 个学分），毕业颁发研究生文凭；该项目中，学员可以选择进一步专业化的课程，这些课程涉及某些专业领域，如保健课或修完会计课程之后的审计课。研究生学习加论文（完成后授予硕士学位）的项目通常为期两年。博士学位需要在取得硕士学位后再学习两到五年。一年制博士项目（硕士学位之后）毕业颁发高等教育研究生（专业）文凭，这主要是在医学领域。还有博士后研究和项目，毕业后颁发

高等教育博士学位。（另见 NUFFIC, 2011）

在小学和中学阶段，每学年平均时间为 40 周，分为两个学期。高等教育学年从 5 月底到 2 月底，分为两个学期。

教育过程

学校课程经常变动和修订，以响应不断变化的社会经济状况和技术状况。小学和中学课程的制定主要由教育部负责。小学课程在 1990 年进行了修订，并于 1991 年首次在一年级实施，于 1996 年在小学各年级全面实施。1978 年初中课程和 1984 年高中课程在 1990 年进行了修订，并于 1991 年在中学一年级和四年级同步推出。修订后的课程于 1993 年全面实施。

根据 1999 年《国家教育法案》，基础教育委员会规定基础教育的核心课程，而教育机构负责指定课程材料。因此，基础教育课程在两个层面上制定：国家层面和机构层面。

在国家层面，基础教育课程框架由教育部规定，该框架由三部分组成：（1）课程框架，明确了基础教育的目标、标准以及教学与学习的考核和评价办法；（2）国家核心课程框架，在四个三年关键阶段，该框架的组织要有一致性；（3）本地课程框架，该框架为学校提供指导，使它们调整学习内容，适应当地情况。教学科目分为八组，即泰语，数学，科学，社会、宗教与文化，健康与体育，艺术，职业与技术，外语。在几次意见建议征求会之后，2001 年，基础教育课程获得了课程与学习过程改革委员会批准。这几次意见建议征求会旨在征求所有有关机构以及包括父母网络、学生和公众的目标群体的意见和建议。

在机构层面，鼓励教育机构发展本地课程。例如，若干所学校已经开展了制定地方课程的试点项目，并为教师准备了一揽子培训计划。在制定学校课程时，要求每所学校建立学校课程委员会，该委员会由教师、行政人员、学者和每个地方或教育机构的课程专家组成，其职责是规划、支持、监督、评估和发展学校课程。该委员会还为教师举办研讨会，以便让他们分析学校课程，并准备自己的教学计划、教学媒介以及测量和评价办法。学校课程委员会已经做好准备，以便让全国范围内的 152 所试点学校实施新的基础教育课程。

2002 年，《基础教育课程 2001》（即 2001 年课程）在部分学校试行；自 2003 年起，在所有提供基础教育的学校强制实施。该课程规定了目标和学习标准，还为提高学习者的生活质量提供了框架和方向。学习者将具备道德、智力以及使泰国在国际社会保持竞争力的能力。与此同时，2001 年课程做了适当调整，以便与 1999 年《国家教育法案》及其 2002 年修订案的目标保持一致。这些法律都强调将教育权力下放给社区和学校。社区和学校将发挥重大作用，并积极参与制定符合实际情况并满足其真正需求的课程。目前已发现，课程的实施能够促进教育权力下放，能使地方社区和教育机构参与制定满足它们真正需求的课程，并做出重大贡献。促进学习者全面发展的清晰概念和原则相当明显。不过，2003—2005 年开展的研究揭示了几个问题以及由 2001 年课程的缺点（包括其规定、实施过程和结果）引起的一些令人关注的问题。研究发现的问题有：教育机构的从业者在制定学校课程时面临困惑和不确定性；大部分学校在规定学习内容和预期成果时期望太高；测量及评价与设定的标准没有关联。此外，获得基本知识、技能、能力和理想特点及属性所带来的对学习者素质的要求相当令人不安。

在此背景下，基础教育委员会办公室在基础教育委员会的密切监督和指导下，采取了必要措施，修订了 2001 年课程，并制定了新的《基础教育核心课程 2008》。在此过程中，基础教育委员会办公室利用已经开展的研究的结果，并从《第十个国民经济和社会发展规划（2007—2011 年）》（以下简称《规划》）提供的数据和信息中受益。《规划》强调必须转变人类发展的重点，必须赋予泰国人民以道德价值观、智慧和远见卓识。人类能力发展的这种方向将侧重于为儿童和青少年提供坚实基础，以便形成道德和公共意识，以及对他们的未来生活至关重要并使国家可持续发展的能力、技能和基本知识。人类发展的重点是道德、对泰国特性的喜爱、分析和创造性思维的技能、技术知识、团队合作能力以及在国际社会中和平与和谐生活的能力。关于提高学习者素质的目标和学校层面与教育服务区层面课程应用的目标，相关研究结果和预测令这些目标更加明确。如前所述，2008 年 7 月 11 日颁布的《教育部令》规定，《基础教育核心课程 2008》将按如下方式实施：2009 年，新课程将在一到六年级、七年级和十年级实施；2010 年，将在一到六年级和七、八、十、十一年级实施；到 2011 年，将在各个年级实施。预计学校普遍于 2010 年在一到六年级和七年级、十年级实施新课程；于 2011 年在一到六年级和七、八、十、十一年级实施；于 2012 年在所有年级实施。

《基础教育核心课程 2008》涵盖三个教育层次：初等教育（一到六年级）；初中教育或义务教育的最后一个阶段（七到九年级）；高中教育（十到十二年级）。它应为当地社区和学校提供一个制定学校课程的框架和方向。为基础教育阶段所有儿童和青少年组织的教学学习活动旨在提高学习者的素质——与他们在日新月异的社会中生活所需的基本知识和技能有关的素质。因此，他们将被赋予能力，去进一步寻求知识，以获得持续的终身自我发展。《基础教育核心课程 2008》规定的学习标准和指标将使各个层次的有关机构清晰地设想整个学习过程的预期学习成果。它将使地方有关机构和学校在协力制定更优质、更和谐的学校课程的过程中获得信心。学习测量与评价将更清晰，从而解决学习成果校际互认的问题。因此，各个阶段的课程建设必须体现学习标准和指标所规定的质量。

《基础教育核心课程 2008》旨在增强所有学习者的能力（他们构成国家的主要力量），从而实现各方面的均衡发展，包括体力、知识和道德。学习者将充分实现自己作为泰国公民以及国际社会一员的义务和责任。坚持君主立宪制下的民主政府形式，他们将被赋予基本知识和基本技能以及继续教育、生活和终身学习的良好态度。因此，根据所有人都能学习和自我发展并发挥最大潜力的信念，该课程大力提倡以学习者为中心的方法。《基础教育核心课程 2008》的基本原则如下：（1）最终目的是实现民族团结，因此，学习标准与目标的设定考虑到使儿童和青少年获取知识、技能、态度和道德，作为泰国特色和普遍价值的基础；（2）有利于全民教育，所有人都有接受优质教育的平等机会；（3）通过允许社会参与提供教育（这适合普遍情况并符合当地需求），该课程有利于权力下放；（4）在学习内容、时间分配和学习管理方面，该课程的结构具有灵活性；（5）大力提倡以学习者为中心的方法；

（6）该课程是为所有类型的教育而制定，包括正规教育、非正规教育和非正式教育，有利于学习成果和经验的互认。

对于完成基础教育时的成果，《基础教育核心课程2008》已设定如下目标：（1）道德、职业道德、理想价值观、自尊、自律、遵守佛教教义或自己的信仰的教义，以及自给经济的指导原则；（2）沟通、思考、解决问题、技术知识以及生活技能方面的知识和技能；（3）良好的身体和心理健康、卫生、对体育锻炼的喜爱；（4）爱国主义，对自己作为泰国公民和国际社会一员的责任和义务的认识，并坚持君主立宪制下的政府形式和民主的生活方式；（5）意识到需要保护泰国文化和泰国智慧的各个方面，具有保护环境、献身以和平和谐共存为目的的公共服务的公众意识。基础教育核心课程旨在使学习者获得以下五种重要能力：沟通能力、思维能力、解决问题的能力、运用生活技能的能力、技术应用能力。"自给经济"指的是一种生活和行为方式，它可以应用于社会的各个层面，从个人到家庭、社区，甚至到国家的管理和发展。它有三项重叠的内容：谦虚、智慧和洞察力、恢复力或可持续性。通过自觉应用所有这三项内容，泰国试图鼓励人们遵循可持续发展的生活方式，这种方式与现有的国内资源相和谐。（Ministry of Education，2008）

《基础教育核心课程2008》侧重于学生的发展，以使他们具有若干理想特点，这些特点能让学习者作为泰国公民和全球公民，与他人一起享受和谐生活。这些特点包括：热爱民族、宗教和国王；诚实和正直；自律；渴望学习；在生活方式上遵守自给经济思想；对工作的奉献精神和承诺；珍视泰国特色；公众意识。课程规定了八个核心学习领域：泰语，数学，科学，社会、宗教与文化，健康与体育，艺术，职业与技术，外语。对于每个学习领域，课程都规定了学习者素质发展应该达到的标准。这些标准规定了学习者应该知道什么、应该能做什么，表明了学习者应该具备的道德和伦理价值观，以及在完成基础教育时应具有的理想特征。此外，学习标准还被用作推进整个教育系统的基本机制，因为它预示了内容、教学和评价方法。它还作为质量保障的手段，被用于内部质量保障和外部评价，在教育服务区层面和国家层面实行。内部质量保障的监督是必不可少的，因为它能够反映在实现相关标准所规定的素质方面的成功程度。课程标准的各项指标明确了学习者应该知道什么和能够做什么，以及他们在每个阶段的特点。指标是特定而具体的，可用于规定内容、确定学习单元以及组织教学与学习活动。它们被用作评估的基本标准，以验证学习者的素质。指标分为两类：年级—层次指标为义务教育每个阶段规定了培养学习者应达到的目标（初等教育一年级到中等教育三年级，即一到九年级）；关键阶段指标规定了高中教育应实现的目标（中等教育四到六年级，即十到十二年级）。基础教育核心课程为八个学习领域规定了共 67 项标准。

学习者发展活动的目的是让学习者发挥自己的最大潜力，从而成为在各方面全面和充分发展的人，包括：身体、智力、情感和社交方面的发展；向他们传授道德、伦理和自律，创造并加强以社会福利为宗旨的慈善精神；自我管理以及与他人享受幸福生活的能力。学习者发展活动包括：咨询活动、学生活动（如男童子军、女童子军、青少年红十字会、社会服务和国土防卫、各种俱乐部和社团活动），以及社会和公益活动（如各个领域的志愿者服务活动以及公益和公众关心的问题的活动）。

《基础教育核心课程 2008》为八个学习领域和学习者发展活动规定了最短学习时间结构的框架。教育机构可增加时间分配，这取决于他们的条件和优先事项，通过调整，来适应它们的情况和学习者的情况。最短学习时间结构框架如下：（1）在初等教育阶段（一到六年级），学习时间每年分配一次，每天不超过 5 小时；（2）在初级中等教育阶段（中等教育一到三年级，即七到九年级），学习时间每学期分配一次，每天不超过 6 小时；课程的分量按学分计算，标准是一个学分相当于每学期 40 小时；（3）在高中教育阶段（高中教育四到六年级，即十到十二年级），学习时间每学期分配一次，每天不少于 6 小时，课程的分量按学分计算，标准是一个学分相当于每学期 40 小时。教育机构可以组织其他课程或学习者发展活动，适当考虑教育机构自身的条件和优先事项以及毕业标准和要求。在一到三年级，泰语和数学学习领域可额外增加学习时间。在一到九年级每年为学习者发展活动分配 120 小时，在十到十二年级每年分配 360 小时，教育机构利用这些时间开展辅导活动、学生活动、社会活动和公益活动。关于最后一类活动，教育机构应按照如下要求分配时间：一到六年级 60 小时，七到九年级 45 小时，十到十二年级 60

小时。

在地方层面，教育服务区办公室和其他母机构在提高教育质量方面发挥着重要作用。它们为国家层面规定的基础教育核心课程与当地情况和需求提供了联系，这促使教育机构制定自己的课程。这类课程的实施和发展将得到加强，以确保成功。它们的主要任务是：为在地方层面发展学习者的素质设定目标和侧重点，并适当考虑国家要求；发展当地学习内容；评估在地方层面提供的教育的质量；通过研究与开发、人才培养、支持、促进、评估监督，以及对学习者素质的分析和报告，提高课程实施的质量。教育机构在如下方面发挥重要作用：发展自己的课程、规划课程实施、通过研究和开发提高课程实施的质量、改进和进一步发展课程、制定关于测量和评价的规定。在制定自己的课程时，教育机构必须首先重视使基础教育核心课程与教育服务区及当地层面的母机构所提供的其他细节协调一致。在制定它们自己的课程时，各教育机构还可以添加社区和社会各方面的问题和关切、当地智慧和学习者的需求，同时还有各界的参与和贡献。

为了实现以学习者为中心的学习管理，学习者将以多种学习过程为工具，来实现课程目标。对学习者而言，基本的学习过程包括：综合性学习过程、知识创造过程、思维过程、社交过程、启发式学习过程、来自实际经验的学习过程、实际操作过程、管理过程、研究过程、自学过程、发展特色的过程。学习者应该受到训练，获得进一步发展，以便在这些过程中锻炼能力，这将促进他们的学习，使他们能够实现课程目标。学习者和教师可以自行制作和开发学习媒介，或者从他们周围的各种优质媒介中做出明智的选择，并提高所选媒介的适切性。在学习过程中可以利用这些媒介，使学习者能够通过适当的沟通来学习。教育机构应提供足够的学习媒介，以保证学习者的学习。

学习评估必须遵循两个基本原则，即评估目的是发展学习者的能力，是为了评价他们的成就。为了成功提升学习者的学习质量，学习者必须通过利用相关指标，加强能力并接受评估，从而达到规定的学习标准。这样的评估也反映了学习者的主要能力和人们期望他们拥有的特点，这是测量和评价各个层面学习成果的主要目标，包括课堂教学层面、教育机构层面、教育服务区层面、国家层面。学习评估是提高学习者素质的一个过程，通过将评估结果作为数据和资料，来显示学习者的发展进步和成就。这些数据对于加强学习者能力也很有用，从而使他们能够发挥自己的最高潜力来学习。进行评估是为了根据《基础教育核心课程2008》中规定的学习标准，在国家层面评估学习者的素质。教育机构必须安排三、六、九和十二年级所有学生的评估。评估结果将为在不同层次比较教育质量提供相关数据，这对以提高教育质量为目的的规划来说将非常有用，所获得的数据也将为国家政策层面的决策提供支持。（Ministry of Education-OBEC，2008）

学前教育

对于每个孩子来说，学前教育都是通向基础教育必不可少的第一步。在学前教育政策方面，泰国政府在全国范围内有一个明确的举措，来扩大和提高农村地区公立机构学前教育的供给，经济弱势的农村地区儿童将得到更好的教育机会来上学前班。《国家幼儿早期发展政策和战略（2006—2008年）》草案提议设立官方机构（即幼儿早期发展国家委员会）来负责幼儿早期发展的总体协调，该机构由政府部门、私营部门、商业部门的代表和专家组成。

基础教育委员会办公室已制定出幼儿教育核心课程，并分发给所有教育服务区办公室，再由它们分发给家长、监护人和教师，以确保他们共同努力，使学龄前儿童获得高质量发展。教育部还为所有督学组织了培训讲习班，支持和促使教育机构成为幼儿早期保育与发展方面的技术领导者。

2004年3月30日，《2003年儿童保护法》生效并得到加强，以最大限度地保护儿童的利益。应开发更多的系统，提供适当的照顾和保护，并促进儿童的发展。内政部通过其地方行政司为区以下行政机构提供支持，以扩大所有3—5岁学龄前儿童在农村和城市接受优质幼儿服务的机会。内政部还动员各方参与促进高质量的幼儿早期保育与发展。地方行政司的主要目标是扩大幼儿享受优质早期发展服务的机会，并促进各方（包括人民、家庭、社区、民间组织、专业组织和产业）对幼儿早期发展服务的参与。另一方面，内政部社区发展司能够为提高当地社区组织高质量幼儿早期发展活动的能力做出贡献。

幼儿早期保育与发展针对0—5岁儿童。每天两个小时或以上、有组织的学习活动的幼儿早期保育与发展项目包括：托儿所和托儿中心（公立/私立，对象为0—2岁儿童）、儿童发展中心、幼儿园（公立的归基础教育委员会办公室管理，私立的归私立教育委员会办公室管理，对象为3岁以上儿童）以及学前班（公立，归教育部管理，通常附属于公立小学）。

虽然大多数3岁以下儿童都由其父母和亲戚照顾，但对大多数上班族父母来说，也可以选择公立和私立托儿服务。开展这类服务的部门包括社会发展和人类安全部、公共卫生部、劳动部、国防部、其他私营部门和基金会。国家儿童和家庭发展研究所（教育部）也开展以研究和开发为目的的日托服务。

针对3—5岁年龄组的儿童的保育与发展服务分为三类：（1）幼儿园（两年和三年）；（2）学前班（普通小学，一年级之前的一年）；（3）儿童发展中心（接收2—5岁儿童）。幼儿园和学前班大多由教育部以及其他一些公共和私营部门/基金会组织。

在儿童发展中心，那些直接负责照顾儿童的人被称为照顾者，而那些在幼儿园工作的人被称为教师。对照顾者的最低要求是年龄在18岁以上，并且已完成九年义务教育。目前，托儿中心的国家标准要求所有照顾者在被录用之前或入职后三个月内，必须完成由教育部批准的任意一家机构提供的为期六周的培训课程，该课程以标准核心课程为基础。国家对幼儿园教师的最低要求是修完四年制本科课程，毕业取得教育或相关课程的学士学位。

教育部通过基础教育委员会办公室与卫生部合作，实施学校卫生保健计划，其中包括学前班或幼儿班。这包括为儿童及家长提供的健康教育、常规体检，提供所需的急救或基本药物，并注意学校及其周边的卫生设施和卫生条件。学校午餐计划现在是公办幼儿园的一个永久特征。这是基础教育委员会办公室主导的一项活动的结果，该活动为所有初等教育阶段儿童提供有补贴的学校午餐，由此才有了为期11年的政府拨款。基础教育委员会办公室集中力量在农村地区扩大幼儿园的入园机会。与城市中心相比，农村地区的幼儿园入园机会和入园率较低。截至2001年，基础教育委员会办公室已在29410所农村小学建立了共计67200个学前班。对大多数家庭来说，公立学校幼儿园更加便宜，更容易上，因为这类幼儿园由政府主导的若干资金来源支持。公共资金为这些机构提供了稳定性和动力，使它们的幼儿园项目不断进步。

幼儿早期保育与发展项目的课程由各机构按照《国家教育计划》规定的原则和指导方针分别制定，《国家教育计划》是一份有关长期教育战略的文件。总的来说，有关学习经验的规定主要强调通过日常活动获得身体、情感、社交和智力的发展。例如，课程与教学发展司在 1997 年为 0—3 岁和 3—5 岁年龄组制定并下发了《学前教育课程和指导方针》，这对管理人员和从业人员的经验和课堂设置都很有好处。

现在，托儿中心的目标、功能和标准都已得到明确界定，并以较为系统的方式加以宣传。托儿所和幼儿园应提供以下服务：食品与营养；健康（生长发育监测，在紧急情况下对患病儿童的急救和及时治疗、监督和对父母提出关于免疫等方面的建议）；身体护理和对个人卫生的照料（洗手，洗澡，穿衣，确保有足够的休息，如午睡）；对儿童全面发展的支持（爱和关怀，空间、玩具和身体运动的机会，通过探索他们的环境来发展感官能力，使他们能够根据个人兴趣做出个性化选择的各种学习经验，观察、调查，解决问题，发明、探索不同媒体，表达自己，与同伴和成人充分互动，学习社交技巧并学会自律）。

所有公立幼儿园和许多私立幼儿园都实施由教育部制定的《3—5 岁儿童学前教育课程》。3—5 岁儿童学前教育的 2003 年课程着重使儿童在身体、智力、情感/心理和社交发展方面做好准备。学前教育层次的课程分为若干教学单元，教学单元旨在引导儿童的日常活动。为了有效实现这一目标，教育理事会办公室和基础教育委员会办公室承认足够的培训对教师、育儿者和管理人员的重要性。位于城市的中心和位于乡村的中心之间在课程的实施上存在很大差别，这主要是因为前者往往有受教育程度更高和受到更好培训的工作人员，有更大的财力和物力，并且家长积极参与和支持的程度更高，因为在贡献时间和物力方面，他们往往处于一个更有利的位置。

在曼谷等大城市，有更多的私立幼儿园，满足能付得起学费和其他费用的中等收入和高收入家庭的需要，孩子们通常在这里就读三年（从 3 岁开始）。这些私立幼儿园由私立教育委员会办公室监督。2000—2001 学年的统计数据显示，私立幼儿园的儿童占学前班总入学人数的 28% （547411 名儿童）。私立学前学校平均每班人数为：3 岁儿童班级每个班 30 名儿童，4 岁和 5 岁儿童班级每个班 31 名儿童。

《幼儿早期发展 2006—2015 年规划和政策》由教育理事会办公室与相关公共机构和私立机构合作制定。作为权力下放进程的一部分，根据地方行政司的统计，当地行政机构建立的儿童发展中心的数量从 2006 年的 1782 个增加至 2007 年的 2774 个。大约有 14300 个儿童发展中心的管理权从其他机构转移给当地行政机构，这里的其他机构指的是社区发展司、宗教事务司，以及基础教育委员会办公室。

2006 年，约有 34 万名 3—5 岁年龄组的儿童没有上任何形式的学前班，这使得当年净入学率为 88%。没能上学前班的 12% 的儿童主要是那些社会经济背景较差或偏远农村地区的儿童。学前教育质量评估表明，只有 40% 的 3—5 岁儿童在读小学前做好了充分的学习准备。鉴于学前教育部门分析得出的数据，泰国教育部制定了《幼儿早期发展十年规划和政策》。该文件为实现向所有儿童普及幼儿教育绘制了一幅蓝图。《幼儿早期发展十年规划和政策》优先重视三大战略：支持幼儿早期发展，支持父母和其他利益攸关者，营造有利于幼儿早期发展的环境。《幼儿早期发展十年规划和政策》专注于 0—5 岁年龄组，并涵盖 2006—2015 年这段时期。其目标是：在全国层面形成幼儿教育的共同理念和指导方针；为有效动员、管理和利用资源制定具体的行动计划；为数据和信息收集、研究、跟踪和评估提供指导方针；将幼儿早期发展纳入教育教学改革，成为它的一个组成部分。（UNESCO Bangkok，2011）

2007 年，泰国教育部公布，有 1595655 名儿童在该部下属的正规学前教育机构就读（其中 1061596 名在基础教育委员会办公室下属的机构就读，526485 名儿童在私立教育委员会办公室下属的机构就读）。另外有 162918 名儿童在由其他组织（主要是地方行政司和曼谷市政府）开办的机构中就读，并且共有 822322 名儿童在 17917 所非正规学前教育系统的学习育儿/发展中心就读，这些中心主要由地方行政司管理。2006 年，共有 16826 名残疾儿童在学前教育层次的全纳教育学校就读。在正规学前教育机构就读的儿童占 2007 年学

前教育适龄人口（3—5 岁儿童）的 73.7%。（Ministry of Education，2008）

初等教育

初等教育是义务教育，为期六年（一到六年级），入学年龄为 6 岁。如前所述，《基础教育核心课程 2008》涵盖三个教育层次：小学（一到六年级）、初中或者义务教育的最后阶段（七到九年级）、高中（十到十二年级）。

《基础教育核心课程 2008》对于完成基础教育时的成果，已设定如下目标：（1）道德、职业道德、理想价值观、自尊、自律、遵守佛教教义或自己的信仰的教义，以及自给经济的指导原则；（2）沟通、思考、解决问题、技术知识以及生活技能方面的知识和技能；（3）良好的身体和心理健康、卫生、对体育锻炼的喜爱；（4）爱国主义，对自己作为泰国公民和国际社会一员的责任和义务的认识，并坚持君主立宪制下的政府形式和民主的生活方式；（5）意识到需要保护泰国文化和泰国智慧的各个方面，具有保护环境，献身以和平和谐共存为目的的公共服务的公众意识。基础教育核心课程旨在使学习者获得以下五种重要能力：沟通能力、思维能力、解决问题的能力、运用生活技能的能力、技术应用能力。

《基础教育核心课程 2008》侧重于学生的发展，以使其具有若干理想特点，这些特点能让学习者作为泰国公民和全球公民，与他人一起享受和谐生活。这些特点包括：热爱民族、宗教和国王；诚实和正直；自律；渴望学习；在生活方式上遵守自给经济思想；对工作的奉献精神和承诺；珍视泰国特色；公众意识。

《基础教育核心课程 2008》规定了八个核心学习领域：泰语，数学，科学，社会、宗教与文化，健康与体育，艺术，职业与技术，外语。对于每个学习领域，课程都规定了学习者素质发展应达到的标准。这些标准规定了学习者应该知道什么、应该能做什么。课程标准中的年级—层次指标为义务教育每个阶段规定了培养学习者应达到的目标（初等教育一年级到中等教育三年级，即一到九年级）；关键阶段指标规定了高中教育应实现的目标（中等教育四到六年级，即十到十二年级）。基础教育核心课程为八个学习领域规定了共 67 项标准。

　　《基础教育核心课程2008》中规定的初等教育（一到六年级）学习时间框架如表9-1所示。

表9-1　泰国初等教育学习时间框架

单位：小时

学习领域	各年级每年小时数					
	一年级	二年级	三年级	四年级	五年级	六年级
泰语	200	200	200	160	160	160
数学	200	200	200	160	160	160
科学	80	80	80	80	80	80
社会、宗教与文化	120	120	120	120	120	120
—历史	40	40	40	40	40	40
—宗教、道德和伦理、公民教育、文化和社会生活、经济、地理	80	80	80	80	80	80
健康与体育	80	80	80	80	80	80
艺术	80	80	80	80	80	80
职业与技术	40	40	40	80	80	80
外语	40	40	40	80	80	80
全年总小时数（基本）	840	840	840	840	840	840
学习者发展活动	120	120	120	120	120	120
根据当地情况和优先事项，由学校提供的其他课程/活动	40	40	40	40	40	40
每年总学习时间	1000	1000	1000	1000	1000	1000

　　来源：Ministry of Education-OBEC，2008。

在基础教育期间（一到十二年级），泰语为学习者从各种数据和信息来源寻求知识和经验提供了一个工具，以便他们获取知识并进行分析性、批判性和创造性思维，从而切合社会发展和科学技术进步的步伐。它同时也有助于实现以经济安全为目的的职业发展。此外，它是表达泰国人祖先在文化、传统和美学上的智慧的媒介，这些智慧是具有最高价值的宝藏，值得学习、保存并传承给后代，作为泰国民族的永久特征。

数学这一学习领域使人获得创造力、逻辑以及系统有条理思维的技能，并使人能够仔细和透彻地分析各种问题或情况，预测、计划、决策、解决问题，准确且适当地将数学应用到日常生活中。数学是学习科学、技术和其他学科的一种工具。因此，它对人的生活很有用，能够提高生活质量，使人能够与他人和谐相处。数学包括以下内容：数量和运算、测量、代数、几何、数据分析和概率、数学技能和过程。

科学这一学习领域旨在使学习者在学习这一科目时，将重点放在联系知识与进程，获得必要的调查研究技能，通过调查研究过程积累知识、寻求知识和解决各种问题。学习者可以参与学习的各个阶段，其学习活动通过各种适合他们的学习阶段的实践工作来组织。科学的主要内容领域如下：生物和生命过程；生命和环境；物质和物质性质；力和运动；能量；地球演变过程；天文学和太空；科学技术的本质。

社会、宗教与文化这一学习领域使学习者能够获得知识并这样认识人类：既把他们当作一个一个的个体，也把他们作为共存于一个社会的成员。该领域解决的问题是使人根据资源状况和对有限资源进行管理的迫切需要来调整自我。学习者获得对发展和变化的认识，这种认识符合各个时期、时间和因素的迫切需要，获得这种认识使他们能够理解他们自己和他人。学习者也获得耐心、宽容和对差异的接纳。在作为国家的好公民和国际社会的理想成员而生活的过程中，他们被赋予道德，获得将所学知识应用于实践的能力。该学习领域包括：宗教、道德与伦理、公民教育、文化与生活、经济、历史、地理。

健康与体育包括：人体生长与发育；生活和家庭；运动、体育锻炼、游戏、泰国和国际运动；健康、智能和疾病预防能力的加强；避免各种风险行为的自我保护。

艺术这一学习领域有助于培养学习者的创造力，他们将拥有艺术想象力，会欣赏美，具有美学知识和评价美的能力，这将对人的生活质量产生影响。艺术活动有助于在各方面培养学习者——身体、心理、智力、情感和社交，还会促进环境发展。艺术活动能加强学习者的自信，从而为未来的教育或生活奠定基础。该学习领域包括：视觉艺术、音乐和戏剧艺术。

职业与技术这一学习领域有助于学习者在获取知识和了解生活必需基本技能方面的发展。因此，学习者将敏于应对变化，能够将关于生活、职业与技术的知识应用到其工作当中，并且在泰国社会和国际社会中具有创造力和竞争力。学习者将能够看到他们未来职业生涯的前景，将会热爱工作，有良好的工作态度，并且根据自给自足的原则，在社会中过上幸福的生活。职业与技术包括：生活与家庭；设计与技术；信息通信技术；职业（例如对学习者的职业必不可少的技能，对道德、伦理和良好职业态度的重要性的认可，适当运用技术的能力，对诚实职业价值观的欣赏，预见未来职业生涯前景的能力）。

为整个基础教育核心课程规定的、构成基本学习内容的外语是英语，而其他外语，例如法语、德语、汉语、日语、阿拉伯语、巴利语和邻国的语言，则由教育机构自行决定制定课程并提供适当的学习管理。（Ministry of Education-OBEC，2008）

关于小学阶段对学生的评估，《基础教育核心课程2008》规定了以下内容：（1）学习者考勤记录不得低于要求的总学习时间的80%；（2）必须从各个指标对学习者进行评估，学习者必须达到教育机构规定的标准；（3）必须用每门课程的学习成果来判断学习者；（4）学习者必须接受评估，并且必须达到教育机构规定的所有标准，这些标准涉及阅读、分析性思维与写作、应有特点和学习者发展活动。对于阅读、分析性思维与写作、应有特点的评估，打分的级别有：优、良、及格和不及格。对于学习者发展活动的评估，必须根据教育机构规定的标准，考虑投入的时间、学习者的参与情况和成就。参与学习的结果打分级别为：及格和不及格。毕业标准如下：（1）学习者根据基础教育核心课程规定的学习时间结构，完成基础课程和辅助课程/活动；

（2）学习者每门基本课程的评估结果必须符合各自教育机构规定的标准；（3）学习者的阅读、分析性思维与写作的评估结果必须符合各自教育机构规定的标准；（4）学习者的应有特点的评估结果必须符合各自教育机构规定的标准；（5）学习者参加了学习者发展活动，并且对他们参与情况的评估结果符合各自教育机构规定的标准。（Ministry of Education-OBEC，2008）

6—11 岁年龄组的大多数人口有机会接受初等教育。几乎所有的区以下单位，包括农村偏远地区和边境地区，都有公立小学。学生总人数从 1990 年的 690 万下降到 1999 年的 595 万，原因主要是人口出生率降低以及随父母迁移的学生辍学。完成初等教育并升入初中的学生比例显著增加，从 1990 年占毕业生总数的 53.7% 上升至 2003 年的 92.5%，原因是将基础教育从六年延长至九年，涵盖了初级中等教育。然而，泰国仍然有不少弱势群体，例如没有机会接受中等教育的偏远农村地区的小学毕业生和贫困家庭的孩子。自 1998 年以来，由于留级以及学生中的提早入学和超龄上学的情况，初等教育毛入学率一直高于 100%。据统计，2003 年毛入学率为 104.4%。2003 年，初等教育的留级率为 89.5%。同年，生师比为 19∶1。

2007 年，泰国教育部公布，有 5021329 名学生在该部下属的正规小学就读（其中 4004326 名在基础教育委员会办公室管理的学校就读，1001969 名在私立教育委员会办公室管理的学校就读）。另外有 543295 名学生在由其他组织（主要是地方行政司和曼谷市政府）开办的学校就读，共有 360899 名学生在非正规小学就读。2006 年，共有 155938 名残疾学生在小学层次的全纳教育学校就读。2007 年，在正规初等教育机构就读的学生占小学适龄人口（6—11 岁人口）的 104.5%。据统计，在基础教育委员会办公室下属的学校中，（一到六年级）总体辍学率为 0.88%（一年级为 1.01%）。（Ministry of Education，2008）

中等教育

如前所述，中等教育分为两个阶段：初中和高中，每个阶段为期三年。高中教育体系分为两个平行的类别：普通或学术类和职业类（毕业颁发职业教育证书）。高等教育入学取决于考生取得中学或十二年级证书后，顺利通过高考（通过 2006 学年推出的高校录取系统）。

普通中等教育在四类学校中提供：提供从学前或初等教育直到高中教育的学校；提供七到十二年级（初中、高中）教育的学校；只提供七到九年级教育的学校；只提供高中教育的学校。正规普通中等教育（初中和高中）主要由基础教育委员会办公室负责。此外，高中教育还由其他部委分普通类和职业类提供。公共职业教育由职业教育委员会办公室监督。按照 2008 年《职业教育法》，职业教育的提供是通过：（1）正规教育，在具有一定毕业条件的学院或机构中提供，毕业条件包含目的、方法、课程、时长和评估等方面的要求；（2）非正规教育，毕业条件具有灵活性（目的、手续、方法、时长和评估），内容和课程必须适当，并符合每个人群和环境的需要；（3）双元体系和学徒期，这是职业教育机构和企业家、国有企业或政府机构之间关于教学与学习课程和评价的协议的结果，学生花一些时间在院校或机构学习，并在私人企业、国有企业或政府机构实习。职业教育有三个层次：职业教育证书层次，在高中期间取得；取得上述证书后的技术文凭；更高的文凭，凭此文凭或许可能保证升入大学，学习学士学位课程。（UNESCO Bangkok，2011）

自从课程改革和 1977—1978 学年的学校制度变革以来，中等教育已变得更加多元化和全面。教育部于 1975 年启动了对高中课程的大修订。引入了学分或单元制度，根据这一制度，修习课程可以得到学分并在一个学期内完成。这种学分制度旨在使学习更具灵活性和效率。另一个巨大变化是取消了由教育部集中管理的期末分级考试。这些初始变化催生了 1978 年的另一个后续变化——课程变得更加多元化，部分地职业化。

如前所述，新的《基础教育核心课程 2008》还涵盖初级中等或义务教育最后阶段（七到九年级）、高中（十到十二年级）。八个核心学习领域与初等教育的相同。初级中等教育重在让学习者探索自己的能力和兴趣，促进个人的个性，批判性和创造性思维技能，解决问题的能力，生活技能和将技术用作学习工具所需的技能，社会责任，在知识、美德和泰国自豪感之间的适当平衡，它们共同为未来的生计或继续教育奠定基础。高中教育侧重于增加具体知识和技能，这些知识和技能符合学习者个体在如下方面的能力和兴趣：

学术和技术应用、高水平思维过程的技能、为继续教育和生计而运用知识的能力、符合学生各自角色的自我发展和国家进步，以及领导和提供各方面社区服务的能力。（Ministry of Education-OBEC，2008）《基础教育核心课程2008》中为普通初中和高中规定的学习时间框架如表9-2和表9-3所示。

表9-2　泰国初级普通中等教育学习时间框架

单位：小时

学习领域	各年级每年小时数		
	七年级	八年级	九年级
泰语	120	120	120
数学	120	120	120
科学	120	120	120
社会、宗教与文化	160	160	160
一历史	40	40	40
一宗教、道德和伦理、公民教育、文化和社会生活、经济、地理	120	120	120
健康与体育	80	80	80
艺术	80	80	80
职业与技术	80	80	80
外语	120	120	120
全年总小时数（基本）	880	880	880
学习者发展活动	120	120	120
根据当地情况和优先事项，由学校提供的其他课程/活动	200	200	200
每年总学习时间	1200	1200	1200

来源：Ministry of Education-OBEC，2008。一学分相当于40小时（每学期）。

表9-3 泰国高级普通中等教育学习时间框架

学习领域	十到十二年级的小时数/学分数	
	小时数	学分数
泰语	240	6
数学	240	6
科学	240	6
社会、宗教与文化	320	8
一历史	80	2
一宗教、道德和伦理、公民教育、文化和社会生活、经济、地理	240	6
健康与体育	120	3
艺术	120	3
职业与技术	120	3
外语	240	6
三年总小时数/学分数，十到十二年级（基本）	1640	41
学习者发展活动	360	
根据当地情况和优先事项，由学校提供的其他课程/活动	1600	
三年（十到十二年级）总的学习时间	3600	

来源：Ministry of Education-OBEC，2008。一学分相当于40小时（每学期）。

关于普通中等层次的学生评估，2008年课程做了如下规定：（1）教师负责评判所有课程的学习成果；学习者的出勤率不得低于有关课程每学期要求的总学习时间的80%；（2）必须从各个指标对学习者进行评估，学习者必须达到教育机构规定的标准；（3）必须用每门课程的学习成果来评判学习者；（4）学习者必须接受评估，并且必须达到教育机构规定的所有标准，这些标准涉及阅读、分析性思维和写作、应有特点和学习者发展活动。对于阅读、分析性思维和写作、应有特点的评估，打分级别有：优、良、及格和不及格。

对于学习者发展活动的评估，必须根据教育机构规定的标准，考虑投入的时间、学习者的参与情况和成就。参与情况的结果打分级别为：及格和不及格。

在初中阶段，毕业标准如下：（1）学生修完的基础课程和补充课程不多于81学分，其中基础课程的学分为66学分，补充课程的学分若干，这根据相应教育机构的规定而定；（2）学习者在整个课程中必须拿到不低于77学分，其中基础课程要拿到66学分，补充课程不低于11学分；（3）学习者的阅读、分析性思维和写作的评估结果必须符合相应教育机构规定的标准；（4）学习者的应有特点的评估结果必须符合相应教育机构规定的标准；（5）学习者参加了学习者发展活动，对他们参与情况的评估结果符合相应教育机构规定的标准。

在高中阶段，毕业标准如下：（1）学生拿到的学分不多于81学分，其中基础课程的学分为41学分，补充课程的学分若干，这依相应教育机构的规定而定；（2）学习者在整个课程中必须拿到不低于77学分，其中基础课程要拿到41学分，补充课程不低于36学分；（3）学习者的阅读、分析性思维和写作的评估结果必须符合相应教育机构规定的标准；（4）学习者的应有特点的评估结果必须符合相应教育机构规定的标准；（5）学习者参加了学习者发展活动，对他们参与情况的评估结果符合相应教育机构规定的标准。（Ministry of Education-OBEC，2008）

2003年，普通教育类别有2837所高中（其中171所是私立高中），职业教育类别有889所学校（其中349所是私立学校）。据统计，2003年，初中毕业继续读高中的学生比例为92.5%。2003年，职业教育的学生总数为571267人，其中392246人在证书层次。（OEC，2004）

据统计，2003年，高中毕业（普通类和学术类都包括在内）升入大专及本科层次高等教育机构学习的学生比例为81%。初中和高中阶段每间教室的学生数量相当多，有37—39名学生。2003年，初中和高中阶段的生师比均为21:1，而在职业高中，生师比为31:1。

2007年，泰国教育部公布，有2623476名学生在教育部管理的正规初级中等教育机构就读（其中344932名学生由私立教育委员会办公室管理）。另外，有159358名学生在其他机构（主要是地方行政司和曼谷市政府）开办的学校就读，共有 719780 名学生在非正规初级中等教育机构就读。2007 年，在正规初级中等教育机构就读的学生占初中适龄人口（12—14 岁）的 96.3%。同年，共有 1137626 名学生在教育部下属的正规普通高中教育机构就读，此外有 29316 名学生在其他组织开办的机构就读。至于正规职业高中教育，教育部下属机构的学生总数为 768361 人（其中 477767 名学生在职业教育委员会办公室管理的学校就读），有 10626 名学生在由其他组织开办的机构就读。2007 年，在正规高中教育（既包括普通类也包括职业类）就读的学生占高中适龄人口（15—17 岁）的 67.1%。此外，共有 1614841 名学生在非正规中等教育机构就读，其中 719780 名学生在初中，895061 名学生在高中。据统计，2006 年，在基础教育委员会办公室下属的学校中，正规初中（七到九年级）总辍学率为 2.25%（九年级的为 2.66%），而正规高中总辍学率为 2.33%（十年级的为 3.04%）。

2006 年，共有 41514 名残疾学生在初级中等层次的全纳教育学校就读，另外有 8933 名学生在高中层次的全纳教育学校就读。（Ministry of Education，2008）

在全国范围内评估学习成果

1999 年《国家教育法案》已推出新的教育质量保障体系，以确保改善各个层次教育的质量和标准。要完成的主要任务包括：（1）制定教育标准；（2）设计和开发内部和外部评价体系；（3）设立教育标准和评估办公室；（4）开展对所有教育机构的外部评估，其中第一轮工作预计将于 2005 年 8 月完成。

国民教育标准与质量评估办公室成立于 2000 年，成立目的是制定外部评估的标准和方法，以便评估教育机构的质量，同时将教育法中规定的每个教育层次的目标、原则和方向考虑在内。

为制定指导手册和内部评估模型，教育部开展了基础教育阶段内部评估的研究与开发，制定了教育机构内部评估的如下准则：

- 所有教育机构应每年开展内部质量保障活动。

• 所有教育机构内部质量保障的连续过程包括规划、评估和表现的提高。要求每个机构根据《国家教育法案》、国家教育标准以及该机构的目标/理念/章程，制定自己的教育发展规划；清晰地确定实施时间框架；不断跟进和评估自身的表现；利用评价结果改善和发展教育质量。

• 在内部质量保障的各个阶段，重点应放在各有关方面的协调和参与，包括该机构的人员、机构董事会、家长，以及所在社区、教育服务区和地区内的各种机构和组织的工作人员。

• 要求每个教育机构必须在下一学年开始之前，完成其内部质量保障报告，展现教育质量的评价结果，以及在来年改善和发展教育质量的指导原则或计划。该报告必须提交其上级组织、相关机构并向公众公开。

基础教育阶段外部评价的标准于 2000 年 1 月获批。该标准被用作外部评价的框架，被有关机构和所有教育机构用作指导方针，以便在相同的方向发展教育质量。

1999 年，课程与教学发展司开展了一次高中阶段（十二年级）的全国教育质量评估，侧重于三个方面：学生成绩、学习者特征、学校在投入和过程方面的标准。泰国各地高中学生的成就相当不容乐观。在评估的 11 个学科中，平均得分最高的泰语写作只有 57 分。另外两个平均成绩高于 50 分的科目是泰语和职业基础。这些结果似乎低于学生的实际能力，因为他们没有专注于与毕业不相关的考试。然而，所有科目的教育质量均应改善，尤其是那些平均分数低于 40 分的科目，即物理、化学、数学和英语写作。

所有科目在不同地区之间存在着教育质量的不均等。除了泰语写作和职业教育的最高平均分分别出现在第 12 教育区（东部地区）和第 9 教育区（东北地区）之外，曼谷在几乎所有科目上的平均分均为最高。数学、化学和物理的最低平均成绩出现在第 9 教育区，该教育区是全国最贫困的地区之一。第 2 教育区有大量的穆斯林学生，泰语、社会和物理—生物科学的最低平均分出现在该教育区。

教育部还通过使用三种评估工具，在应有特点方面对学习者进行评估。第一种工具评估学习者的卫生习惯：个人卫生、食品与营养、运动、心理健康、环境卫生、毒品预防和事故预防。第二种工具用于衡量学会正确对待输赢、学会原谅、学会无私、学会与他人合作、学会遵守法规和规章、学会爱和团结。第三种工具评估与共同生活、自我发展和未来职业有关的一般特点。评估的结果表明，分别有88.6%和83%的学生在卫生习惯和体育精神方面的素质良好。结果发现，54.5%的学生的一般特点平平，只有39.9%的学生展现出良好特点。

最后，在提供以学生为中心的教育的能力方面，只有54.9%的学校能达到要求。此外，不到50%的学校有能够搜索知识、分析性思考、进行研究并创建自己的知识体系的教师。农村地区的情况更糟。（ONEC，2001）

2004年，教育委员会办公室发布了《基础教育阶段学习改革评估报告》。报告对六年级和九年级学生在学术成果、学术素质和其他优良品质方面的应有素质进行了评估。评估结果如下：（1）除社会科学以外，其他四个科目（泰语、英语、数学和科学）的学术成果并不令人满意；（2）思维技巧、求知技巧和工作技能（如团队合作、利用学习资源以及规划）的评估结果也不令人满意；（3）对学习者的良好公民素质（如纪律、诚实和讲礼仪）的评估取得了令人满意的结果。总体而言，良好公民素质方面的应有素质高于设定的标准（50%），而其他应有素质均低于50%。（OEC，2004）

在1999年国际数学与科学趋势研究中，泰国初中学生在数学和科学科目的得分都很差，其原因大约有49%归于教师质量。当时50%以上的科学教师既没有科学学位，也没有科学教育学位。这是在泰国教育改革中特别重视人员问题的一个原因。（UNESCO Bangkok，2011）

泰国教育部最近报告了2009年国际学生评估项目的结果。2009年国际学生评估项目考察了15岁学生在阅读、数学和科学科目上的表现。共有65个国家参加了评估。在阅读方面，泰国排第47位，在数学方面排第48位，在科学方面排第47位。教学科技促进研究所分析了影响2009年国际学生评估项目结果的变量发现，缺乏具有每个科目特定领域资质的教师是一个重要的影响因素。此外研究者还发现，校外的额外学习班会降低学生的分析能力，教育中对信息通信技术的不恰当使用也妨碍了学生的教育成就。与学生成就正相关的因素有教育资源、科学实验室、有特定领域的合格教师，以及独立的预算和管理技能。

2000—2010 年，15 岁泰国儿童在阅读、数学和科学方面的学习成就要么止步不前，要么下降。此外，低水平的学习者比例非常高，例如，据报道，在 2009 年国际学生评估项目所有三个科目上，43%—53% 的儿童水平为一级或以下，而最高水平为六级。国家教育标准与质量评估办公室系统地评估了所有泰国学校的质量。2006 年，在 30100 所学校开展的评估的结果令人失望。2008 年公布的第二轮评估结果取得了一些重大进步。在最新评估中，52% 的小学被评为质量良好，68% 的中学被评为质量良好。22465 所小学和中学中，19.2% 的学校被评为优秀，23.6% 被评为良好，36.9% 被评为达到了最低标准，但并不优良，还有 20.3% 的学校没有达标。达到良好标准的学校不到一半（42.8%）。（UNESCO Bangkok，2011）

教职人员

教师教育旨在培训和培养预备教师以及在职教师，培训的内容涉及品德、知识、能力以及教学和激励学生学习的技巧。泰国的教师教育秉承敬业精神和教师的责任（在社会行为、生活方式和保存民族语言文化方面做学习者的榜样），目标是培养探究精神，使教师不断提高自己和自己的教学能力，使他们投身社区发展，参与复兴、对话和丰富当地和国家的环境和文化。

20 世纪 90 年代，教师培训机构的主要类型有两种：教师学院（皇家学院）和大学的教育学院。皇家学院是教师教育司下属的师范院校。自 1995 年以来，教师教育司根据新的《皇家学院法》，更名为皇家学院理事会办公室。在教师教育改革的框架下，皇家学院已经转变为皇家大学。经教育改革办公室发起，教育部制定了培养学士学位层次的新教师的课程。根据新课程，课程的学习需要四年，其余时间用于教学实践。为吸引合格学生进入教师行业，新教师教育课程也重视奖学金和就业保障。教育委员会办公室还为教育机构举办的在职教师培训推出了一种新的有效和可持续的方法，即以在职教师发展为目的的校本培训。（OEC，2004）

目前，教师培训由大学或教师培训学院提供。大学的项目现在通常受以儿童为中心的学习方法的影响，并且有几所大学开办了 Satit，即由讲师和受训教师充当工作人员的示范学校。小学和初中学校教师的培训由 40 所公办皇家大学（原皇家学院）提供，这些皇家大学是大多数府的传统的教师培训学院。皇家大学由高等教育委员会办公室管理。2004 年《皇家大学法》规定，要发挥皇家大学的优势，以帮助各地区发展。皇家大学的项目包括多种课程：教学法、学校管理、特殊教育、可选专业化、有指导的实际教学经历，以及通识教育科目，如语言与沟通、人文科学、社会科学、数学和技术。要参加基础教育教师培训课程，需要完成高中教育（十二年级）。小学和初中学校教师必须完成一个为期两年的项目，完成后将获得高级教育证书，该项目也被称为教育义凭项目或大专学位项目。

至于高中教师，最低要求是通过政府项目取得四年制教育学士学位，这些项目由教师培训学院或教师教育系提供。已取得教育高级证书的学生有资格在大学或教师培训学院再进行额外的两年全日制学习，攻读学士学位。拥有其他学科学士学位的预备教师必须再经过一年全日制学习，以取得教育学士学位。（UNESCO Bangkok，2011）

泰国的教师和员工管理系统最近已按照《教师与教育人员行政程序法》进行了改革。新的管理体制中，权力已经下放，职责和权力的结构分三个层次：（1）教师与教育人员委员会负责中央层面的人事管理；（2）每个教育服务区下面附属一个教师与教育人员分委员会；（3）教育机构委员会负责学校层面的人事管理。尤为引人注意的是，招聘与调配的职能下放到教育服务区级别。在中央层面，泰国教师理事会（属教育部管辖）和教师与教育人员福利促进办公室（由教育常任秘书长担任主席的一个委员会管辖）负责：提高教师的职业标准；发展人事管理制度和职业路径；为教师改善新的薪金方案、津贴和福利。

此外，国家教师、教职员工与教育人员发展研究所于 2006 年成立，其职责是开展涉及教师发展的任务，包括：制定政策、计划和指导方针；开展推广和支持活动；制定制度和标准；负责各有关机构之间的协调和联络；提高内部效率。国家教师、教职员工与教育人员发展研究所负责使现有在职培训项目更加合理化。它还着眼于新的方式，通过新项目在全国范围内推广职业发展。由国家教师、教职员工与教育人员发展研究所提供的课程与培训项目调动各种相关机构的人员，这些机构包括公立和私立大学以及皇家学院。虽然不要求所有教师都定期参加在职培训，但在进行更新教师执照的评估时，参加在职培训被看作一种资本。

2004—2013 年教师和教育人事改革考虑四个关键领域：培训、发展与推广、职业标准控制、人事管理。在这项改革的框架中，已建立一系列机构，来负责教育人员发展与管理的各个方面。这些机构包括：国家教师、教职员工与教育人员发展研究所及其独立基金，负责更好地协调有关教师职业发展的责任；教师理事会，负责设定职业标准，发放和撤销职业执照并监督对职业标准和职业道德的遵守情况；教师与教育人员福利与安全促进办公室，负责与教育人员的福利和职业安全有关的问题。其他改革领域包括：制定岗前培训的五年制课程（取代之前的四年制课程）；推广校本培训，以增强在职教师培训的有效性和可持续性；引进模范学校管理者奖励制度，以认可他们作为学习改革的主要推动者的重要性；为教师制定职业标准和职业道德规范；为教师和教育人员改革行政程序。（UNESCO Bangkok，2008）

小学和中学教师的假期没有学生的长，他们需要在假期工作，履行管理职责。其中许多任务要求他们不断熟悉频繁改进的国家课程；的确，变化经常快于作者和出版社更新教科书的速度，教师必须在没有材料支持的情况下临时备课与授课，并须自己设计测验与考试。（UNESCO Bangkok，2011）根据标准，小学、初中和高中教师的总工作量是每周 35 小时，包括教学工作量和其他任务。教师工作效率研究（ONEC，1996）的结果表明，教师的平均工作量低于标准。研究发现，教师每周授课时间为 17—21 小时，备课时间为 5—8 小时，用于管理和其他服务的时间为 2—4 小时。

参考资料

Kiat Ampra and Chadjane Thaithae. "Thailand. Curriculum planning, development and reform." In: International Bureau of Education and Central Board of Secondary Education (India). *Globalization and living together: The challenges for educational content in Asia.* Final report of the sub-regional course on curriculum development, New Delhi, 9 – 17 March 1999, pp. 126 – 130. Geneva – New Delhi, 2000.

Ministry of Education. *Development of education in Thailand.* Presented at the 44th session of the International Conference on Education, Geneva, 1994.

Ministry of Education. *Development of education in Thailand.* Presented at the 45th session of the International Conference on Education, Geneva, 1996.

Ministry of Education. *The development of education. National report of Thailand.* Presented at the 46th session of the International Conference on Education, Geneva, 2001.

Ministry of Education. *Strategic action plan of the ministry of education.* March 2004.

Ministry of Education. *Thailand. National report* 2004. Presented at the 47th session of the International Conference on Education, Geneva, 2004.

Ministry of Education. *The development of education. National report of Thailand.* Presented at the 48th session of the International Conference on Education, Geneva, 2008.

Ministry of Education. Bureau of International Cooperation. *Education for all mid-decade assessment report.* Bangkok, September 2007.

Ministry of Education. Office of the Basic Education Commission. *Basic education core curriculum B. E.* 2551 (*A. D.* 2008). Bangkok, 2008.

NUFFIC (Netherlands organization for international cooperation in higher education). *Country module: Thailand. Evaluation of foreign degrees and qualifications in the Netherlands.* Second edition, International Recognition Department, The Hague, February 2011.

Office of the Education Council. *Education in Thailand* 2004. Bangkok, 2004.

Office of the Education Council. *Education in Thailand* 2005/2006. Bangkok, 2006.

Office of the Education Council. *Education in Thailand* 2007. Bangkok, 2008.

Office of the National Education Commission. *Education in Thailand* 1997. Bangkok, 1997.

Office of the National Education Commission. *Education in Thailand* 1998. Bangkok, 1998.

Office of the National Education Commission. *Education in Thailand* 2001/2002. Bangkok, 2001.

Office of the Non-Formal and Informal Education. Ministry of Education. *The development and state of the art of adult learning and education. National report of Thailand*. Bangkok, 2008.

Sukavich Rangsitpol. *New aspirations for education in Thailand. Towards educational excellence by the year* 2007. Paper submitted to the 45th session of the International Conference on Education, Geneva, 1996.

UNESCO Bangkok. *Secondary education regional information base*: *Country profile, Thailand*. Bangkok, 2008.

UNESCO Bangkok. *UNESCO national education support strategy* (*UNESS*). *Thailand* 2010—2015. Second review, Bangkok, March 2011.

网络资源

教学科技促进研究所：http：//www. ipst. ac. th

泰国教育部：http：//www. moe. go. th

泰国国家教育标准与质量评估办公室：http：//www. onesqa. or. th

泰国基础教育委员会办公室：http：//www. obec. go. th

泰国教育委员会办公室：http：//www. onec. go. th

泰国高等教育委员会办公室：http：//www. mua. go. th

泰国非正规和非正式教育办公室：http：//www. nfe. go. th

泰国职业教育委员会办公室：http：//www. vec. go. th

泰国学校网：http：//www. school. net. th

更新的链接，请参考联合国教科文组织国际教育局网页：

http：//www. ibe. unesco. org/links. htm

越南教育体制及现状

教育的原则与总体目标

根据越南共产党第七届中央委员会第四次全体会议（1993 年）决议，越南的主要教育目标是增进人们的一般知识，培训人力资源，培养人才。20 世纪 90 年代后期，这一概念进一步得到明确。《教育发展战略 2001—2010 年》（正更新为《教育领域发展战略 2011—2020 年》）明确指出，高质量人力资源是社会发展、快速和可持续经济增长的一个重要因素，是促进工业化和现代化进程的主要驱动力之一。

2005 年《教育法》第 2 条规定，教育的目标是："教育越南人，将他们培养成全面发展的人，有道德，有知识，身体健康，有审美意识和职业，忠于民族独立和社会主义意识形态；塑造和培养人的尊严、公民素质和能力，满足国家建设和国防需要。""越南的教育是人民的、民族的、科学的、现代化的社会主义教育，其指导思想是马克思列宁主义和胡志明思想。教育活动必须按如下原则开展：学习与实践相结合，教育与生产相联系，理论与实用性相联系，学校教育与家庭教育和社会教育相结合。"（第 3 条）

教育内容必须保证具有基本、全面、实用、现代和系统的特点，重视思想和公民意识教育，保护和发展优良传统和民族文化认同，吸收人类文化精华，符合各个年龄段学习者的心理和生理发展特点。教育方法必须充分发挥学习者的积极性、主动性和创造性思维，培养学生的自学能力、实践能力、学习热情和进取心。（第 5 条）

发展教育是国家的首要任务，教育发展的目标是增进人们的知识，培训人力资源，培养人才。教育发展必须与社会经济发展的要求、与科学技术进步、与巩固国防和国家安全相联系，必须实行标准化、现代化、社会化，必须确保学历、专业和地区结构平衡，必须在保证质量和效率的基础上扩大规模，必须使教育与就业相联系。（第9条）

有关教育的法律和其他基本法规

越南社会主义共和国《宪法》（1992年）规定，所有公民均享有受教育的权利。第59条规定："教育是公民的一项权利和义务。初等教育具强制性且免费。公民有权接受普通教育并从多种专业中选择一种进行学习。国家和社会应鼓励有天分的学生发展自己的才能。国家应制定和实施学费和奖学金政策。国家和社会应为残疾儿童创造条件，使他们能够接受普通教育和学习适当专业。"

1991年8月12日，国会（第八届立法机关）通过了《普及初等教育法》。该法第1条规定："国家对所有6—14岁儿童实行义务普及初等教育的政策。"

根据1999年6月1日生效的《教育法》，初等教育（一到五年级）对所有6—14岁儿童来说是义务教育。该法还包含关于学前保育和教育、非正规教育的规定。第7条规定，越南语是学校中的官方语言，少数民族有权学习和使用自己的语言和书写系统，以便为保存和发展少数民族文化奠定基础。

2002年11月15日，越南总理颁布了关于幼儿早期教育发展政策的《161/2002/QD－TTg决定》。在该决定中，政府确认了有关下列方面的一些基本问题：各类幼儿早期教育机构的任务和方向、课程开发和教学人员发展、投资政策和幼儿早期教育发展规划。该决定还规定了各部和各级人民委员会在实现幼儿早期教育发展目标方面的职责。2005年10月20日，教育与培训部部长发布了《31/2005/QD－BGD&DT决定》，该决定内容包括在无法建立学前学校的地方开办幼儿园班的最低条件。教育与培训部2006年5月22日的《23/QD－BGD&DT决定》提到了为残疾人士开展的全纳教育。（MOET，2007）

2004年6月15日，越南共产党政治局发布关于教师和教育管理人员发展和素质提高的《40/CT/T指示》，确定了要完成的任务，包括教师调配、充足的数量、合理的结构、专业/教学技能提高、更新的内容、课程和方法、管理质量提高以及其他若干政策的改进。（MOET，2007）

2006年1月，新《教育法》生效。该法于2005年6月14日在越南社会主义共和国第十一届国会第七次会议上通过。该法第7条重申，越南语是学校和其他教育机构的主要授课语言。国家应使少数民族群众能够学习他们自己的语言文字，以保存和发展自己民族的文化认同，这有助于少数民族学生在学校和其他教育机构学习时更容易地吸收知识。

该法第10条规定，学习是每个公民的权利和义务。每一个公民，不分民族、宗教、信仰、性别、家庭背景、社会地位或经济状况，均享有获得学习机会的平等权利。国家应努力实现教育领域的社会公平，使每个人都能获得受教育机会。国家和社会应帮助穷人获得受教育机会，让有天赋的人能够发挥才能。国家应将以下目标作为优先任务：帮助少数民族儿童、来自有特殊社会经济困难地区的儿童、社会优先照顾政策的目标群体、残障人士和其他社会政策受益者，实现他们的学习权利和义务。

第11条规定，初等教育和初级中等教育是普及层次的教育。国家应做出关于普及教育计划的决定，应为在全国各地普及教育提供条件保证。法定年龄段内的所有公民都有学习义务，以获得普及层次的教育。家庭有责任促进法定年龄段内家庭成员的学习，让他们接受普及化教育。

第63条规定，国家应为残障人士建立学校和班级，并鼓励机构和个人建立这种学校和班级，使残障人士能够恢复能力，接受教育和职业培训，融入社区。国家应当优先考虑为国立残障人士学校和班级配备教师、基础设施、设备和给予预算支持，并对由个人或机构建立的残障人士学校和班级给予激励。

教育系统的行政与管理

教育与培训部（Ministry of Education and Training，MOET）负责监管教育部门，负责为各个层次的教育设定政策大方向。然而，校舍、人员和财政资源分配的管理责任已逐步下放。大学由教育与培训部直接管理，高中与职业中学由省教育与培训厅管理，初中和小学由区教育与培训局在当地社区或公社管理。通过取消中央的控制和提高当地的增收能力，提供教育服务的权力正逐步向地方下放。省教育与培训厅受国家教育与培训部和省人民委员会共同监督。在地区级别，人民委员会的一个单独部门负责本地区的教育管理。

全国教育科学研究所下属的课程开发和普通教育方法中心是负责课程研究和开发的主要机构。全国教育科学研究所、教育出版社（教育与培训部的一个机构）和教育与培训部科目委员会共同拟定作者名单，然后由教育部批准。教育出版社组织编写教科书，教科书评估与审查委员会负责评估教科书书稿，并提交部长批准。

大部分正规教育与培训通过国立学校、学院、大学和培训中心向公众提供。不过，各个教育层次都有一些非公立机构。虽然《教育法》规定私立、民办、半公立学校都属于全国教育系统，但政府已确立一项鼓励非公立或私立学校发展的政策。因此，非公立学校可从关于设施、土地、税收、收费、信贷、保险、表彰和奖励制度的激励机制中受益。在实施目标、内容、课程、教材、教学方法以及与招生、教学与学习、考试、毕业要求、文凭认证及其他问题有关的规定时，非公立和公立学校适用相同的法律，受到同样的期待。越南已在各个教育层次建立了从幼儿早期保育到高等教育的非公立学校体系。然而，所有学校均明显缺乏质量控制，明显缺乏与设施质量、有效教学所需能力和专业技能有关的国家标准，还缺乏改进版课程。（ADB，2009）

根据 2005 年《教育法》，政府向国会提交有关影响公民学习权利和义务的重大方针的决议。政府还须提交所有修订的课程以备审查和批准，并每年报告教育预算和办学情况。该法还规定，各级人民委员会负责：确保受其管理的公立教育机构的财务状况、基础设施、教师和教学设备，满足扩张的需求，并提高当地教育的质量和效率。省级人民议会根据同级人民委员会的建议，确定每个省公立教育机构的学费和入学费用。该法还规定了越南祖国阵线委员会及其成员组织在教育事业中动员人民的责任。胡志明共产主义青年团负责在青年和儿童教育中与各校协调，并且动员其成员和年轻人树立学习、培训和参与教育的榜样。（UNICEF，2010）

2005 年《教育法》第 14 条规定，国家应在目标、程序、内容、教育计划、教师标准、考试规则和学位/文凭体系方面，对国民教育体系实施统一管理；应专注于教育质量管理，实施教育管理权力下放，加强教育机构的自主权和责任。第 51 条规定，创办民办学校（由当地社区支持）和私立学校的许可权分工如下：区人民委员会主席负责关于托儿所、幼儿园、小学、初中、少数民族儿童半寄宿普通教育学校的决定；省级人民委员会主席负责关于高中、少数民族儿童寄宿普通教育学校、职业高中的决定；部长、部级机构负责人负责相应机构管理下的职业高中的决定；教育与培训部部长负责关于学院和大学预科学校的决定；国家职业培训主管机构负责人负责关于职业学院的决定；总理负责关于大学的决定。

公立学校理事会或民办学校和私立学校董事会负责制定关于学校活动指导的决定，负责调动和监督学校的资源使用，将学校与社区和社会联系起来，并确保实现教育目标。校长由有法定资格的国家管理机关任命或确认，并负责管理学校的运作。校长在学校成立一个咨询委员会，以便收集教育管理者、教师、校内组织代表的意见，进而完成校长职责和权利所规定的任务。咨询委员会的组织和活动由学校章程规定。（越南《教育法》第53—55条）

根据2005年《教育法》第111条，教育督察团应当在国家教育管理的范围内，实施检查权，保证执法；促进教育的积极影响因素；预防和处理违规行为，保护国家利益，保护教育组织和个人的合法权利和利益。督察团应具有以下职能：检查对教育法的遵守情况；检查教育目标、计划、项目、内容与方法以及专业规范的贯彻情况；检查对考试、文凭和证书颁发法规的遵守情况；检查教育机构是否具备教育质量保证的必要条件，根据关于投诉和控告的法律规定，处理教育投诉和谴责；根据有关行政违规处理的法律，处理教育行政违法行为；根据法规在教育领域预防腐败和反腐败；保证执行教育法的措施提议；国家教育政策和法规的修订和补充。

政府还成立了国家教育理事会，作为决策咨询机构，并且一起合作为教育发展制定计划。

2007年11月，教育与培训部通过了《高等教育质量认证暂行规定》，这标志着高等教育质量保证和认证体系的开端。2005年《教育法》还提到一个新的质量保证和认证体系。教育与培训部教育测试与认证总司负责该体系。关于高等教育，教育和质量保证及研究发展中心已在位于河内的越南国立大学成立，教育测试和质量评估中心（2004年）已在位于胡志明市的越南国立大学成立。

根据2005年12月25日《186/2007/ND – CP政府法令》，劳动、伤残和社会事务部在全国执行如下领域的国家管理职能：就业、职业培训、劳动、工资、社会保险、职业安全、社会保障、儿童保护与照顾、性别平等、社会公害预防。劳动、伤残和社会事务部在职业培训方面的职责包括：（1）组织、指导、监督、协调和配合相关部和部门，提供政策、职业培训和学习计划方面的指导；（2）在该部权限内，规划中学、学院和中心网络；规定建立、组织和开办职业培训机构的条件；制定中学和职业培训学院的示范性法规；规定职业培训中心的示范性结构、硬件基础和培训设备的标准；（3）制定高职院校、中学的技能水平框架项目与培训职业名录；招生、考试、测试、毕业认可的程序与结业证书、职业证书的样式；毕业证和职业证书发放的法规；（4）制定原则、流程、程序并设立国家职业技能标准，管理国家职业技能标准的评估和证书发放；（5）制定培训质量评估标准和程序；（6）做出建立职业培训学院、承认教育与培训部管辖的民办职业培训学校的董事会和管理委员会的决定。

教育系统的结构与组织

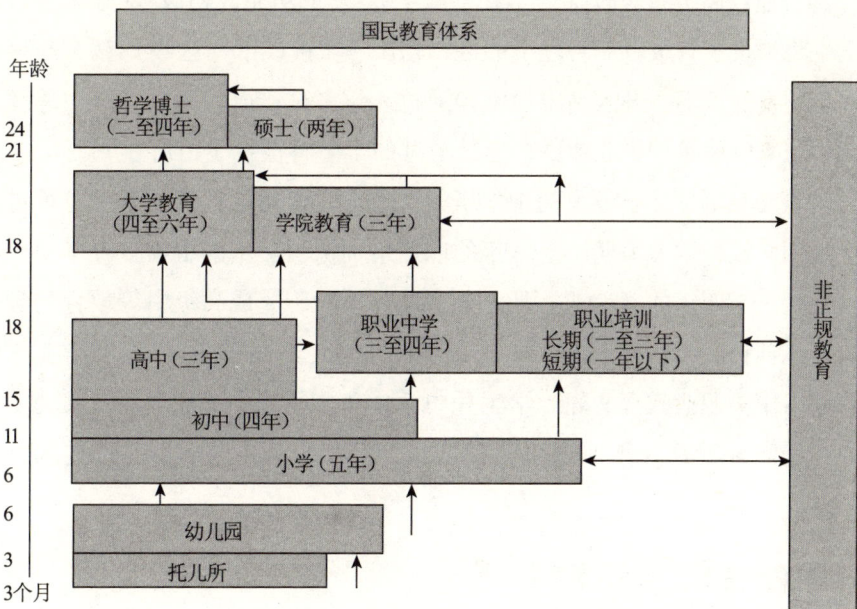

图 10−1　越南教育系统的结构（2007 年）

来源：MOET，2007。

学前教育

据 2005 年《教育法》，幼儿早期教育的对象是 3 个月至 6 岁儿童。幼儿早期教育不是义务教育，分公立和私立两种类型。幼儿早期教育机构包括为 3 个月至 3 岁儿童开办的托儿所、为 3—6 岁儿童开办的幼儿园学校和班级，以及少年"萌芽"学校，这种学校是托儿所和幼儿园的结合，为 3 个月至 6 岁儿童开办。

初等教育

初等教育是普通教育的一部分，为期五年（一到五年级），面向 6—11 岁儿童，是义务教育。成功完成初等教育的学生将获得由校长颁发的证书。

中等教育

普通中等教育分两个阶段：基础或初级中等教育，为期四年（六到九年级）和普通或高级中等教育（十到十二年级）。成功完成初级/基础中等教育的学生将被授予省级政府管理下的区、辖区、城镇或市（区级）教育与培训局局长颁发的证书。升入高中通常须通过入学考试。成功完成高级中等教育的学生将有资格参加毕业考试，通过考试的学生将被授予由所在省或市（省级）教育与培训厅厅长颁发的中学毕业文凭。完成初等教育的学生也可进入职业培训学校，学习为期一至三年的职业培训课程。基础中等教育毕业生可进入为期三至四年的（专业）职业教育学习；对于完成高级中等教育的学生而言，该项目的时间是一至两年（某些技术性专业是三年）。成功毕业的学生将获得中等职业教育文凭。学生凭中学毕业文凭或中等职业教育文凭，均可以接受高等教育（须通过入学考试）；专业/职业类的学生通常进入大专学习。

高等教育

高等教育机构包括大学、学院和学术研究机构。大专提供为期三年的专业课程（短期高等教育），课程注重实用性，学生毕业被授予大专文凭/学位

（也简称"专科学位"），其专业主要有医学、管理和金融。大专毕业生可攻读学士学位，最多可享受一到两年的免修，这取决于项目的类型。在大学阶段，授予学士学位的项目通常为期四年，且为全日制（工程、兽医、制药和建筑专业学制五年，牙科和医学专业学制六年）。在研究生阶段，（全日制）硕士学位课程为期两年。对于硕士学位获得者而言，博士学位课程通常为期两到三年（学士学位获得者须攻读四年）。

每学年有 35 个工作周。每学年分多个学期，平均时长为 30 周。

教育过程

2005 年《教育法》第 6 条规定，"教育大纲"（该词可能被用作"课程"的同义词）应体现教育的目标，设立如下标准：关于教育内容的知识和技能、教育内容的范围和结构的标准、关于教育活动组织方法和形式的标准、关于每个年级和阶段每个科目教育结果评价方法或教育认证的标准。教育大纲必须保证不同层次、不同学历之间的现代性、稳定性、一致性和继承性，促进国民教育体系的不同学历、专业和形式之间的流动性和可转移性。教育大纲中规定的关于知识和技能内容的要求必须在普通教育教科书中，在职业教育、高等教育和继续教育的教学大纲和教材中加以具体化。教科书、教学大纲和教材必须满足对教育方法的要求。幼儿早期教育和普通教育应根据学年来执行教育大纲，职业教育和高等教育应根据学年或根据学分累积来执行教育大纲。

职业教育的内容必须专注于职业能力的训练，注重道德教育和体育，并提高各个行业所要求的技能，提高所要求的学历层次。职业教育的方法必须将实际技能训练和理论教学结合起来，使学习者实践和培养各个行业所要求的职业技能。职业教育的教育项目反映了职业教育的目标，为职业教育内容的知识、技能、范围和结构，培训方法与形式，每一科目、每一领域、每一行业培训结果的评价方式，职业教育的培训认证设定了标准，确保能向其他教育项目转移。教育与培训部与其他相关部和部级机构领导合作，根据职业高级中等教育项目部门审查委员会的评估，应明确职业高级中等教育的核心计划，包括内容结构、科目数量、科目学时、理论与实践的比例，确保实现每个科目和待培训职业的目标。职业高中应根据核心项目制定自己的培训计划。负责职业培训管理的国家主管机构，与其他有关部长及部级机构负责人协调，根据职业培训项目审查委员会的审查，应明确每个层次职业培训的核心计划，包括内容结构、科目数量、科目时间、理论与实践的比例，确保实现每个科目和待培训职业的目标。职业培训机构应根据核心计划，确定自己的职业培训计划。职业教育教学大纲应把教育大纲中为每个科目、每个领域、每个职业以及职业教育的培训资质规定的知识要求与技能内容要求具体化，达到职业教育方法的要求。对正式用作职业教育机构教学和学习材料的教科书的编写和审查，应根据校长或职业培训中心主任任命的教科书审查委员会的审查结果，由校长或职业培训中心主任组织。（越南《教育法》第34—35 条）

基础教育（包括初等和初级中等教育）国家课程在 1996—2000 年制定和初步试点实施。2000 年 12 月 9 日，国会发出指令，修订普通教育（初等到高级中等教育）课程，规定新的基础教育课程从 2002—2003 学年开始在全国各地实施。本次修订的目标是：提高年青一代全面教育的质量；响应国家工业化和现代化对开发人力资源的需求；接近本地区和世界上发达国家的普通教育水平。2008—2009 学年，越南已完成十二年级及以下年级的普通教育课程和教科书的修订。

在亚洲开发银行（Asian Development Bank，ADB）的协助下，越南制定了新的六年级（初级中等教育）课程和教学大纲，并于 2000 年开始试点。随后，2001—2006 年，越南最终确定了七、八、九年级课程并进行试点。目前越南已在全国使用六、七、八年级新教材，并试用九年级新教材。新课程体现在成功开发和推出的 15 种教科书、教师用书和工作手册中。

初中课程的制定分五个阶段进行。第一阶段从 1997 年 7 月至 1999 年 3 月，包含以下步骤：（1）确定了初级中等教育课程的目标；（2）制定了初级中等教育的计划；（3）就制定初级中等教育课程及相关活动时需要达到的要求达成一致；（4）对现有初级中等教育课程进行了评估并对初等教育课程做了研究；（5）通过在若干国家考察，吸取了这些国家在课程开发过程方面的经验；（6）设计各个科目的总体框架和大纲；（7）举行研讨会，获取各类利益攸关者（包括教育专家、教育管理者和教师）关于未来课程的意见。第二阶段，国家审查委员会评估、修订并完成了课程制定。教育与培训部决定暂时接受试点课程，以使作者能够及时编写试验教科书。第三阶段，通过使用试验教科书，对新课程进行试点。第四阶段，利益攸关方代表召开了一次会议，并在报纸上刊登了正式通知，以广泛征求关于新课程的意见。第五阶段，经教育与培训部正式审核后，课程在全国范围内实施。新课程以综合的观点看待课程，包括目标、内容（知识和技能标准）、方法、教育组织、学生学习成果评估。旧课程和教科书关注的学习成果范围狭窄，而新课程和教科书更注重个人学习、研究问题和解决问题等技能的养成。新课程专注于改进教学方法、让学生建立自主学习、适应性学习的行为，通过批判性思维和自我评价提高交际能力。例如，旧的文学和越南语课程专注于写作技巧，而新的文学和越南语课程涵盖了语言的全部四个方面（听力能力、口语能力、写作能力、阅读能力）。因此，教师必须注意学生的听力和口语能力以及他们的读写能力。（ADB，2007）

自2006年以来，（普通）中等教育课程一直在修订之中。十年级课程于2006—2007学年开始实施。十一和十二年级课程预计分别于2007—2008学年和2008—2009学年实施。（UNESCO Bangkok，2007）定期审查和升级中等教育课程是2008年颁布的《教育与培训部7436/QD – BGDDT决定》的主题。教育与培训部将创建一个工作组，以改进课程升级系统。将定期重新审核课程，每隔5—10年修订一次，使课程内容与社会实际学习需求相匹配。（ADB，2009）

学前教育

根据2005年《教育法》，幼儿早期教育对3个月至6岁儿童进行养育、保育和教育。（第21条）幼儿早期教育的目标是帮助孩子在身体、情感、智力和审美方面获得发展，以塑造本真的人格，并让孩子为上学做好准备。

幼儿早期教育的内容必须适合儿童的心理和生理发展，在养育、保育和教育之间取得平衡，以便帮助孩子在身体方面和谐、健康、积极地成长；懂得如何尊重和敬爱祖父母、父母、老师和老年人；友爱兄弟、姐妹和朋友；坦诚，直率，自然，在审美上敏感，在智力上好奇。幼儿早期教育的主要方法是通过组织游戏活动，同时特别关注树立、鼓励和推动榜样作用，帮助孩子全面发展。（第23条）幼儿早期教育的计划（课程）应反映上述目标，将养育、保育和教育不同年龄组儿童的要求具体化；规范活动的组织，以促进儿童身体、情感、智力和审美发展；为评估儿童在幼儿时期的成长提供指引。教育与培训部应根据幼儿早期教育课程评价国家审查委员会的鉴定，就发行发布幼儿早期教育计划做出决定。（第24条）

如前所述，幼儿早期教育机构包括为3个月至3岁儿童开办的托儿所、为3—6岁儿童开办的幼儿园学校和班级，以及少年"萌芽"学校，此类学校是托儿所和幼儿园的结合，面向3个月至6岁儿童。学前教育不是义务教育，分公立和私立。幼儿早期教育的革新（主题式综合课程）已于1998年开始。新课程的要点是：以孩子的发展为基础，在教师发起的和儿童发起的活动之间保持平衡；整合不同科目；将过程评估作为主要评价方法；提高课程灵活性。革新集中在：活动面向儿童；儿童的经历；玩耍的重要性；活动过程；个体差异；为儿童创造学习环境。2006年9月19日《教育与培训部5205/QD－BGD&DT决定》与幼儿早期教育课程试点有关。2007年5月7日，教育与培训部发布了关于2006—2008年幼儿早期教育课程试点实施计划的《2322/QD－BGD&DT决定》。该计划确定了将要开展的八项主要活动，以便就试点课程的优势、劣势和可行性得出结论，为革新后的幼儿早期教育课程的改进、最终制定和正式发行奠定基础。（MOET，2007）

幼儿早期教育的行政系统分三个层次：教育与培训部幼儿早期教育司；省教育与培训厅幼儿早期教育部门；负责托儿所、幼儿园、学前学校、家庭托儿中心及亲职教育的区幼儿早期教育单位。（UNICEF，2010）

由于一系列困难，越南的幼儿早期教育网络缺乏稳定性，只能在一定程度上满足需求。虽然全国只有四个公社没有提供幼儿早期教育，但仍有十多个省还没有制定出自己的幼儿早期教育学校/班计划。并且有1640个公社只有一两个依附于小学的或者位置偏远的幼儿早期教育班，偏远村庄没有教室。

与网络有关的弱点已使农村和城市地区之间以及各地区之间在幼儿早期教育方面的差距有所扩大。山区、边远和偏远地区的儿童上学机会仍然有限。在城市、少数民族地区和弱势地区之间，幼儿早期教育质量差异很大。幼儿早期教育教师和管理人员的结构揭示了这类教师和人员资质欠缺和地区分布不合理，越南全国共有四分之一的幼儿早期教育教师不合格。具有学院和大学学位的教师和管理人员比例非常低，少数民族地区的少数民族教师比例非常低（5.1%）。幼儿早期教育讲师、教师和管理人员的职前和在职培训质量较差，创新缓慢。幼儿早期教育教师培训机构面临各种制约，一方面面临规模扩张和质量提高的要求，另一方面系统能力有限。在一些不具备必要条件的教师培训机构人规模开办颁发大学学位的幼儿早期教育教师培训学院，已暴露出严重的不匹配现象，特别是在讲师资格方面。幼儿早期教育教师培训课程的内容与幼儿早期教育管理机构的真正领导缺乏关联性。幼儿早期教育教师和管理人员的安置、部署、评估、政策和激励机制不到位，无法为教师创造动力来提高自身素质和能力。至于幼儿早期教育机构，目前的机制和政策使他们无法有效利用员工。（MOET，2007）

据官方估计，2005—2006 年，越南幼儿早期教育毛入学率的情况是：0—2 岁年龄组（托儿所）为 13%，3—5 岁年龄组（幼儿园）为 58%，5 岁儿童的毛入学率为 88%。少数民族儿童占入学儿童总数的 13.7%。据估计，86.7% 的一年级学生之前上过学前班。约有 60% 的儿童在非公立幼儿早期教育项目就读。不同地区、省和区的入学率有所不同。（MOET，2007）

根据幼儿早期教育司 2008—2009 学年报告，3 岁以下儿童的毛入学率为 20%，3—5 岁儿童为 79%，5 岁儿童为 99%。超过 80% 的来自最富有家庭的儿童接受了学前教育，而来自最贫穷家庭的儿童接受学前教育的比例仅为 36%。（UNICEF，2010）

据越南统计总署统计，2009—2010 学年，幼儿园教育网络有超过 12200 家机构，为大约 300 万名儿童提供幼儿早期教育服务。

初等教育

根据 2005 年《教育法》第 26 条，普通教育包括初等、（基础）初级中等和（普通）高级中等教育。普通教育的目标是通过获得道德、知识、身体健康、审美价值等方面的基本技能，帮助学生全面发展，培养个人能力、灵活性和创造性，以期形成社会主义越南人的个性，养成良好的公民行为并履行公民义务，使他们准备好继续学习或踏入工作岗位，参与建设和保卫祖国。初等教育的目标是帮助学生形成正确持久的道德、智力、身体和审美发展的初步基础，同时培养基本技能，使他们能够接受初级中等教育。（第 27 条）

普通教育的内容必须保证具有流行、基本、全面、以职业生涯为导向和系统化的特点，联系现实生活，适合学生的心理和生理特点，满足各个阶段教育的目标。初等教育必须保证学生获得关于自然、社会和人类的简单必要知识；掌握听、说、读、写、算基本技能，养成体育锻炼习惯和卫生习惯；初步了解唱歌、跳舞、音乐和艺术。普通教育的方法是促进学生的积极性、自觉性、主动性和创造性；适合各个年级和科目的特点；培养自学方法和团队工作能力，训练学以致用的能力；对学生的情感发展产生影响；使他们感受到学习的欢乐和愉悦。（第 28 条）

如前所述，初等教育为期五年（一到五年级），入学年龄为 6 岁。成功完成初等教育的学生将获得校长颁发的证书。

新的小学课程被视为一个全面的教学行动计划，包括教育的目标、范围、教育内容的层次和结构、组织教育活动的方法和形式以及教育成就的评价。全国所有学校必须使用该课程。

初等教育阶段必考科目的教学时间每天不超过 4 小时，分为多节课，每节课约 35 分钟。每两节课之间有 10 分钟的休息时间。此外，每天花 25 分钟开展游戏活动。

新的基础教育课程是全国统一的，但该课程规定，各地可以灵活应用。原则上，学校可调整该大纲，使之包含本地内容，本地内容最多可占总时间的 15％。学校也可以开设外语教学和信息技术（选修科目）。不同类型的学校可以依循不同的特别规定。新的基础教育课程的初等教育课程表（最低教学计划）如表 10 - 1 所示。

表 10 –1　越南初等教育周课程表（全国指导原则）

单位：课时

科目	各年级每周课时数				
	一年级	二年级	三年级	四年级	五年级
越南语	11	10	9	8	8
数学	4	5	5	5	5
道德教育	1	1	1	1	1
自然与社会	1	1	2	—	—
科学	—	—	—	2	2
历史和地理	—	—	—	2	2
艺术	3	3	3	—	—
音乐	—	—	—	1	1
绘画	—	—	—	1	1
技术/工艺	—	—	—	2	2
体育	1	2	2	2	2
其他活动	1	1	1	1	1
每周总课时数	22	23	23	25	25

来源：Luong Viet Tahi，2002。

注：每节课35分钟。在一到三年级，健康教育包含在自然与社会之中，在四到五年级，包含在科学之中。在一到三年级，艺术科目包括音乐、绘画和技术/工艺。鼓励学校根据适合学生特点的当地情况来调整全国大纲。部分学校在一到三年级开设外语和信息技术（选修科目），每周两节。对少数民族学生所上的小学（例如，更加强调越南语教学）、开设外语科目的学校、全日制小学以及特殊情况下的学校均有特殊规定。

2003 年 10 月 30 日，教育与培训部发布了关于开设选修英语课程的《No. 50/2003 QD – BGD&DT 决定》，其中规定，如果有教学条件及需求，小学生应该在三到五年级学习一门外语，作为选修科目，每周两节课，每节课40 分钟。原则上，自 2006 年以来，学习英语是强制性的（应分配给外语的时间为每周四节课，每节课40 分钟）。

教育与培训部要求，对学生的评价必须客观、全面、公正，并以为各个年级和整个阶段的每个科目和教育活动制定的知识、技能和态度标准为基础。

评价应该包括定期评估和定期考核、对教师的评价和学生的自我评价，并使用选择题测试和其他评分办法。越南语、数学、科学、历史和地理等科目通过打分进行评估。2004—2005 年，教育与培训部取消了五年级结束时的小学毕业考试。

教育与培训部已颁布多种有关国家标准和基本学校质量水平的文件，这些文件提出了若干提高初等教育质量和实用性的措施。

根据 2005 年的调查数据，越南共有约 100 万名儿童身患残疾（约占总人口的 1.18%），其中小学适龄儿童约有 70 万人。在 2005—2006 学年，共有 6900 名学生在特殊教育学校就读，大约 223700 名儿童在普通学校上课（根据全纳教育政策）。

据统计，2005—2006 学年，越南初等教育毛入学率为 103.1%，净入学率为 98.3%。一到五年级平均留级率约为 1%（一年级为 2.7%）。2004—2005 学年，成功升至五年级的学生比例为 83.5%，升入初中的学生比例是 98.5%。2005—2006 学年，生师比为 20.7∶1。（MOET，2007）2006 年多指标聚类调查发现，在初等教育毕业率方面，存在着显著的区域性差异。西北地区的比例最低，为 50%，其次是中部高地地区，为 65%。红河三角洲地区（90%）与西北地区（49%）之间有 41 个百分点的差距。2006—2007 学年一项关于五年级学生越南语和数学成绩的研究，发现京族学生和少数民族学生之间存在巨大差异。四分之三的京族学生在越南语方面达标，而只有不到一半的少数民族学生达标。这项研究还表明，在越南语方面未达标的少数民族学生（37%）是京族学生（14%）的约两倍之多。在学生的数学成绩方面也发现了类似差异。（UNICEF，2010）

据官方数据（越南统计总署），2009—2010 学年，越南全国共有 15172 所小学，还有 611 所小学初中综合学校。招生总人数为 702 万人，其中 323 万人是女生。（直接教学的）教师总人数为 349500 人，其中 98% 以上具有所需资格，女教师有 275600 人。

中等教育

如前所述，普通中等教育分为两个阶段：为期四年的基础或初级中等教育（六到九年级）和普通高级中等教育（十到十二年级）。

根据 2005 年《教育法》，初级中等教育的目的是巩固和发展学生的初等教育成果，向他们传授一般和基本知识，并使他们获得对技术和职业方向的初步了解，以便升入高级中等教育、职业中等教育、职业培训或踏入工作岗位。高级中等教育的目的是让学生巩固和发展初级中等教育成果，完成普通教育，对技术和职业方向形成普遍认识，为学生发展个人能力提供条件，使他们选择自己的发展方向，进入大学、学院、职业中学、职业培训学校或踏入职场。（第 27 条）

初级中等教育要巩固和发展学生在小学学到的内容，保证学生获得越南语、数学、民族历史的基本常识和社会科学、自然科学、法律、信息技术、外语方面的其他知识，对技术和职业定位有最低限度的必要理解。高级中等教育要巩固和发展学生在初级中等教育阶段学到的内容，并完成普通教育的内容。除了保证所有学生都能获得一般的、基本的、全面的职业定位知识，在某些科目还应开展高阶教学，以发展学生的能力并满足他们的需求。（第 28 条）

成功完成初级/基础中等教育的学生将获得由省级政府管理下的区、辖区、城镇或市（区级）教育与培训局局长颁发的证书。升入高中通常须通过入学考试。成功完成高级中等教育的学生有资格参加毕业考试，通过考试的学生将被授予由所在省或市（省级）教育与培训厅厅长颁发的中学毕业文凭。凭此文凭可升入高等教育阶段（须参加入学考试）。

根据 2005 年《教育法》第 33 条，职业教育的目标是教育潜在劳动者，他们将具备不同层次的知识、专业技能，有道德、职业道德、纪律意识、勤劳的习惯和健康的身体，由此使在职人士具备就业能力、自我就业能力或继续深造的能力，以提高职业资历，满足社会经济发展、国防和国家安全需要。职业高级中等教育的目标是培养具有某一职业基本知识和实用技能的劳动者，具有独立工作和创造性工作以及将技术应用到工作中的能力。职业培训的目标是培训直接参与生产和服务的技术工人，使他们具有某一行业中足以获得相关培训资格的实用能力。职业教育机构包括：职业高级中等教育学校、职业培训学院、职业高中、职业培训中心、职业培训班（称作职业培训机构）。职业培训机构可以单独组织，或与生产经营单位、企业或其他教育机构建立联系。（第36条）

完成初等教育的学生也可进入职业培训学校，学习为期一至三年的职业培训课程。基础中等教育毕业生可进入为期三至四年的（专业）职业教育学习；对于完成高级中等教育的学生而言，该项目的时间是一至两年（某些技术性专业是三年制）。成功毕业的学生将获得中等职业教育文凭。凭该文凭，学生可接受高等教育（须通过入学考试）；专业/职业类学生通常进入大专学习。

（基础）初级中等教育根据新的基础教育课程制定的课程表如表10-2所示。

表10-2 越南（基础）初级中等教育每周课程表

单位：课时

科目	各年级每周课时数			
	六年级	七年级	八年级	九年级
越南语言文学	4	4	4	5
数学	4	4	4	4
生物	2	2	2	2
物理	1	1	1	2
化学	—	—	1	2
历史	1	2	1.5	1.5
地理	1	1	1.5	1.5
公民教育	1	1	1	1
外语	3	3	3	2
体育	2	2	2	2
技术	2	2	2	2
艺术	1	1	1	0.5
音乐	1	1	1	0.5

续表

科目	各年级每周课时数			
	六年级	七年级	八年级	九年级
选修科目	—	—	2	2
课堂活动	1	1	1	1
学校活动	1	1	1	1
每周总课时数	25	27	29	30
职业定位活动（九年级每个月三节）				
课外活动（各年级每个月四节）				

来源：ADB，2007。每节课约 35 分钟。

现在，"技术"这一科目试图体现理论和实践之间的联系，并体现它如何与数学、物理、化学、艺术有密切联系。新的技术课程有三部分：六年级开设家政，七年级开设农业、林业和水产养殖等科目，八年级开设工业科目，九年级包括选修模块，学生可以选择（每个模块每学年有 35 节课）。新的技术课程每个部分都包括必修课和选修课。必修课为学生提供基本知识、技艺、技能和技术，它们对越南所有地区的学生都是必不可少的。至于选修课，学生可从多种主题中选择，这些主题都立足于当地学校的具体特点和条件。总体上，新的技术课程比旧的技术课程更实用（例如，家政课培养学生的缝纫、家居装饰、烹饪和家庭收入和支出管理等技能）。

有若干种不同类型的机构提供普通中等教育：初级中等学校、高级中等学校、多层次普通学校，它们还可以进一步划分为小学初中综合学校、初中高中综合学校、小学初中高中综合学校。这些机构中，提供高级中等层次教育的部分由省教育与培训厅管辖，其余属于区教育与培训局管辖。

升入高级中等教育（十年级）有三种途径，具体采取哪种途径将由省人民委员会根据当地条件和环境决定，这三种途径是：（1）每年 6 月左右举行的入学考试，在该考试中，学生参加三个科目的考试（数学、语言文学以及另外一个科目，该科目由省教育与培训厅领导最早于学年结束前 15 天决定）；

（2）对学生在四年初级中等教育期间在校表现的评价；（3）入学考试和学生在四年初级中等教育期间在校表现的综合（入学考试中，学生参加数学、语言文学两个科目的考试）。对于那些对四年初级中等教育期间为学生提供的教育的质量很有信心，并认为不需要开展入学考试，单凭评价足以筛选学生的省份来说，第二种途径就已足够。对于有信心但仍需要考试来确保筛选公正的省份来说，可以使用第三种途径。（UNESCO Bangkok，2007）

表10－3是20世纪90年代中期之前，尚未推出新课程时的普通高级中等教育课程表。

表10－3　越南普通高级中等教育各年级每周课程表（20世纪90年代中期以前）

单位：课时

科目	各年级每周课时数		
	十年级	十一年级	十二年级
文学	2	2	2
越南语	2	2	1
历史	1	1	2
地理	1	2	1
公民教育	1	1.5	1.5
数学	4	5	5
物理	3	3	3
化学	2	2	2
生物	1	1	2
外语	3	3	3
技术	2	2	2
体育运动与军事教育	2	2	2
艺术教育	2	2	2
其他活动	13	10.5	10.5
每周总课时数	39	39	39

来源：MOET，1995。每节课40分钟。各年级有一节集体活动课，有一节职业定位课，有一个session（三节课），用于技术实践和一般职业培训。

　　越南的课程改革仍然有两个主要问题：（1）没有定期审查和升级中学课程的监管框架；（2）课程内容仍然主要强调死记硬背，不利于中学生发展解决问题的能力和分析能力。由于课程是所有其他教育投入的起点，必须建立一个对课程内容、相关性及其在学校的应用的持续监督制度。因此，课程改革从学科内容的专门更新转变为通过认知发展和更具创新性的教学，定期全面提高学生的学习成果。（ADB，2009）

　　根据越南教育与培训部 2006 年 10 月 5 日的决定，中学生每年的升级由任课教师和校长根据学生的学术表现和道德表现评估决定。具体来说，如果学生的学术和道德表现令人满意或达到更高水平，并在本学年内旷课不超过 45 天，学生将能升级。学习成绩方面，所有科目的平均分必须至少为 5.0 分（最高分为 10 分），不能有任何科目低于 3.5 分。

　　初等和初级中等教育结束时的毕业考试已被取消，只剩下高级中等教育结束时的毕业考试在全国范围举行。对于高中毕业考试，教育与培训部于 2006 年在外语考试中推出了选择题测试方法，这是十二级评估办法改革的一部分。

　　2002 年和 2006 年发布的教育与培训部决定，规定了初中和高中学生的毕业要求。根据这两个决定，初中学生的毕业由区教育与培训局领导根据学生九年级（初级中等教育最后一年）的学术和道德表现评估决定。更具体地说，如果学生的学术和道德表现令人满意或达到更高水平，并在九年级旷课天数不超过 45 天，学生将被认定为初中毕业生。如果学生所有科目的平均分至少为 5.0 分（最高分为 10 分），并且没有任何一科低于 3.5 分，学生的学习成绩将被视为令人满意。高级中等教育中，学生须参加省教育与培训厅举行的毕业考试，他们能否取得高中文凭将根据这次考试结果而定。具体来说，学生平均必须达到至少 5 分，并且没有任何一科为 0 分。

　　教师管理由区级高级中等教育管理部门和省级初级中等教育管理部门负责。各级内务部门负责整体行政管理，人事部门负责招聘和部署，规划和融资部门负责工资/津贴支付，中等教育部门负责专业/学术管理。（UNESCO Bangkok，2007）

　　截至 2008 年 3 月，越南约有 1280 万人患有身体残疾或精神障碍。尽管政府已向残疾人士提供资金支持项目，但他们在获得教育机会方面仍然受限，这导致这部分人缺乏生活技能和就业机会。中学阶段学校教育的供给特别有限。直到 2000 年，全国只有一所能够接收残疾儿童并提供综合教育的初中。2007—2008 学年，越南共有 99941 名残疾学生接受教育，80187 名学生在小学，只有 17329 名学生在初中，2425 名学生在高中。在越南，中等教育中仍然存在的不平等之一是在所有普通中学阶段和职业中等教育中，男生和女生在招生上存在差距。尽管教育中的性别差距最近几年已经缩小，但它仍然在全国各族和全国各地存在。京族和少数民族的男生在中学的百分比大致相同（均为 73% 左右），但女生入学仍有 10 个百分点的差异（京族为 71%，少数民族为 61%）。这种性别差距因民族和地域而异，但若干研究结果和探讨将少数民族女性确定为中等教育中的最弱势群体。政府和发展伙伴的持续努力已在教育方面有了相对稳固的成绩。2007—2008 学年，初中毛入学率为 92%，高中毛入学率为 56.7%。（ADB，2009）

2005—2006 学年，教育与培训部报告的初中毛入学率为 84.5%，从湄公河三角洲地区的 75.7% 至北中部地区的 90.3% 不等。净入学率为 76.1%。生师比为 21.1∶1。据统计，初中学生整体平均留级率为 1.2%（六年级为 2.2%），成功升至九年级的比例为 83.3%（湄公河三角洲地区为 68.5%）。升入高级中等教育的比例估计为 74.9%。

据国家数据（越南统计总署），2009—2010 学年，全国共有 10064 所初中、2267 所高中、611 所小学初中综合学校、294 所初中高中综合学校。初中学生总数约为 615 万名（其中 266 万人为女生），高中阶段约有 307 万名学生（其中 154 万人为女生）。初中阶段，（直接教学的）教师总人数为 314900 人，其中 97% 以上具有所需资格，其中女教师 213300 人。高中阶段，（直接教学的）教师总人数为 125200 人，其中 98% 以上具有所需资格，其中女教师 82100 人。2008—2009 学年，全国有 83.2% 的学生高中毕业（湄公河三角洲地区为 75.1%，中部高地为 78%，北部内陆地区和山区为 78.2%，红河三角洲地区为 91.9%）。专业教育方面，据越南统计总署称，2008 年全国共有 282 所学校（其中 203 所为公立），有大约 18000 名教师。学生总数约为 699700 名（包括在学院和大学就读的职业中学学生），其中约有 580600 名学生接受全日制培训。

在全国范围内评估学习成果

2005 年《教育法》第 17 条规定：教育质量认证是学校和其他教育机构确定教育目标、计划和内容的主要措施；在全国各地对每一个教育机构定期开展教育质量认证；教育质量认证结果对外公布，以满足全社会的信息需求和监督要求；教育与培训部部长应负责指导教育质量认证的开展。

"学习成果"对于越南来说是新概念。学习成果往往被认为是大量的记忆知识，而不是学到的分析思考的能力、解决问题的能力，以及对在国际劳务市场竞争中取得成功所需的学习采取适当态度的能力。教育与培训部已为各个层次的教育建立了评估监测和管理体系，包括省教育与培训厅和区教育与培训局。虽然教育与培训部已经通过国家测试和考试监测学生的表现，但关于学生表现和成就的一个有效可靠的系统和标准仍处于开发阶段。在针对初等教育的国家成就监测项目下，研究人员正在开发新的评估工具，但中等教育至今还没有这种举措。为了改进学习成果评估，教育与培训部计划在2012 年之前参加经济合作与发展组织的国际学生评估项目。

基本学校质量水平是越南公立学校的三个质量标准之一，另外两个是国家标准和国际标准。基本学校质量水平保证最低水平的教育服务供给，主要应用于条件差的学校。目前越南已经制定初中基本学校质量水平。对中等教育，教育与培训部过去一直使用过时的全国学校标准，对于使学生掌握在现代社会中竞争所需的知识和技能来说，这个标准的质量或相关性不足。2005年，政府发出指令，更新中等教育的全国学校标准，但由于财力和人力资源有限，延误了更新。全国学校标准将更好地向国际最佳做法看齐，但也必须承认当地情况。这些全国学校标准将不仅促进世界一流的教育，还将为全体学生解决教育公平问题。（ADB，2009）

教育主管部门的能力有限和缺乏问责框架是提供有效服务的主要障碍。在责任和资源下放的背景下，出现了加强教育与培训部、省教育与培训厅、区教育与培训局和其他教育与培训部附属机构的机构能力的需要。在利用信息通信技术方面，需要更具战略性的政策，特别是为了有效管理和规划服务

供给。(ADB，2009)

教职人员

根据 2005 年《教育法》第 77 条，教师的标准化教育资格如下：(1) 学前学校和小学教师必须具备高级中等教育文凭；(2) 初中教师必须具备教学法大学文凭或大学文凭加教学法培训证书；(3) 高中教师必须具备教学法大学学位和教学法培训证书；(4) 在职业培训机构指导实践的教师必须具备职业高中、职业培训学院文凭，或者为合格技工、高技能技术工；(5) 职业高中教师必须具备教学法大学学位和教学法培训证书；(6) 高校教师必须具备大学或更高学位以及教学法培训证书，专业科目教学或指导硕士论文必须具有硕士或更高学位，专业科目教学或指导博士论文必须具有博士或更高学位。教育与培训部部长和国家职业培训管理机构负责人，根据其职能，应为未达到规定标准的教师规定应接受的继续教育与培训。

目前，越南共有 95 所机构提供教师岗前培训。这些机构包括 14 所教师培训大学、56 所教师培训学院、6 所初中教师培训学校和 19 个位于各大学的教育院系。这 19 个教育院系由各大学或政府部门直接管理，15 所机构由教育与培训部直接管理，61 所由地方管理。初中教师通常在由本地管理的教师培训机构（三年项目）中接受培训，而高中教师在大学层次接受培训（通常为四年制）。在职培训期间，学员须在学校进行为期两个月的实践培训（实习）。中学教师在职培训采用逐级培训模式。有七个机构提供这种培训：河内教育大学、胡志明市教育大学、河内国立大学下属的外语教师培训大学、太原大学下属的教育大学、顺化大学下属的教育大学、归仁大学、芹苴大学教育学院。教师每年须参加 30 天的在职培训，参加培训的情况将关系到教师的职业发展和晋升。(UNESCO Bangkok，2007)

必须系统地保障和管理中学教师的学历、知识和教学技能。教育与培训部已经通过《30/2009/TT‑BGDDT 通知》，批准了中学教师的新标准。新标准明确了教师必须具备的知识和技能，以求进行更有效的教学。新标准包含三个方面：有效教学所需学科知识、激励学生学习所需教学技能、教师高效工作所需具备的特点。教育与培训部根据新标准开展中学教师评估，为符合标准的合格教师颁发职业证书。教师标准描述了优秀的不同层次或标准，从适合初任教师的标准到判定一个优秀教师的标准，教师标准将被用作奖励优秀教师的依据，指导教师的职业发展。它应取代以教龄为标准的晋升和奖励制度，代之以按教师展现优秀和成效的能力来进行晋升和奖励的制度。教学标准也须不断发展，因为教育系统认识到教师表现在学生高质量学习成果中的中心作用。这些新的国家标准为教师效能评估建立了一个清晰的政策框架。2012 年之前，进行第一次全国性教师质量评估，向合格教师发放第一批专业教师证书。（ADB，2009）

目前，尽管某些科目领域的教师供不应求，如英语、音乐、信息通信技术，但足够数量的教师正在接受培训，并不缺乏有资格教学的毕业生，然而很少有人愿意在农村和偏远地区任教。政府建立的吸引教师到农村地区（尤其是偏远地区和少数民族地区）任教的奖励制度需要加以完善和推广。由于全日制学校教育机会变得更多以及对教师的期待更多，因此须重新研究和改善他们的工资和状况，以保持教学工作相比于其他就业形式的竞争力。虽然80% 以上的现任中学教师已获得所需的学历和足够的学科知识，但部分教师仍缺乏激励学生学习的实际教学技能。当前的教师标准以学历为中心，而不是以实际教学技能为中心。此外，越南尚无专业教师资格认证。虽然教师都须参加一些在职培训项目，但只要从教师培训学院或教师培训大学毕业，他们就获得了教师的专业地位。（ADB，2009）

在学校层面，校长在全国校长培训项目中接受培训。教育与培训部为校长们组织了灵活多样的培训项目，以使他们达到国家标准。这些项目旨在帮助提高专业性，更新学校领导的知识和技能。教育与培训部规定，所有校长都应参加全国校长培训项目。

参考资料

Asian Development Bank. *Socialist Republic of Viet Nam: Lower secondary education development project.* Completion report. Manila, October 2007.

Asian Development Bank. *Socialist Republic of Viet Nam: Preparing the secondary education sector development program.* Technical assistance report, Manila, December 2007.

Asian Development Bank. *Proposed sector development program loans Socialist Republic of Viet Nam: Secondary education sector development program.* Report and Recommendation of the President to the Board of Directors, Manila, October 2009.

Luong Viet Tahi. *Renovation of the curriculum of general education in Vietnam.* (Draft situation analysis produced as part of the project IBE-UNESCO Bangkok "Basic education in South East Asia"). Paper discussed at the sub-regional workshop "Building capacities of curriculum specialists for educational reform". Vientiane, Lao PDR, 9 – 13 September 2002.

Ministry of Education and Training. *Vietnam education and training directory.* Hanoi, 1995.

Ministry of Education and Training. *Education for all* 2000 *assessment: Country report of Vietnam* (*draft*). (Under the co-ordination of T. M. Tu). Hanoi, 1999.

Ministry of Education and Training. *Mid-decade assessment report on education for all in Vietnam* 2001—2007. (Draft), Hanoi, 2007

Ministry of Education and Training. *The development and state of the art of adult learning and education. National report of Vietnam.* Hanoi, September 2008.

Ministry of Education and Training. *Report on the development of the higher education system, the solutions to ensure quality assurance and improve education quality.* Hanoi, 2009.

NUFFIC (Netherlands organization for international cooperation in higher education). *Country module: Vietnam. Evaluation of foreign degrees and qualifications in the Netherlands.* International Recognition Department, The Hague, 2010.

Socialist Republic of Vietnam. *National education for all* (*EFA*) *action plan* 2003—2015. Hanoi, June 2003.

UNESCO Bangkok. *Secondary education regional information base: Country profile, Viet Nam.* Bangkok, 2007.

UNICEF Viet Nam. *An analysis of the situation of children in Viet Nam* 2010. August 2010.

网络资源

教育和质量保证及研究发展中心，越南国立大学（河内）：http：//www. ceqard. vnu. edu. vn/Desktop. aspx/HomePage

教育测试和质量评估中心，越南国立大学（胡志明市）：http：//www. cetqa. vnuhcm. edu. vn/en/main. php？p = home

越南教育与培训部：http：//en. moet. gov. vn

越南劳动、伤残和社会事务部：http：//english. molisa. gov. vn

更新的链接，请参考联合国教科文组织国际教育局网页：

http：//www. ibe. unesco. org/links. htm

出 版 人　所广一

责任编辑　翁绮睿　何　艺

版式设计　博祥图文　郝晓红

责任校对　贾静芳

责任印制　曲凤玲

图书在版编目（CIP）数据

东盟国家教育体制及现状／中国—东盟中心编. —
北京：教育科学出版社，2014.12
　　ISBN 978 - 7 - 5041 - 7966 - 1

　　Ⅰ.①东…　Ⅱ.①中…　Ⅲ.①教育制度—研究—东南
亚②教育事业—现状—研究—东南亚　Ⅳ.①G533

中国版本图书馆 CIP 数据核字（2014）第 274444 号

Drawn from the seventh edition of *World Data on Education*, produced and published by
UNESCO IBE. Translated into Chinese and published with the permission of UNESCO IBE.

东盟国家教育体制及现状
DONGMENG GUOJIA JIAOYU TIZHI JI XIANZHUANG

出版发行	教育科学出版社			
社　　址	北京·朝阳区安慧北里安园甲 9 号	市场部电话	010 - 64989009	
邮　　编	100101	编辑部电话	010 - 64981252	
传　　真	010 - 64891796	网　　址	http://www.esph.com.cn	
经　　销	各地新华书店			
制　　作	北京博祥图文设计中心			
印　　刷	保定市中画美凯印刷有限公司			
开　　本	169 毫米×239 毫米　16 开	版　　次	2014 年 12 月第 1 版	
印　　张	19	印　　次	2014 年 12 月第 1 次印刷	
字　　数	280 千	定　　价	49.00 元	

如有印装质量问题，请到所购图书销售部门联系调换。